문예신서
2005

부모들이여,
'안 돼' 라고 말하라!

파트릭 들라로슈 박사

김주경 옮김

東文選

부모들이여, '안 돼' 라고 말하라!

Dr Patrick Delaroche
Parents, osez dire non!

차 례

서 문

아이가 하나의 인격체로 형성되기 위해서는 한계선이 필요하다. 이 분명한 사실에는 토론의 여지가 없어 보인다. 하지만 우리 임상 의사들은 부모가 자녀의 요구에 제동을 거는 것이 점점 힘들어지고 있음을 인정하지 않을 수 없다. 아이들은 벌받기를 원치 않고, 또 요구하지도 않는다. 그것은 매우 인간적인 자연스러운 반응일 것이다. 그럼에도 불구하고 아이들은 부모가 자신의 행동을 제재하지 않은 데 대한 불만을 여러 가지 방식으로 표출한다. 어떤 방식에서는 누가 보아도 알 수 있을 만큼 그 불만이 뚜렷하게 드러난다. 정작 부모만 모르고 있을 뿐! 나는 이 책에서 부모의 제재를 촉발하려는 아이들의 여러 가지 표현 방식들에 대해 이야기해 보려고 한다. 그런가 하면 불만을 잘 감지할 수 없는 표현 방식들도 있으니, 그것을 해독하는 것은 임상 의사들의 몫이다. 그래서 아이들의 부산스러운 태도에서부터 좀더 심각한 문제를 초래하는 행동들에 이르기까지 그 불분명한 표현들에 대해서도 살펴보려 한다.

독자 여러분들은 이 책에서 만나는 여러 가지 사례들을 통해서 한 가지 견해가 세워져 가는 것을 보게 될 것이다. 교육에 관해 시작한 우리의 토론이 견해에 관한 토론으로 발전해 가기 때문이다. 훨씬 뒷

부분에 가서 말해야겠지만, 교육이란 것은 정치적인 주제가 아니다. 또 그렇게 되어서도 안 된다. 아버지의 권위는 우파도 아니고 좌파일 수도 없다. 또한 가정도 민주적이냐 비민주적이냐를 논할 영역이 아니다. 이 책에서 제시하는 우리의 견해는 임상이라는 것을 통해서 세워졌다. 임상이란 수많은 행동 양식과 그 행동들을 암시하는 말들, 특히 사반세기도 넘는 세월 동안의 변화들을 최대한으로 객관화한 연구를 말한다.

오늘날의 부모들은 현대의 생활 방식을 가정이 주는 속박과 조화시키려고 노력한다. 그래서 그들은 사회적 진보에 개방적이다. 그 결과 아버지들은 남성우월주의에서 점점 벗어나고 있고, 어머니들은 두려움을 느낄 정도로 가정 안에서 권력을 갖게 되었다. 이런 변화는 분명 진보적이긴 하다. 그러나 아이들에게서 기준을 없애 버릴 위험이 매우 크다. 아이들은 상당히 '복고적' 성향을 갖고 있기 때문이다. 물론 굉장한 적응력도 갖고 있어서 어떤 상황에도 순응할 수 있다. 그러나 아이들은 유년기를 필요로 하며, 지나치게 앞서가는 성숙이 때로는 애정 결핍을 감추고 있는 경우일 수가 있다. 그래서 아이들에게는 제자리를 꿋꿋이 지켜 주는 울타리 역할의 부모가 필요하다. 그래야만 아이가 욕구를 실현해 가는 법을 배울 수 있기 때문이다. 이때 부모의 자리, 곧 아버지와 어머니의 자리는 서로 바뀔 수 없는 것이고, 이 책이 이야기하고 싶은 것이 바로 이 점이다. 대개 부모들도 그 점을 의식하고 있다. 물론 현대의 생활 방식이 부모 역할의 평등화를 이루었음은 사실이다. 그러나 아버지와 어머니의 **기능**의 차이가 반드시 성의 차이와 일치된다고 할 수는 없어도, 부모 각자의 **역할**의

차이만은 분명하게 인정할 필요가 있다. 한 명의 아이를 출산하는 데
두 명의 부모가 필요하다면, 그 아이를 양육하는 데도 역시 두 사람
의 힘이 필요하다. 그리고 그 두 사람은 완전한 권리를 가진 평등한
자들로서, 아이가 자신을 잘 형성해 갈 수 있도록 도와 주는 형식적
인 서열을 인정해야만 한다.

1
왜 못하게 해야 하나?

"이걸 하면 왜 안 되는 거죠?" 이 질문은 약간 도전적인 느낌을 준다. 우선 우리가 평소에 잘하지 않는 질문이기 때문이다. 머릿속으로는 분명히 이유를 알고 있지만, 막상 말로 표현하자니 뭐라 해야 할지 망설이게 된다. 그러니 독자 여러분도 자녀가 이렇게 질문했을 때 뭐라고 대답했었는지 떠올려 보기를 바란다. 아이들이라면 누구나 한 번씩은 해보는 질문이므로……. 그러나 아이들은 자라면서 이런 질문하기를 차츰 잊어버린다. 아마 동생이 생겨서 아이 스스로가 동생에게 이런 말을 하게 되면서부터일 것이다.

– 안 돼! 그건 하면 안 돼! 하지 마!

그러면 동생은 어린 형이나 언니에게 으레 이렇게 묻기 마련이다.

– 왜 하면 안 돼?

– ……왜냐하면 ……왜냐하면 아빠(엄마)가 하지 말라고 하셨단 말이야!

웃을 일이 아니다. 어쩌면 이 천진하고 단순한 대답이 "원래 그런 거야" 혹은 "왜냐하면…!"이라는 답보다 더 정직한 것일지도 모른다. 왜냐하면 우린 언제나 누군가의 이름으로, 혹은 어떤 이상이나 원칙

을 내세워 금지할 뿐 스스로는 금하고 싶은 생각이 없기 때문이다. 여기서 우리는 아이들의 질문, 우리가 답해 줘야 할 이 질문의 중심으로 들어가게 된다.

금지는 좋지 못한 압력이다

금지란 말에는 왠지 좋지 못한 압력이 느껴진다. 아마도 금지라는 말이 억압·징벌·박탈 등의 단어를 금방 떠올리게 만들기 때문일 것이다. 넓은 의미에서는 '학대'에 포함된 단어들까지도 떠올릴 수 있을지 모르겠다. 비록 길진 않았지만, 한때 '금지하기를 금하자'라는 슬로건이 나왔던 시절도 있었다. 그 슬로건은 성공을 거두지 못했다. 결론적으로 금지는 필요한 것이기 때문이다. 금지시키는 힘이 약해지는 순간부터 사실 우리에겐 금지가 필요하다. 하지만 어째서 그래야 하는지 이유는 모르고 있다.

그렇다면 이 문제를 다른 각도에서도 살펴보면 어떨까? 예를 들어 금지가 없는 삶을 상상해 보기로 하자. 굳이 **말**로 금지를 선언할 필요가 없는 삶을. 어리석은 갈등들이 전혀 없으며, 모든 것이 조화롭게 이뤄지고 있는 이상적인 가정을 상상해 보는 것이다. 그런 가정에서 아버지는 그저 그곳에 있기 때문에, 또는 그 집에서 산다는 이유만으로, 아니면 저녁마다 늘 집으로 돌아오는 사람이기 때문에 아버지로 존재할 뿐이다. 말소리를 높일 필요가 전혀 없는 어머니 역시 아버지가 있으므로 해서 자연스레 존재하는 사람이다. 자녀들은 부

모에게 요구할 것이 하나도 없다. 필요한 것은 무엇이든 적절한 때에 필요한 만큼 갖게 될 터이므로. 할아버지와 할머니는 이 가정의 조화로운 분위기를 더욱 완벽하게 만들어 준다. 그들의 존재는 평소에는 드러나지 않다가도 필요할 때면 어김없이 그 자리에 있다. 손자들의 교육에 대해 이것저것 간섭하는 법이 절대로 없다. 지혜롭게도 그들의 부모, 즉 아들 부부나 딸 부부의 통찰력에 모든 것을 맡기고 있으니까. 손자들 중 특별히 누구를 편애하는 일도 없다. 아들이나 딸의 가정을 흉보는 법도 없다. 오직 존중해 줄 뿐이다. 끝으로 부모는 자녀 교육에서 완벽한 의견의 일치를 보인다. 따라서 서로 의논할 필요조차 없다. 그만큼 그들은 상대 배우자가 자녀들을 위해 무엇을 원하는지 미리 알아차리고 행동한다. 성별과 관련된 특권 같은 것도 당연히 없다. **물론 온 가족이 따르고 있는 기준은 아버지가 드러나게 혹은 드러나지 않게 바라는 것들이다.** 이처럼 완벽하게 이상적인 가정에서는 굳이 말로 금지시킬 필요가 없다(더욱이 이런 가정에서 누군가가 금지에 대해 말하기 시작하면, 끝이 어찌될지 알 수 없다). 또한 "누가 명령할 것인가?"를 비롯한 통속적인 질문들도 제기될 필요가 없다. 더군다나 이미 말했듯이 아이들이란 이런 질문하기를 곧 멈추게 되어 있다.

그런데 한 가지 문제는 아이들이 그런 질문을 아예 않거나 더 이상 직접적으로 하진 않더라도, 실상은 **자신도 모르게** 그런 질문들을 계속하고 있다는 데 있다. 어째서일까? 그 이유를 살피기 전에 부모는 먼저 죄책감부터 완전히 없앨 필요가 있다. 필자가 자주 하는 말이지만, 만일 자녀가 저지르는 나쁜 짓에 대해 부모가 책임을 져야 한다

면, 그런 짓을 당장 하지 못하게 막으면 그만이다. 다만 부모가 책임지고 꼭 해야 할 일은 자신의 생각과 양심에 따라서 행동해야 한다는 것이다. 그것은 모든 심리학자들이 입을 모아 하는 말이다. 자녀에게 어떻게 해야 좋을지 부모들이 질문하면, 심리학자들은 늘 이렇게 대답한다. "그냥 있는 그대로의 당신이 되십시오!" 그래도 아이들은 여전히 "왜 하면 안 되는 거지?"라는 질문을 하고 싶어하며, 성인들도 그런 질문을 해볼 권리가 있다. 여기 몇 가지 답을 생각해 볼 수 있다.

우선 금지는 일반적으로 모든 사람, 특히 어린이에게 반드시 필요한 것으로 보인다. 그런데 특별히 말로 표현하여 다른 사람들에게 금지시키는 역할을 해야 할 사람들이 있다. 이 역할이 싫을 수도 있겠지만, 그러나 꼭 필요한 역할이다. 게다가 훗날 자녀들은 부모가 이 역할을 충실히 해준 것에 대해 감사할 것이다. 자녀가 부모의 은혜를 느끼게 되는 근거는 바로 여기에 있다. 이 책은 어째서 그런지를 살펴보고자 한다.

먼저 이 질문부터 해보기로 하자. 아이들에게 금지는 필요한 것이며, 더 나아가 없어서는 안 된다고 말하는 이유가 대체 무엇일까? 이유는 간단하다. 금지를 모르고 자라면, 곧 수많은 불편한 점들과 심각한 문제들에 부딪치기 때문이다. 기초적인 훈련이 되어 있지 않아서 생기는 일반적인 문제들에서부터 시작하여 주관적인 불안감이나 비정상적인 행동을 보이기도 하고, 심지어 진짜 질병까지도 생길 수 있다. 권위가 없는 부모 밑에서 자란 자녀들이 이런 반응을 보인다는 것은 오래전부터 알려진 사실이다. 또 이런 반응들은 부모 권위의 중요성을 인식할 때 얼마든지 개선될 수 있다. 물론 그것이 말처럼 쉽지는 않다. 때로 굉장히 힘든 경우도 있다. 하지만 만일 여러분이 유아나 청소년인 자녀가 부모에게 어떤 대응을 요구하는지를 몰라서, 또 부모로서 어떻게 행동해야 좋을지 몰라서 고민하고 있는 중이라면 이 점을 반드시 염두에 두어야만 한다.

여기서 우리는 **금지**의 문제에서 **권위**의 문제로 넘어가야 한다. 모든 문제가 바로 여기에 있기 때문이다. 금지가 말로 나타날 때 권위는 자연스러운 것이다. 아무리 사소한 권위라도 말로 표현되지 않는 권위는 없다. 권위는 때때로 독재적인 것이 되기도 하는데, 권위의 결핍은 간혹 불가피한 행동을 몰고 오기도 한다. 자녀에게 영향력이 없는 부모는 자신에게 권위가 필요하다는 사실은 **모르고**, 오히려 그 반대로 생각하는 경우가 흔하다! 아무튼 부모가 자녀에게 금지하는 것이 없으면, 우리가 잘 알고 있는 문제점들이 나타난다. 몇 가지 사례들을 보기로 하자.

다루기 힘든 유아들

유아원은 가정에서 벗어나 최초로 사회 생활을 경험하는 기회이다. 그리고 이때 이미 아이들의 성격이 분명하게 나타나기 시작한다! 벌써부터 다른 아이들을 지배하려고 하는 아이들이 있을 정도로!

시릴은 5세이다. 나이로 치자면 유아원에 다니는 아이들 가운데서 중간에 속한다. 어느 날 담임 교사가 부모를 불렀다. 꾸중을 들은 시릴

이 교사에게 의자를 던졌던 것이다. 이 아이는 자기 뜻에 어긋나는 것이면 아주 사소한 일도 참지 못한다. 그러나 자기만을 돌봐 주는 사람이 있으면, 언제 그랬느냐는 듯이 얌전하고 주의 깊고 말도 잘 듣고 웃기도 잘하는 아이가 된다. 시릴은 집에서 부모의 말을 전혀 듣지 않는다. 부모는 벌써부터 이 아이를 어떻게 감당해야 좋을지 몰라 허둥댔다. 가정의 모든 것은 '외아들인 그를 중심으로 돌아가고' 있었다. 이 때문에 부모는 서로 언쟁을 높이기도 하고, 부부 관계마저 위협받고 있다! 그래서 그들은 담임 교사의 충고를 받아들여 내게 두번째 상담을 요청해 왔다. 부모의 말에 의하면 시릴은 매우 공격적인 아이였다. 나는 그들의 이야기를 통해서 아이의 비정상적인 행동의 범위를 짐작해 볼 수 있었다. 하지만 매우 귀여운 금발 소년인 시릴은 대화에 아주 활발하게 참여했으며, 자기에게 관심을 갖고 질문하는 것을 아주 좋아했다.

동갑인 **세바스티앙**은 친구들을 무서워 떨게 만드는 아이이다. 이 아이는 힘으로 친구들이 자기를 따르게 만들었다. 그 무엇으로도 그의 행동을 막을 수 없었다. 이 꼬마는 자기가 어린아이라는 점을 참을 수 없어 했고, 어른들이 하는 행동들을 그대로 따라 했다. 담배까지 피우려고 했을 정도이니…… . 외아들인 시릴과 달리 세바스티앙에게는 동생이 있다. 아침이면 두 형제는 서둘러 식사를 마친 후 문을 쾅 닫고 집을 나선다. 그리고 기회만 생기면 마치 작은 짐승들처럼 서로 치고 받으며 싸운다. 싸우면 안 된다고 말하기도 전에 벌써 그 금지 사항을 어긴 아이들이다. 어머니가 '소리를 질러 보기도' 하지만, 아무 소득도 없고 소리지르는 사람만 지칠 뿐이다. 그래도 세바스티앙은 어머니가 상담실을 나가고 혼자 남으면, 어른인 의사와 말하기를 아주 좋아하는 귀여운 어린아이이다!

세바스티앙도 마찬가지이지만, 시릴은 가정의 한중심에 있는 존재이다. 게다가 시릴의 부모는 아이가 부부 침실에 불쑥 들어와 놀랐던 이후로는 더 이상 둘만의 시간도 갖지 못했다. 그런가 하면 세바스티앙의 어머니는 동생이 태어나는 바람에 큰아들을 충분히 돌봐 주지 못한 것이 미안해 셋째아이를 갖는 것은 꿈도 못 꾼다고 말했다. 세바스티앙의 의견을 물어본 후에나 결정할 일이라면서!

두 소년의 부모들은 아주 다른 환경에서 태어났다(시릴의 아버지는 운전기사이고 어머니는 경리사원인데 반해, 세바스티앙의 어머니는 문학 교수 자격증을 갖고 있고 아버지는 엔지니어이다). 하지만 두 부부 사이에 독특한 유사점이 발견되었다. 따뜻하고 걱정이 많은 타입인 아내들이 모두 남편보다 연상이며 사회적 위치도 조금 더 나았다는 점과, 남편들이 자녀 문제에 잘 참여하고 있다는 점이다. 아버지들은 자신이 자녀 문제에 적극 개입한다고 믿고 있으며, 실제로도 교육 문제에 관해 아내와 자주 의논하는 등 전혀 소극적이지 않다. 하지만 두 사람 모두 아버지(아이들의 할아버지)와의 관계에서 문제를 갖고 있었다. 시릴의 아버지는 삼형제 중 막내로 아주 엄격한 아버지 밑에서 자랐다. 아버지가 채찍으로 아이들을 때리기까지 했다고 한다. 어머니는 어찌나 냉정한 사람이었던지, 어머니 이야기를 하면서 지금도 눈물을 글썽거렸

다. 식구가 많은 가정에서 태어난 세바스티앙의 아버지도 유년 시절에 대해 좋은 기억을 갖고 있지 않았다. 그래서 자기만은 자식들에게 많은 관심을 가져 주고, 꼭 필요하다고 생각될 때가 아니면 절대 벌을 주지 않겠노라 결심했다고 한다.

세바스티앙과 시릴, 두 아이는 육체적으로도 심리적으로도 건강한 상태였다. 그들은 유아원에서 놀고 배우는 것이 매우 재미있어서 즐거운 마음으로 유아원에 다녔다. 하지만 부모들은 이들을 키우는 데 힘겨워했고, 집에서 아이들과 지내는 것을 지옥처럼 여겼다. 그렇다면 가정에서는 어떤 일이 일어나고 있는 것일까? 아이들이 정신을 쏙 빼놓을 정도로 요란스럽게 굴 때에 부모들은 소리를 지르고, 정도가 지나치다 싶으면 뺨이나 엉덩이를 때린다고 한다. 여기서 문제는 이처럼 집안이 소란스러운 것이 **누구**의 책임이냐가 아니라, 부모의 삶을 이토록 어렵게 만드는 것이 **무엇이냐**이다.

부모의 이야기를 주의 깊게 들어 보면, 시릴의 어머니가 아이를 잘 떼어 놓지 못했다는 점을 주목하게 된다. 본인도 그 점을 의식하고 있다. 그녀 스스로 말하기를, 유아원에 갈 때마다 시릴만 엄마와 떨어지기 힘들어하는 것이 아니라 자기도 **마찬가지라고** 한다. 세바스티앙의 어머니의 경우는 조금 더 복잡하다. 그녀는 첫아이를 완벽하게 돌보기로 결심했었다. 그래서 아이의 요구를 만족시키느라 그야말로 매일 녹초가 되곤 한다. 그녀 역시 식구가 많은 가정에서 자랐는데, 아마 그 점이 이렇게 된 이유일 것이다. 아무튼 둘째아이가 태어났고, 그러니

자연히 맏이에게는 실제로 조금 소홀해질 수밖에 없었다. 그 때문에 그 녀는 무척 가슴 아파했다. 하지만 한 가지 분명한 것은, 둘째아이라고 해서 엄마의 시간을 독차지했던 것도 아니건만 그 아이는 그것 때문에 불만스러워하지 않았으며, 오히려 덜 보채고 덜 울었다는 점이다.

어찌된 일일까? 시릴과 세바스티앙, 두 아이 모두 부모의 권위도, 세심한 관심도, 애정도 부족하지 않았다. 문제는 부모의 지시가 전해 지는 방법에 있다. 두 아이가 마침 모두 사내아이라서 하는 말인데, 남자아이들에게는 아버지와 어머니 각각의 역할과 관련지어 자신의 위치를 아는 일이 여자아이들만큼 쉽지 않다. 부모 각자의 역할을 충 분히 구별하지 못하는 것이다. 나는 이 말에 대해 반론이 제기될 수 있다는 것을 잘 안다. 하지만 '남성우위론'이나 '여권신장론'과 상관 없이 이 문제에 접근해 볼 생각이다. 아이들은 한편으로는 솔직하고 분명한 권위를 필요로 하며, 다른 한편으로는 이 권위가 어디서 오는 것인지를 알 필요가 있다. 그런데 아이는 자기를 돌보는 데 가장 많 은 시간을 보내는 사람의 말은 일반적으로 잘 존중하지 않는다. 왜 그럴까? 그것은 정서적으로 편안한 가운데 살고 있는 아이는 자신을 가장 많이 돌보는 인물(일반적으로 어머니이다)이 내리는 '지시 사항 들'을 도가 지나친 부당한 시위쯤으로 여기기 때문이다. 이는 아이가 그 지시 사항의 필요성을 이해하지 못하는 탓이다. 그래서 아이는 어 머니의 지시를, 다른 사람의 권력을 남용하고 있는 행위로 받아들인 다. 원래 권위란 항상 바로 옆사람이 아닌 다른 인물, 여기가 아닌 다 른 곳, 쉬운 말이 아니라 설명하기 어려운 깊은 논리에서 오게 되어

있다. 그렇기 때문에 우리 사회에서는 어머니가 아닌 아버지가 이 힘의 '자연스러운' 화신으로 존재한다.

아이는 부모의 힘을 더 강한 자가 행사하는 독재로서가 아니라 꼭 필요한 것으로 느껴야 한다. 앞서 말한 두 가지 사례에서는 간단한 설명만으로도 부모들이 각자의 역할을 분리할 수 있었다. 그 결과 모든 것이 정상으로 돌아왔다.

학급을 어수선하게 만들고,
부모의 혼을 빼놓는 부산스러운 아이들

학급 친구들에게 공포감을 줄 뿐 아니라, 부모도 다루지 못하고 교사도 다룰 수 없는 아이들이 있다. 이런 아이들의 가정을 보면, 아이들을 위해 그어 놓은 한계선이 없는 경우가 대부분이다. 이들의 행동은 가정에 결핍되어 있는 권위가 왜곡된 형태로 나타난 것이다.

8세인 **바티스트**는 영악한 아이이다. 그는 아직 장난감을 제대로 사용할 줄 모르는 동생에게 왜 자기의 장난감을 빌려 주어야 하는지 이해하지 못한다. 더구나 그의 어머니는 동생에게 장난감을 빌려 주라고 그저 형식적으로만 권유할 뿐이다. 어머니는 그가 형이라는 사실을 인정하고 있으며, 두 살 아래인 동생을 더 중시할 생각도 없다. 더욱이 그녀는 어떤 경우든지 공평하게 두 아이 모두에게 똑같은 선물을 준다. 하지만 바티스트는 그것에 만족하지 못한다. 그는 요구가 많고, 복

수심이 강한 편이며, 화를 잘 낸다. 그리고 언제나 논쟁에서 이겨야만 직성이 풀린다. 어머니는 늘 이 꼬마의 편이며, 은근히 그런 아들에게 탄복하고 있다. 하지만 그런 어머니도 아이에 대한 분노를 갖고 있다고 고백한다. 언젠가 이 악동이 외할아버지에게 "당신도 언제 뒈질지 몰라!"라고 한 적도 있다던가? 아이의 어머니는 너무 기가 막히고 놀라서 어찌할 바를 몰랐다고 한다. 그 순간 남편을 향해 '어떻게든 좀 해보라'고 했지만, 남편 역시 어떻게 야단쳐야 할지 몰랐다. 그래서 그녀는 혼자 이 문제를 해결해 보려고 했다. 왜냐하면 남편은 어쩌다 한번 야단을 칠라치면 아이를 너무 난폭하게 다뤘기 때문이다. 한번은 바티스트가 그녀의 직장으로 전화를 해서 "아빠가 때려서 이 한 개가 부러졌어"라고 호소하는 바람에 기절할 뻔했었다고 한다. 실은 그날 바티스트의 아버지는 아이의 엉덩이를 한 대 때린 것뿐이었다. 동생이 깔고 앉은 담요를 바티스트가 잡아당기는 바람에 동생이 넘어졌던 것이다. 그런데 바티스트가 아버지의 체벌을 피하려다가 그만 옷장 모서리에 입술을 찢고 말았다. 아버지는 아들이 너무 과격해서 걱정이었지만, 끊임없이 부산스러운 아이의 태도를 개선시켜 볼 도리가 없었다. 아버지의 말에 의하면 아이를 진정시킬 수 있는 유일한 해결책은 텔레비전이다. 하지만 바티스트는 텔레비전을 보고 나면 늘 악몽을 꾼다. 아버지는 아이에 대해 단호하지 못한 태도를 힘들었던 자신의 유년 시절 탓으로 설명했다. 그는 아버지(바티스트의 할아버지)가 누군지도 모르는 채 자랐다. 그러니 그의 어머니가 육남매를 무척 힘들게 키웠으리란 것은 불 보듯 뻔한 일이다. 이런 말을 하는 남편 곁에서 바티스트의 어머니는 이렇게 고백했다. "속상하게도 아이들에게 지시를 내리

는 건 언제나 내 몫이에요!" 제동을 걸어 주는 사람이 없고, 한계선도 없는 가정에서 바티스트의 과격함은 점점 더 심해져 갔다. 어머니는 그것을 두려워한다. 아이가 '동생의 목을 조르고' 싶어한다고까지 말할 정도로.

11세인 **에릭**은 둘째아이로, 위로 20세의 누나가 있다. 에릭의 가족사와 사회적 · 가정적 환경은 바티스트와 매우 다르지만, 이 아이 역시 늘 흥분 상태에 있다. 그리고 에릭과 바티스트는 가족 구성에서도 유사점을 찾을 수 있다. 에릭은 아버지와 함께 살진 않으나 정기적으로 만난다. 어머니는 국제적으로 많은 고객들이 찾는 변호사여서 무척 바쁜 사람임에도 불구하고 아들 곁에서 많은 시간을 보내려고 애쓴다. 그녀는 전남편을 변덕스러운 사람이라며 낮게 평가했는데, 마침 남편은 실직 상태에 있다. 더욱이 에릭 아버지의 부모는 아들과 사이가 좋지 못한 반면, 아직도 바로 아래층에서 살고 있는 며느리와는 아주 사이가 좋아서 자주 만난다. 며느리도 시부모를 더 좋아하고, 오히려 친정부모에 대해서는 별로 좋게 이야기하지 않았다. 친정아버지는 '극단적인 보수주의자'인데다, 친정어머니는 '만성적 우울증 환자'라고 말할 정도로! 에릭은 어찌나 주위 사람들을 못살게 구는지 친구들로부터도 따돌림을 당하고 있다. 그래서 아이는 친구들을 더 '귀찮게 괴롭히며,' 흥분기에는 아무에게나 욕설을 퍼붓곤 한다. 학교 성적은 그런대로 괜찮은 편이다.

의사들 중에는 이런 에릭에게 청소년기의 정신 장애인 '과도 활동'

이라는 진단을 내리는 경우도 있을 것이다. 이 '새로운 질환'은 미국에서 건너온 것인데, 프랑스에서도 이 질환 환자들에게 **암페타민**[1]을 투여하기 시작했다. 암페타민은 뇌세포를 자극하는 흥분제이지만, 모순적이게도 과잉 행동을 하는 아동들에게는 진정제 작용을 한다. 하지만 병적으로 부산스레 행동하는 원인은 근본적으로 치료하지 못한다. 그래서 필자는 대다수의 동료 아동정신학자들과 마찬가지로 심리학적 치료를 선호한다. 과연 에릭에게 개별심리극[2] 치료를 시작한 지 몇 달 후에 기적적이라 할 만한 결과를 가져왔다.

그러나 이 두 아이에게서 나타나는 흥분 · 분노 · 부산스러운 행동들에 대해서는 어떻게 설명할 것인가. 특히 에릭의 경우엔 이런 증상들이 완전히 병적인 것이었다. 그의 상태는 이미 많은 문제를 안고 있던 유년기에서 비롯되었다. 당시에 비인두염과 이염을 계속 앓았던 에릭은 늘 잠을 설쳤고, 잠들 무렵이면 자기 머리를 마구 때리곤 했었다.[3] 바티스트 역시 기관지천식과 여러 종류의 이염을 앓았다. 게다가 늘 악몽을 꾸다시피 했다. 지금도 악몽을 꾸긴 하지만 수면 문제는 비교적 빨리 안정되었다. 그런데 이 두 아이의 부모들은 앞서

---

1) 매우 강력한 중추신경 흥분제로서, 1932년부터 의료계에서 비만증 · 우울증 · 기관지천식 · 파킨슨씨병 등의 치료에 사용해 왔다. 암페타민류 중에서 메스암페타민인 필로폰은 사회적으로 큰 문제를 일으키고 있다. 〔역주〕

2) 사이코드라마. 일정한 대본 없이 등장인물인 환자에게 어떤 역과 상황을 주어 그의 생각과 느낌대로 연기하게 함으로써, 환자의 억압된 감정과 갈등의 표출을 통해 적응 장애를 치료하는 방법이다. 상대방과의 역할을 교환하게 하면, 자신을 객관적으로 돌아보게 할 수 있다. 〔역주〕

3) CF.《정신분석가에게 문의하세요》, 〈잠들 때의 리듬〉, 레즈 포켓, 1995, p.203.

예를 든 부모들의 경우와는 많이 달랐다. 시릴과 세바스티앙의 부모들에게서는 결정을 내리는 순환 경로가 잘못되었다고 본다면, 이들에게서는 아버지로서 낮은 평가를 받고 있을 뿐 아니라 아버지의 자격마저 박탈당한 것으로 볼 수 있다. 말할 것도 없이 이런 판단은 조심스럽게 내리지 않으면 안 된다. 과연 그들이 실제로 낮은 평가를 받을 만한 아버지인지, 아니면 아내들이 그렇게 보았을 뿐인지. 바티스트의 어머니가 "속상하게도 아이에게 지시를 내리는 일은 언제나 내 몫이에요……"라고 한 것을 보면, 가정에서 아버지가 갖는 위치는 인정되고, 아니 더 정확히 말해 확신하고 있음이 분명하다. 하지만 그녀는 자기 남편이 아버지의 위치를 제대로 지키지 못한다고 생각하고 있다. 흥미로운 점은, 이 두 여성은 남편(혹은 전남편)이 오직 자녀 교육에만 관여해 주길 바란다는 점이다. 그리고 그 이외의 영역에서 문제되는 것들은 심리치료사에게 도움을 요청했다. 이럴 때 심리치료사는 내담자의 가정에서 아버지에게 어떤 역할을 요구하고 있는지를 먼저 이해해야 한다. 그리고 그의 역할은 아버지를 배제시키는 것이 되어서는 안 되며, 평가절하된 남편에 대한 이미지를 아내가 회복할 수 있도록 도와 주어야 한다. 말하자면 아버지를 대체하는 것이 아니라, 아버지가 제자리를 (다시) 찾게 도와 주는 것이 상담자의 역할인 것이다.

너무 강한 어머니, 너무 약한 아버지는
자녀의 학습 능력을 저하시키는 원인이 될까?

독재적인 어머니와 유약한 아버지로 이루어진 커플은 대체적으로 비슷한 결과들을 만들어 내는 듯하다. 즉 어머니의 권위에 반항하지 못하는 자녀들이 아버지에게 도전하는 것이다.

아르노는 14세이다. 중학교 3학년을 유급한 뒤 '기술계' 고등학교에 들어갔다. 하지만 학교 규칙을 번번이 어기는 바람에 수차례 정학을 맞으면서 여러 학교를 전전해야 했고, 결국 마지막 학교에서 자퇴를 했다. 그는 둘째아들인데, 형은 말이 적고 내성적이다. 아르노도 유년기에는 집에만 틀어박혀 지내면서 말이 거의 없었다. 그러나 지금은 어른들에 대해 두려움과 도전 의식을 동시에 느껴 소동을 일으키는 학생들 편에 속한다. 어머니는 스스로를 신경이 예민하고 불안정하여 늘 들떠 있다고 생각하며, 자신의 이런 면이 아르노를 혼란스럽게 만들었다고 믿고 있다. 혼혈인인 아버지는 군인의 자녀였다. 그의 형제들 역시 모두 군대에 있고, 그 중 한 명은 군인으로 특별히 성공한 사람이다. 열한 명의 자녀들 중 일곱째인 그는, 자기 아버지(아르노의 할아버지)에 대해서는 지독한 폭군이었다는 생각밖엔 없다고 했다. 반면 어머니로부터는 많은 귀여움을 받았다. 그는 자녀들이 자신보다 더 행복해지기를 무엇보다 바랐고 또한 노력했기에, 아르노로 인한 당혹감도 그만큼 더 컸다고 할 수 있다. 아르노는 이런 아버지를 대수롭지 않게 여기

는 것 같았다. 예를 들어 일부러 아버지 앞에서 마치 마약 상습 복용자
라도 되는 것처럼 버젓이 '마리화나를 말아서 피우는' 시늉을 하곤 했
다. 아버지는 이렇게 말했다. "그 아인 완전히 무법자예요." 그러면서
도 아르노가 기숙사 생활하는 것은 못 견뎌했다. 그곳 생활이 너무 힘
들어 아들이 울기도 한다면서, 기숙사비가 너무 비싸다는 핑계로 아이
를 다시 집으로 데리고 왔을 정도이다! 어머니는 이 아들을 어떻게 다
루면 좋을지 몰랐다. 남편이 아르노 앞에서 힘에 부쳐 쩔쩔맬 때마다
남편과 똑같은 기분이었다. 아르노는 두 살 터울인 형과는 매우 사이
가 좋아서, 그를 부모에게 맞서 함께 싸우는 동지로 여긴다. 하지만 부
모에게 대들어 그들을 불행하게 만들고 있다는 죄책감도 없지 않다.

　11세의 여동생을 둔 14세의 **파트릭** 역시 번번이 교칙 위반으로 큰 문
제들을 일으켰다. 교사들에게 또박또박 말대꾸를 하는 것은 보통이다.
하지만 집에서는 다르다. 집에서는 극진히 왕 대접을 받고 있기 때문
이다. 간호보조사인 어머니는 그를 오냐오냐 하면서 키웠고, 아들이 원
하는 것은 무엇이든 그대로 해주었다. 회계사인 아버지는 아들과의 관
계에서 생기는 어려운 문제들을 감추고 싶은 것 같았으나 제대로 감추
지 못했다. 언젠가 학교 성적이 나빠서 아들을 꾸짖자, 파트릭은 이렇
게 대답했다고 한다. "아빠가 자꾸 이러면…… 내가 집을 나가는 수도
있어!" 부모로서 엄하게 해야 할 의무와 매순간 아이에게 쏟는 세심한
관심을 조화 있게 결합시키려는 어머니의 노력은 감동적일 정도였다.
파트릭은 비록 불과 몇 시간의 해프닝으로 끝나긴 했지만 가출까지 시
도한 적도 있다. 그 사건은 부모에게 아들의 힘을 더욱 분명하게 확인

시켜 준 기회가 되었다. 파트릭의 사례에서는 부모 각자의 가족력이 이 가정의 문제를 극명하게 설명해 주고 있다. 우선 매우 단순한 사람인 파트릭의 조부는 청각 장애를 앓고 있는데도 그 사실을 감추기 위해 보청기 사용을 거부했다. 그의 아내 역시 잘 듣지 못한다. 하지만 그녀는 보청기 사용을 스스럼없이 받아들였고, 가정에서 자신이 해야 할 과제들을 잘 담당하고 있었다. 파트릭의 아버지는, 아버지로서의 사회적 역할을 제대로 하지 못하는 자기 아버지가 독재적으로 '집안의 가장' 임을 내세울 때마다 수치감을 느꼈다. 그래서 청소년기에는 아버지를 비판하며 대든 적이 있다. 그 사건은 부자간에 커다란 갈등을 가져왔고, 이후로 그런 일은 다시 되풀이하지 않았다. 그 때문에 파트릭의 아버지는 자신을 용기 없는 자로 비하하며 이렇게 고백했다. "난 약해요, 아직도 탯줄을 끊지 못했나 봅니다."

이 사례들을 보면, 자녀들 앞에서 아버지의 권위가 결핍되어 있음을 보게 된다. 하지만 두 사례 모두, 부모의 부부 관계가 완전한 결속이라곤 볼 수 없지만 대단히 견고한 것만은 사실이다. 정확히 말하면 자녀들이 어머니와 아버지를 서로 떼어 놓고 생각할 수 있을지 의심스러울 정도이다. 부모가 이처럼 견고한 유대감을 지녔다 해도, 또 특히 그런 부부일수록 더더욱 아버지와 어머니의 차이에 대한 분명한 인식은 자녀의 균형 의식 형성에 필수적인 요소이다(부모 각자가 부모의 역할을 통해 갖는 보편적 권위와 자신이 스스로에게 부여하는 권위에 관한 중요한 문제들은 뒤에서 다시 살펴볼 것이다). 위의 두 사례에서 어머니들은 모든 역할을 다 떠맡고 있는 것처럼 보인다. 심지어

스스로를 실패한 아버지라고 자책하는 남편들을 옹호하는 역할까지!

금지는 필요한 것이다

복잡 미묘한 문제들을 다루고 있는 이 장에서 제기되었던 질문, 즉 "왜 하면 안 되는가"라는 질문으로 다시 돌아가 보자. 이 질문에 뭐라고 대답해야 할까? **우선** 금지는 교육을 위해 반드시 필요한 것으로 보인다. 하지만 부모의 권위가 확고하면 할수록 금지 사항을 일일이 지시할 필요가 줄어든다는 것을 금방 알 수 있다. 그러나 앞의 사례들을 보면, 유아(幼兒) 혹은 청소년들이 일으키는 문제를 부모의 권위 결핍과 연결짓지 않을 수 없다. 이들의 문제들은 일찌감치 유아원 시절부터, 다시 말해 사회 생활이 시작되는 순간부터 생겨날 수 있다. 이 시기는 이미 리더 계층, 지식인 계층, 희생자 계층 등으로 구성된 작은 사회가 형성되는 시기이다. 그런데 앞의 아이들이 보여 준 문제들은 초기에 치료하지 않으면 정말 심각한 문제들로 발전할 수 있다. 그 중에서도 특히 **대뇌 활동의 불안정**이라는 증상을 보일 경우, 약물을 사용하지 않고 치료하려면 온 가족의 참여가 필요하다. 청소년기의 문제들은 부모에 대한 반항, 위험 행동 등으로 나타난다.

그 다음 권위 결핍이라는 문제가 어디서부터 생겨나게 되었는지를 금방 알아내기는 어렵다. 물론 그 책임을 아버지에게 돌리기 십상이다. 왜냐하면 그 권위를 갖고 있어야 한다고 생각되는 인물이 아버지이기 때문이다. 그런데 아버지들과 이야기해 보면, 그런 생각이 문화

적·심리적 배경에 따른 것임을 알 수 있다. "아버지가 되는 법을 어디서 어떻게 배울 수 있는가?" 고지식하게 그렇게 묻는 이들도 있다. 이 영역에서도 경험이 크게 작용하고 있음이 분명하다. 그런데 위 사례들을 보면 대부분 아버지의 **아버지**(문제 아동의 할아버지)가 엄격하고 독재적인 태도 뒤에 나약함을 보여 주고 있다. 그리고 아버지는 자신으로부터 영원히 사라졌다고 믿었던 유년 시절의 문제들을 자신의 부부 관계 속에서 다시 발견하고 있다. 그리고 부모가 된 단계에서, 아내는 남편의 권위 결핍을 자신이 근본적으로 보완하지 못했을 경우 그 실패를 보상하려고 한다! 바로 이때 아내가 말 속에서 남편을 은근히 비하하는 잘못된 '명령의 순환 경로'가 생기거나, 아니면 부부가 그 나약함의 문제를 놓고 서로 싸우는 일이 벌어진다.

　마지막으로 그리고 무엇보다도 "왜 금지해야 하는가?"라는 질문에 대한 답은 유아나 청소년이 집 밖, 특히 유아원이나 학교에서 보여 주는 태도 속에서 발견할 수 있다. 아이가 권위의 결핍을 느끼고 있음을 가장 흔히 보게 되는 때가 이곳이다. 아이는 마치 결핍된 '부모와의 대결'을 찾으려는 듯, 일부러 권위에 도전함으로써 그것을 증명한다. 물론 사례는 매우 다양하다. 하지만 아이가 평상시 집에서 보여 주는 태도와 학교(유아원, 초중고등학교)에서의 태도를 비교해 보는 것이 유익하다. 어떤 아이들은 집에서는 조용하게 보이는데, 학교에만 가면 고삐 풀린 망아지처럼 행동한다. 그런가 하면 집에서는 끔찍할 정도로 야단스러워도 다른 곳에 가서는 모범적으로 행동하는 아이들도 있다. 이런 태도들은 모두 아버지, 어머니, 그리고 두 사람이 구성하는 부부 관계에서부터 출발해 아이가 어떻게 자신을 형성해 가

고 있는지를 알게 해준다.

그러므로 넓은 의미에서 볼 때 금지는 세 가지 차원에서 아주 중요한 것이다.

– 제일 먼저 **교육**. 금지가 없는 교육이란 없다.

– 그 다음엔 **사회 생활**. 사회 생활에서 금지란 반드시 필요한 것이다. 사회 생활이란 가정 외의 다른 곳, 즉 우선적으로 학교인데, 이는 **유아원에서부터** 시작된다고 할 수 있다.

– 끝으로 **정신 건강**. 정신 건강을 위해서도 금지는 반드시 필요하다.

일상적인 불안정에서부터 인격과 관련된 심각한 문제들에 이르기까지, 아이가 보여 주는 크고 작은 문제들은 금지(징벌과 혼동해서는 안 된다)의 결핍에서 온다고 할 수 있다.

2
징벌은 학습되는 것이다

필자는 금지와 징벌이 없는 데서부터 아이들의 문제가 비롯된다고
말함으로써 금지와 징벌을 구분했다. 물론 이 두 가지는 하나가 없으
면 다른 하나도 있을 수 없는 그런 관계이다. 하지만 어떤 조건에서
나 다 그런 것은 아니다.

16세인 **로돌프**는 형제자매가 많은 가정의 막내이다. 그는 아버지와
의 관계에 문제가 많다고 생각하며, 자기만의 방식으로 아버지에게 도
전하고 있다는 것도 잘 알고 있다. 아버지는 유력자이며 위압적인 인
물이다. 그는 자녀들에게 흡연을 금지했으며, 2년 전부터 아무도 모르
게 담배를 피우고 있는 로돌프를 제외한 모든 자녀들이 이 금지령을
지키고 있다. 아버지와 로돌프 사이에 드러난 갈등 같은 것은 전혀 없
다. 로돌프는 아버지에 대해 죄책감을 느끼고 있으며, 스스로를 굉장
히 낮게 평가하고 있다. 다행히도 속내를 털어놓을 수 있는 어머니와
는 매우 친밀한 관계이다. 이런 상황으로 인해 **침울함**으로 표현될 수
있는 잠재적이고 만성적인 우울증이 그에게 나타나고 있긴 하지만, 다
행히 이런 증상은 청소년기에 얼마든지 회복 가능한 것이다. 로돌프는

처음 만났을 때부터 긴장을 풀고 나를 신뢰했다. 하지만 자신의 문제를 혼자 해결하길 원했고, 부모와의 사이에 의사가 끼어들길 전혀 바라지 않았다. 한순간 당황한 나는 아버지가 어떤 식으로 그에게 그처럼 큰 영향을 미치느냐고 물었고, 그는 이렇게 대답했다. "말로는 한번도 큰 소리를 친 적이 없어요!" 뿐만 아니라 위협도 체벌도 없었다. 왜냐하면 로돌프는 한번도 아버지 앞에서 담배를 피운 적이 없을 뿐더러, 시간 약속 같은 것을 어긴 적도 없었기 때문이다.

권위가 세워지기 위해, 혹은 유지되기 위해 반드시 징계가 필요한 것은 아니다. 요즘 시대에는 매우 드물다고 볼 수 있는 위의 사례에서는 징계로 위협하고 언성을 높이는 것이 어쩌면 자연적인 권위를 오히려 떨어뜨릴지도 모른다. 로돌프가 말했듯이 그는 어쨌든 죄책감을 느끼고 있다. 이는 그가 아버지의 권위를 인정하고, 그 권위를 이미 자기의 것으로 만들었음을 의미한다(아버지와 자신을 동일시한 것이다). 그는 고통(여기서는 죄책감)을 당하면서라도 아버지의 권위를 위반할 수는 있어도, 그 권위에 도전하는 것만은 자신의 추락을 각오하지 않는 한 시도할 수 없을 것처럼 보인다. 이처럼 권위를 존중하는 것은 추락에 대한 두려움 때문이라고 설명할 수 있다. 이는 다시 한번 말하지만 소년이 그 권위를 이미 자기 것으로 만들었고, 그것에 도전할 경우 견딜 수 없는 내부 갈등이 야기되기 때문이다.

이 경우에 **겉으로 드러난** 위협 같은 것은 전혀 필요 없었다. 순종의 원동력이 내부에 있기 때문이다. 이 순종은 자녀가 매우 어릴 적부터 아버지의 말이 효과를 거두어 온 결과임이 분명하다. 불순종도

순종만큼이나 아주 일찍부터 시작되기 때문이다. 따라서 순종은 **학습될** 필요가 있다. 그러나 순종은 부모가 확신을 갖고 있을 경우에만 학습되는 법이다. 이처럼 권위에는 뚜렷한 양면성이 있음이 분명하다(즉 권위 안에는 두 개의 대립된 경향이 공존한다). 그래서 말로만 권위를 행사할 경우엔 일반적으로 그 명령이 불확실하고 모호하게 느껴지기 때문에 부모의 뜻을 아이가 잘 파악하지 못하고, 그런 결정을 내린 것에 대해 의문을 품게 된다. 때문에 권위는 한순간에 저절로 세워지는 것이 아니다. 그것이 확고해지려면 오랜 시간에 걸쳐 나타난 증거들과 실제의 행동들이 필요하다. 그리고 그 증거와 행동은 부모의 뜻, 부모의 말과 일치되지 않으면 안 된다. 말과 행동한 것 사이의 괴리는 아이를 혼동시키고, 더 나아가 정신적 혼란의 원인이 되기도 한다. 따라서 징벌은 금지에 반드시 필요하다. 처음부터, 즉 아이가 사회 생활의 첫걸음을 떼는 순간부터 실제성을 증명하지 못하는 금지는 가치를 상실하며, 곧이어 완전히 효력을 잃고 만다.

'권위 확립에 실패한 부모들,' 왜곡된 현실

부모의 권위가 존중받지 못하는 경우, 말하자면 위협과 징벌을 가해도 금지령을 적용시키지 못하는 부모들의 권위 실추는 때로 엄청난 결과를 가져올 수 있다. **권위 확립에 실패한 부모 신드롬**이 만들어 내는 심리적 비정상 상태에까지 이르기도 한다.

　제인은 17세이다. 아마 나는 한번도 그 아이를 만나 보지 못할 것이다. 이유는 이렇다. 어느 날 소녀의 어머니가 동거하는 남자와 함께 나를 찾아왔다. 가정 생활이 제대로 유지될 수 없을 만큼 딸이 문제를 일으키고 있었기 때문이다. 어머니는 17세의 어린 나이에 제인을 낳았다. 당시에 소년이었던 아이 아버지는 출산 이후 다시 만나지 못했다고 한다. 그녀는 10여 년간 혼자 제인을 키우다가 지금의 남자를 만났다. 훨씬 연상인 남자는 제인의 존재를 흔쾌히 받아들였다. 이 만남이 있기 전까지만 해도 제인은 어머니와 완전히 융합된 상태였다. 어머니는 딸에게 모든 것을 털어놓고 이야기했으며, 딸 역시 마찬가지였다. 모녀간의 나이 차이가 많지 않다는 사실이 둘 사이의 동지 의식을 더욱 굳게 해주었다. 그런 상황에서 '새아버지'의 출현은 제인을 매우 힘들게 만들었다. 이상이 제인의 어머니가 동거인과 함께 털어놓은 이야기였다. 그들은 나를 찾아왔다는 사실을 제인이 모르게 해달라고 요청했다. 만에 하나 '딸'이 알게 될 경우 분명 엄청난 소동이 벌어질 테고, 심하면 어머니와 의붓아버지를 때릴지도 모른다고 했다. 그들이 덧붙여 설명한 이야기는 이러했다. 제인은 의붓아버지가 출근하기 위해 아침에 일찍 일어난다는 것을 알고, 일부러 그가 잠을 잘 수 없도록 한밤중에 오디오의 볼륨을 있는 대로 높이곤 했다. 물론 이웃 사람들로부터 거센 항의가 있었고, 마침내 경찰까지 찾아왔다. 경찰들이 오자 제인은 자기 방에서 여경에게 자신의 심정을 다 털어놓고 이해받은 후, 다시는 그런 일을 하지 않겠노라고 약속했다. 하지만 경찰들이 떠나자마자 그녀는 다시 의붓아버지가 잠을 못 자도록 별별 짓을 다했고, 이런 일은 반복되었다. 나는 어머니와 의붓아버지에게 두 사람이

날 찾아왔었다는 사실을 제인에게 알리는 것이 좋겠다고 말했다. 제인의 완고한 반항 뒤에 감춰진 이루 말할 수 없는 마음의 아픔이 보였기 때문이다. 하지만 두 사람은 제인을 너무 두려워했다. 그래서 내 제안을 받아들이지 않았다. 나는 제인에게 보내는 짤막한 글까지 써서 주었지만, 그들은 그 편지를 제인에게 보이지 않았을 것이다. 결국 나는 제인도, 그들도 다시 만나지 못할 것이다.

아이의 절대적인 힘이 일찌감치 제재를 받아야 하는 이유를 잘 보여 주는 사례이다. 왜냐하면 아이의 그런 힘은 제재가 없는 한, 한계를 모르고 커지기 때문이다. 더군다나 제인의 어머니는 새로운 남자와 새 삶을 시작하겠다는 결정을 내리기까지가 도무지 쉽지 않았을 테고, 그 결심을 딸에게 납득시키는 일도 몹시 힘들었을 것이다. 어쨌든 아이는 점점 자랐고, 어머니는 어려운 여건 속에서도 아이의 교육에 많은 투자를 했다. 아이는 이제 자신의 힘을 의식하는 사춘기 소녀가 되었다. 그러므로 이런 배경 속에서 자라온 아이의 삶에 지금의 시점에서 개입하기란 매우 어려운 일이다. 게다가 짐작컨대, 미성년자를 보호할 사명을 띤 청소년 담당판사에게 도움을 청하는 것도 그다지 좋은 해결책은 되지 못할 것이다.

마르크는 15세의 소년이다. 부모도 그를 위험한 성격장애아로 소개했으나, 학교 성적은 우수했다. 그는 여동생을 몹시 괴롭히고, 어머니를 위협했지만 집 밖에서는 오히려 겁이 많고, 자기보다 더 영악한 친구들을 경계하는 편이었다. 그런데 부모는 최근에 이 아이가 전화로

이웃 노인을 위협한 일이 있다는 것과, 친구와 함께 동성애자들이 모이는 장소에 들락거렸다는 사실을 알게 되었다. 집에서의 마르크는 자주 크게 화를 냈고, 그럴 때면 손에 잡히는 것은 무엇이든 집어던져서 깨뜨리기 일쑤였다. 그는 아버지도 여러 차례 때린 바 있다. 아버지는 그때마다 그를 두 팔로 '꼭 끌어안아' 힘을 쓰지 못하게 했다고 한다. 이 경우에도 마르크의 어머니는 아들을 깊이 이해하고 있었다. 아들과 깊은 동지 의식을 갖고 있었기 때문이다. 하지만 그녀도 이제는 아들의 행동이 한계를 넘어섰음을 깨닫게 되었고, 마르크의 폭력을 자제시키려면 남편과 한마음이 되어 남편의 뜻을 따라야 한다는 것을 인정하기에 이르렀다. 그래서 전문가를 찾아가 아들 문제를 상담하는 데 동의하고, 마르크를 여러 의사들에게 데리고 갔다. 하지만 그 중 한 의사가 자칫 이들의 모든 노력을 수포로 돌릴 뻔했다. 그가 자녀 학대라는 죄목으로 마르크의 아버지를 고소했기 때문이다. 그 고소가 근거 있는 것이든 아니든 간에, 이 사건은 마르크가 아버지의 권위에 끊임없이 도전하고 있음을 말해 준다. 또 다른 의사는 약물 치료를 처방했는데, 그것은 마르크 자신이 요구한 것이었다. 그 역시 자신의 공격성에 대해 불안감을 느꼈기 때문이다. 그후 얼마 가지 않아서, 개별심리극을 통한 치료로 그의 공격성을 억제시킬 수 있었다. 그의 엄청난 폭력성을 언어로 변환시킨 것이다.

벌을 주는 것은 말의 무게에 힘을 실어 주는 것이다

자녀를 다루기가 벅찬 아버지나 어머니는 혼자 아이에게 고함을 지르고 위협하다가 결국 배우자를 개입시키게 되는데, 이는 때로 자녀와의 팽팽한 줄다리기 싸움을 늦춰 주기도 한다. 부모 중 한 명과 아이 사이에서 생기는 문제를 다른 한 명의 부모가 좀더 객관적인 입장에서 다르게 볼 수 있을 경우에 특히 그렇다. 다른 한편 아이들은 부모가 소리지르는 것을 화내는 것보다 오히려 훨씬 더 나쁜 것으로 받아들이며, 자신의 정신적 짐을 덜어 주는 체벌을 보다 좋아한다.

13세인 **조제**는 비행청소년 무리에 섞여 자동차 안에 있는 물건들을 훔치다가 현행범으로 체포되었다. 그는 경찰 조사를 받으면서 그야말로 끔찍한 시련을 경험했던 것 같다. 그는 진심으로 후회했고, 신뢰를 회복하기 위해 무엇이든 다할 마음의 자세가 되어 있었다. 그 일 이후로 그가 속죄의 마음을 가졌던 것은 사실이다. 그런데 그 아이와 어느 정도 이야기를 나눠 보니, 부모와 아이 사이에 깊은 갈등의 골이 있음을 알게 되었다. 그 갈등은 처음엔 예상치 못한 것이었다. 조제가 새롭게 결심하고 보여 준 절대적인 순종의 태도 속에 숨겨져 있었기 때문이다. 조제는 부모를 견딜 수 없어 했다. 무엇보다도 부모가 끊임없이 해대는 질문들을 참을 수 없어 하더니, 결국 신음 소리를 내며 이렇게 말했다. "우리 아빠 엄마는 고래고래 소리지르거나 끊임없이 질문만 해대요!"라고. 아버지에게 말대답을 한다는 것은 조제에게 '절대적으

로 불가능' 한 일이었다. 아버지는 이렇게 고백했다. "조제는 지나치게 과보호를 받았어요." 과연 어머니의 고백은 깜짝 놀랄 만한 것이었으니, "난 그 아이가 내 안에 있는 듯한 기분이에요"라고 했던 것이다. 나는 조제가 가출했을 때 무엇을 했는지도 궁금하지만, 그가 부모에게 어떤 인물로 보이길 원하는지도 궁금했다. 이 소년은 실제로 탈선할 가능성보다 훨씬 더 크게 자신을 염려하고 있는 것처럼 보였기 때문이다. 부끄러운 가족사 안에 감춰진 어떤 인물을 염두에 두고 그 사람처럼 될까 봐 걱정하고 있는 듯했다. 사실 부모는 아들이 자신들에 관해 심한 언어를 쓰는 것에 대해 그리 놀라지 않는 것 같았다. 마치 배심원 앞에서 부모의 나쁜 점들을 낱낱이 늘어놓는 듯한 아들 앞에서 별로 충격을 받지 않았던 것이다.

이 사례는 아이의 말 속에 어떤 진실이 숨어 있다는 것과, 그 진실에 민감하게 반응하는 부모로서는 아이에게 벌을 주기 힘들 거라는 생각을 갖게 만든다. 그러나 그 감춰진 진실은 그것을 대변하고 있는 당사자로서는 감당하기 벅찬 것이다. 그래서 아이는 아무것도 꾸미지 않은, 단지 자신이 되고 싶은 어른의 이미지에 가까운, 자기보다 조금 더 대담하고 조금 더 나이가 많은 청년을 따름으로써 다른 사람들, 정확히 말해 법을 대표하는 자들로부터 자기의 뻔뻔한 행동에 대한 벌을 받을 필요를 느낀다.

이런 상황 속에서 아이가 어떻게 순종하며 규칙에 따를 수 있을까? 아니 한마디로 어떻게 성숙한 어른이 될 수 있을까? 이 아이는 삶의 현실을 피부로 느낄 수 있는 집 밖의 환경을 만나면서, 또 부모와 맞

서는 위치에 서면서 아마 일찌감치 성인이 되어 버렸을 것이다. 우리가 보았듯이 법은 어떤 희생을 치르더라도 행사되어야 한다. 때문에 그것이 부모의 개입을 통해 이루어지지 못하면 사회가 개입하게 된다. 그리고 사회마저 너무 관대하면, 아이에게 진리를 가르쳐야 할 자들을 향해 아이 스스로가 그 진리를 내뱉게 된다.

법이 공표되지 않으면, 그리고 그 법을 위반했을 때 제재를 받지 않으면 대개의 경우 아이는 자신이 받아야 할 처벌을 무의식적으로 스스로에게 가한다. 따라서 부모가 소리만 지르거나 질문만 퍼붓는다는 조제의 불평은 정당한 것이다. 부모들은 말뿐이었기 때문이다. 더욱이 최근에 조제의 부모는 아들의 전화 사용량이 많아 엄청난 액수의 요금 고지서가 나왔다고 불평했다. 조제는 오는 전화만 받을 뿐, 전화를 걸 수 없게 한 제도가 있음을 알고 있다. 하지만 그의 부모는 전화를 많이 썼다고 소리만 질렀지, 어떤 조치를 취하려고 하지는 않았다. 조제의 부모는 아무리 큰 소리로 야단을 쳐도 **결국 말만 할 뿐**, 실제로는 아무런 제재도 가하지 않은 것이다.

제재는 실제로 가해진 것이든 혹은 아이가 무의식적으로 부추긴 것이든 간에 말, 즉 금지령에 무게를 실어 주는 것이다. 제재를 가하지 않는 것은 부모의 말에서 권위를 빼앗는 것이다. 흥미로운 사실은 아무런 이유도 없이 제재를 가하는 것 역시 똑같은 결과를 가져온다는 점이다. 이 또한 말이 전하는 의미를 없앤 것이기 때문이다. 그러므로 제재와 금지는 상호 보완의 관계 속에 있다. 그 둘은 한 가지 실체의 양면이다. 부모가 자신이 한 말과 금지시킨 사항의 중요성을 믿고 있다는 것, 즉 아이가 규칙을 어겼을 경우 부모가 틀림없이 벌할 것

임을 아이가 믿을 수 있어야 한다. 그러면 아이는 금지령을 헛된 말로 여기지 않고, 자신을 도와 주는 참된 말로 여기고 존중하게 될 것이다.

자식을 사랑한다면 제대로 벌을 주어라

아직도 이 해묵은 격언을 주장하는 사람이 있다면 물의를 빚게 될 것이다. 이는 최근에 필자가 교육자들 앞에서 그와 같이 했다가 실제로 겪은 일이다. 그때 한 심리학자는 몇몇 부모가 자녀를 학대한 예를 인용하면서 내게 항의했다. 나는 그가 인용한 예들을 다 듣고 나서, 그 경우는 부모들이 자식을 사랑하지도 않았으며, 벌을 제대로 준 것도 아니라고 어렵지 않게 대답했다. 그것은 분명 미묘한 문제이다. 요즘은 프랑스에서도 자녀에게 따귀 한 대만 때려도 아동 학대라고 소란을 피우면서, 소위 비폭력 교육을 내세워 '교묘하게 교정'해야 한다는 분위기이다(틀림없이 미국에서 건너온 것이다). 이제 우리는 학대라는 것에 대해 좀 생각해 볼 때가 되었다.

내 말에 오해가 없길 바란다. 나는 지금 무조건적인 물리적 체벌을 내세워서, 매맞기를 두려워하는 아이들이 가느다란 가죽 끈을 부모 몰래 하나씩 뽑아 버리곤 하던 그 유명한 '가죽 채찍' 시절로 돌아가자고 주장하는 것도 아니고, 소위 '영국식' 교육이 좋다고 설득하려는 것도 아니다. 내가 말하고 싶은 것은 부모의 권위를 내세워서 아이가 부모의 금지령을 충분히 존중하게끔 만들어야 한다는 것이다.

이미 앞에서 말했던 이유들로 인해 부모의 금지령이 충분한 효과를 거두지 못할 때, 물론 우리는 제삼자에게 도움을 청할 수 있다. 하지만 매번 그렇게 할 순 없는 노릇 아닌가. 더군다나 아이들이 믿고 순종하는 존재는 예를 들어 할아버지 할머니 같은 사람들이 아니라, **아버지와 어머니**여야만 한다. 아이들을 위해서라면, 아이들에게 한계를 정해 주지 않는 것보다 더 나쁜 상황은 없다(한계를 그어 주는 것은 결코 아이들을 학대하는 태도가 아니다). 요즘에는 오히려 '**한계선 결핍**' 때문에 고통당하는 아이들이 있다고 해도 과언이 아닌데, 이 **한계선 결핍이야말로 학대와 다름없는** 것이다. 단순히 말만으로는 자녀에게 규칙을 지키게 할 수 없을 경우, 부모는 소리를 지르게 된다. 이는 부모의 무력함을 보여 주는 동시에 그들 자신의 한계를 나타내는 것이다. 부모에게 참을 수 없는 상황이 존재한다는 것은 다행한 일이다. 그러면 아이는 부모의 한계를 자신의 경계선으로 인식하고, 훗날 그것을 한계선으로 삼게 되기 때문이다.

한 아버지가 고통에 일그러진 모습으로 나를 찾아왔다. 12세인 아들 질이 8세의 누이동생을 강간하려 했다는 것이다. 누이동생이 발버둥치며 소리를 지르는 바람에 사태는 금방 수습이 되었다. 하지만 아버지를 무엇보다도 당황하게 만든 것은, 아들에게 그런 짓을 하면 안 된다고 말했을 때 아들로부터 들었던 "왜 안 되는 거죠?"라는 질문이었다. 아버지는 어떻게 대답해야 할지 몰라 당혹스러웠다고 한다. 그러면서 그 질문에 대한 답을 내게 구했다. 정신분석가들이 '아버지의 법'이라고 부르는 것이 과연 이 가정에 나타나고 있는지 의심해 볼 수 있다.

아버지의 법은 가정에서 근친상간을 금지시키는 것이다. 자녀들이 공동 생활의 단순한 몇 가지 법칙들을 넘어서는 상위 질서를 지각할 수 있도록 부모 부부가 안정되어 있을 경우, 아버지의 법은 입 밖으로 내지 않아도 자연스럽게 작동하기 마련이다. 오늘날 잦아진 형제자매 사이의 근친상간은 큰 문제를 낳고 있다. 근친상간은 방금 말한 사례처럼 말로 금지하도록 **촉구**된 경우와는 반대로, 일반적으로는 겉으로 드러나지 않고 비밀로 남는다.

질의 가정을 보면, 아버지가 충동적으로 '가출' 하여 1주일씩 밖에서 지내고 오는 경우가 잦았다. 그동안 장남인 질은 동생들을 '안심' 시키면서, '자신들이 왜 이토록 불안한지' 를 생각하게 되었다. 그는 어머니까지 위로했다. 그는 아버지가 집을 나가 있는 것에 대해 전혀 화를 내는 것 같지 않았다. 여러 정황을 무리 없이 연결시켜 보면 다음과 같은 추측을 해볼 수 있다. 즉 질의 아버지는 난폭하지는 않지만 사려가 깊지 않으며, 동시에 마음은 착해도 앞의 사례에서 나타나듯이 권위를 상실했다.

가정 형편상 어쩔 수 없이 온 가족이 방과 목욕탕 등을 함께 사용하면 감각적이라고밖엔 할 수 없는 유혹들에 계속 자극을 받기 마련이다. 어떤 규칙들(예를 들면 부모 침실의 방문을 열기 전에 노크를 하는 것 등)을 세우고, 그것을 굳이 말로 지시해야 하는 까닭은 바로 이 때문이다. 이런 규칙들을 통해 이성인 자녀들뿐 아니라 동성의 자녀들끼리도 일정한 거리를 유지하도록 해야 한다. 그런 거리가 그들을

안심시켜 주며 올바르게 성숙하도록 도와 준다. 아동정신분석학자들의 경험에 비추어 볼 때, 자녀들이 부모의 침대는 물론 형제자매의 침대에도 들어가지 못하도록 금지하여 좋은 성과를 거둔 사례가 얼마나 많은지 모른다. 지금 필자가 말하려는 것은 **아동 교육**의 중요성이 아니다. 그보다는 소아정신과 의사들이 이런 문제에까지 개입하는 것에 대해 부모들이 놀랄 수도 있지만, 부모가 잘 이해하고 따라 주기만 한다면, 그 개입이 문제 해결 능력이 없는 부모를 효과적으로 대신할 수 있음을 말하려는 것이다.

의사의 개입이래야 결국 부모에게 무엇인가를 제안하는 것뿐이지만, 바로 그것이 부모로 하여금 본래 부모 몫인 금지를 명할 수 있도록 자극한다. 질의 아버지는 제삼자에게 도움을 청한 경우이다. 그러나 자녀에게 격분으로 반응하는 부모도 있고, 이성을 잃은 채 따귀를 때리는 부모도 있다. 이런 태도들은 저마다 달라 등급을 매길 수 있다. 그러나 실은 모두 똑같은 의도, 즉 간혹 전의식(前意識)[1]일 때에도 있으나, 궁극적으로는 유익한 의도에서 나온 태도들이다. 또 비록 부모가 아이 행동을 제재하는 역할을 한다고 해도, 또 그것이 자신도 모르게 손짓이나 몸짓을 통해 순간적으로 표현되었다 할지라도 근친상간의 공범이 아닌 이상에야 그 부모를 비난할 수는 없는 노릇이다.

12세인 **모니크**는 선머슴 같은 소녀이다. 아버지 어머니 모두 군대에

---

1) 무의식과 구분되는 것으로, 어떤 시점에서는 의식되지 않지만 자극이 주어졌을 때에는 쉽게 의식화될 수 있다. 〔역주〕

서 근무하며 질서 유지에 관련된 일을 하고 있다. 모니크는 그야말로 범죄자로 낙인찍히기 일보 직전이었다. 패거리들과 어울리며 대마초도 입에 대보더니, 마침내 도적질에 가담하여 경찰서에 불려가게 된 것이다. 부모는 완전한 절망에 빠진 정도까지는 아니지만 하여튼 이만 저만 낙담한 상태가 아니었다. 그들은 어떻게 하면 좋을지 알 수가 없었다. 모니크는 이미 어머니의 수면제를 삼키고 충동적인 자살을 시도한 전적도 있는 아이였기 때문이다. 그런데 어느 날 나와 만난 소녀의 모습이 훨씬 좋아 보였다. 평소에는 늘 얼굴을 찌푸리고 부루퉁해 있던 모니크가 그날은 활짝 미소를 지으며 나를 똑바로 바라보았다. 그새 어떤 일이 있었던 것일까? 그즈음 아버지는 모니크의 규칙 위반 행위가 결국 아버지의 관심을 끌기 위한 것임을 알아차리게 되었다. 그래서 마치 이전처럼 아무것도 안 보고 안 들은 것처럼 무기력한 모습을 보이는 대신에, 모니크의 엉덩이를 때려 주기로 결정했다! 그랬더니 모니크는 아버지가 우려했던 반응을 보인 대신, 놀랍게도 오히려 안심하는 모습을 보이며 차분해졌다.

이런 식의 이야기는 흔한 이야기이지만 잠시 생각하게 만든다. 물론 체벌보다 더 나은 방법도 있다. 그러나 아무것도 하지 않는 것보다는 체벌이 훨씬 낫다. 체벌을 했다고 해서 아버지를 비판하는 것은 아버지로서의 역할을 부정하는 것이다.

권위는 필요하다

부모의 권위는 필요하다. 그 점을 상기해야 한다는 점이 우리 사회의 특징이다. 사실 우리 시대에 부모의 권위는 점점 더 '부자연스러운' 것이 되었다. 이제까지의 것이 19세기말과 20세기초의 억압적인 교육의 물결을 타고 전해진 온갖 학대 행위들로 얼룩진 권위였음이 증명되었기 때문이다. 이것을 드러낼 수 있을 정도로 건강한 반응이 나타나기까지는 정신분석의 지대한 공헌이 있었다. 하지만 부모들은 정신분석의 관용적인 면만을 이해했을 뿐이다. 여기에서 프랑수아즈 돌토는 겉으로 드러난 욕구 좌절에는 아이가 포기한 부분이 아닌 다른 부분의 욕구 충족이 항상 뒤따른다는 것을 알려 주었다.

아이들은 언제나 아이들일 수밖에 없다. 그래서 권위의 필요성을 때로 야단스럽게 나타내곤 한다. 부모는 자신의 힘에 따라 때로는 서투르게, 때로는 난폭하게 반응한다. 폭력 자체는 정당하지 못한 것이지만, 그러나 부모가 보여 주는 그런 반응은 정당한 것이다. 또한 폭력을 쓰지 말아야 한다는 것 때문에 부모의 반응마저 보이지 않아서는 안 된다. 물론 권위의 필요성이 곧 처벌의 필요성을 의미하지는 않는다. 아이들의 욕구란 것이 워낙 맹렬하게 자라기 때문에 그것에 대한 금지, 곧 한계선을 세우라는 뜻이다. 그렇기 때문에 금지는 위협의 성격을 띠게 마련이고, 그것은 무엇보다도 부모의 사랑을 잃을지도 모른다는 위협이다. 아이들은 그 금지를 받아들인다. 대개의 경우 아이들은 부모의 사랑을 지키고 싶어하기 때문이다. 부모의 사랑

을 정말로 잃어버릴지도 모른다고 느끼는 것이다. 이것이 어쩔 수 없는 최초의 시련을 통해 체험하는 배움의 역설이다. 징벌이란 당사자가 받아들이고 이해해야 효과가 있는 법인데, 그것은 벌하는 이가 자신의 행동에 확신을 가질 때에만 가능하다.

베네딕트는 5세이다. 외동딸인 그녀는 매우 활동적인 부모의 사랑을 듬뿍 받고 있다. 아버지는 고위공무원이고, 어머니는 의사이다. 부부는 정기적으로 주말을 별장에서 보내며, 베네딕트의 동성 친구를 함께 데리고 갈 때도 많다. 세 식구가 오붓하게 지내기로 한 어느 일요일. 그날은 베네딕트가 혼자서 부모를 독차지할 수 있는 기회였다. 그런데 그날 공교롭게도 전화가 불통되었다. 그날 따라 중요한 전화를 기다렸기에 불통의 원인을 살펴보지 않을 수 없었던 아버지가 마침내 찾아낸 것은 끊어진 전화선이었다! 누가 그런 짓을 했는지는 뻔한 일이다. 아버지는 베네딕트를 서재로 데리고 가서 어떤 벌을 받을 것인지 아이와 상의했다. 어머니는 그 일에 관여하지 않기로 했다. 잠시 후에 베네딕트와 아버지가 서재에서 나왔다. 베네딕트는 진지한 표정으로 1주일 동안 텔레비전을 시청하지 않겠노라고 약속했다. 그토록 좋아하는 만화 영화를 보지 않기로 한 것이다. 그런데도 베네딕트는 그 한 주간을 아주 즐겁게 보냈다. 베네딕트는 벌을 받은 것 때문에 눈에 띄게 행복하고 안도하는 모습을 보였다. 그리고 누가 물으면 자신이 벌받고 있는 중이라고 자랑스럽게 이야기했다.

3
누가 명령하는가?

베네딕트[1]의 어머니는 딸을 벌하는 일을 남편에게 맡기고 싶어했다. 그녀로서는 정말 잘한 일이다. 권위는 힘과 구별되어야 하는데, 마침 그녀의 권위가 약화되기 시작할 무렵이었던 것이다. 나는 함께하는 시간이 많은 사람일수록 권위를 행사하기가 쉽지 않다고 말하고 싶다. 아이에게 금방 독단적인 태도로 보일 위험이 있기 때문이다. 때문에 베네딕트의 부모는 아이를 벌하는 결정을 늘 서로에게 미루었다.

우리는 다음과 같은 부자간의 대화를 자주 듣는다.

ㅡ 아빠, 저 텔레비전 봐도 돼요? (혹은 축구하러 가도 돼요?/친구 집에 가도 돼요?)

ㅡ 엄마에게 물어보렴!

ㅡ 엄마가 아빠에게 물어보래요.

---

1) 2장을 볼 것.

앞의 이야기에서 어머니와 아버지의 역할이 바뀔 수 있다. 공동 책임을 지는 오늘날과 같은 시대에 이런 농담은 더 이상 웃음의 소재가 되지 못한다. 집에서 명령을 내리는 사람이 누구인지 아이에게 한번 물어보기 바란다. 아이는 아버지와 어머니를 굳이 구분하지 않고, 그냥 '부모님이오' 라고 대답할 것이다. 이처럼 아버지와 어머니를 구분하지 않는 것은 아버지 이미지가 추락한 요즘의 현상과 어깨를 나란히 한다. 아버지 이미지의 쇠퇴는 여러 가지 저항의 시도들이 있었음에도 불구하고 불가피한 것처럼 보이고, 또 그런 시도들은 십중팔구 실패하게 되어 있다. 아버지 이미지가 추락하게 된 근거는 '낮아진 종교심' 뿐 아니라, 소비 사회의 자유 경제에 따른 '물질주의' 와도 관련이 있다. 짝을 이루는 이 두 가지 현상은 어머니의 권한을 신장시키는 데 크게 기여했다. 이는 어머니들이 물리적 현실과 더 가깝기 때문인데, 그렇다고 어머니들에게 지적 활동이 결여되어 있다는 뜻은 결코 아니다. 다만 이제는 아버지가 권위를 가진 유일한 존재가 아니라는 의미이다. 또한 아버지는 이상적인 가치들을 구현하는 유일한 존재도 더 이상 아니다. 흔히 말하듯 이제 아버지는 대개의 경우 제2의 어머니나 어머니의 보조자처럼, 심지어 어떤 경우에는 어머니의 경쟁자처럼 기능하고 있다.

줄리앙의 부모는 아들의 학교 성적 때문에 걱정이 많지만, 아들을 과도하게 구속하지는 않는다. 아내는 은행원이고, 남편은 전직 교육자로서 이해심이 많은 사람이다. 꽉 짜여진 직장 생활을 하는 아내보다 시간 사용이 훨씬 더 자유롭기 때문에, 학교에서 돌아온 자녀들을 돌보고 숙제 검사를 하는 것은 남편의 몫이다. 그는 일요일이면 장도 보고 세탁도 한다. 한마디로 가정에서 가족과 많은 시간을 보내는 아버지이다. 줄리앙은 늘 행복한 표정을 짓고 있지만, 이런 겉모습 뒤에는 정신적 혼란이 감춰져 있다. 그를 상담하기 시작한 지 몇 달 후, 부모가 별거하게 되었음을 알게 되었다. 남편은 이혼을 거부했지만, 아내가 근처에 아파트를 빌려 나가는 것을 막을 수 없었다. 그는 아내의 불만을 이해하지 못했다. 아내도 별거의 이유를 딱히 설명할 수 없었다. 하지만 왠지 아이들을(줄리앙에게는 동생이 있었다) 빼앗긴 기분이며, 집안의 모든 것이 그녀의 손에서 빠져나간 느낌이라고 말했다.

과제와 역할을 나누기

확실히 페미니즘은 상당한 결과들을 낳았다. 위의 경우에 남편은 밖에서 일하는 시간이 더 많은 아내와 가정의 일을 동등하게 나누었다. 이같은 가사의 분배는 상징적인 면에서 균등한 역할 분배를 이룬 것처럼 보인다. 성적(性的) 소속에 따르는 차이점이 축소된 것을 주목할 수 있듯이, 아버지와 어머니의 역할 차이도 점점 사라지고 있는 것처럼 보인다. 그러나 성의 차이는 아직 절대적 기준으로 남아 있다.

우리 시대의 아이들은 자기와 동성의 부모가 최근에 보여 주는 본보기로 인해 자기가 어떤 태도를 취해야 하는지 잘 판별하지 못한다. 이것은 딸보다 아들에게 더 많은 영향을 미치고 있다. 사내아이들이 전문 상담의 3분의 2 이상을 넘고 있는 현실이 과연 우연일는지? 필

자가 보기엔 전통적으로 공부할 필요를 덜 느끼는 소녀들보다 소년들이 학교 성적의 압박을 훨씬 더 받고 있음을 이유로 드는 것은 낡은 생각처럼 보인다. 여자들만큼이나 남자들에게도 영향을 미친 이런 사회적 변화는 부부 사이에 때로 미묘한 불균형을 야기했다. 아이들을 기르고 그들 곁에 더 가까이 있는 어머니는, 다른 한편으로는 감시하고 벌을 주는 어머니이기도 하다. 어머니가 이 두번째 역할을 '늦게 들어오는 남편'에게 떠맡기는 경향이 점차 줄었다. 이는 외적 기준을 남편이 더 이상 구현하지 못하게 되었다는 점에서 더욱 그렇다. 늘 그렇듯이 이혼의 여러 상황은 이런 차이점들을 심화시키고, 또 겉으로 드러나게 해준다. 입법자들은 아버지로부터 빼앗은 아버지라는 준거를 자연스럽게 사법관들에게 부여했다. 어머니들은 이 점을 실제적으로 깨닫고 있다. 어머니는 아버지가 집에 있을 때면 아이의 행동이 달라진다는 것을 제일 먼저 눈치채는 존재이며, 아이를 위해 아이의 아버지나 의사, 심지어 정신분석가 등 제삼자에게 일임하는 것의 의미를 아주 잘 알고 있다. 그런 어머니 옆에서 아버지는 할 일이 없어 두 손을 늘어뜨리고 있는 것처럼 보인다. 아버지가 직장 문제(혹은 실업 문제)나 과로 때문에 뒷전에 있는 것이라고 아무리 주장해도, 그가 자녀의 교육 문제에서 무력감을 느끼고 '싸우기'를 포기했다는 사실은 감출 수 없다. 때문에 아버지와 어머니의 상호 역할에 관한 토론은 모든 소아정신과 문제들 속에 빠짐없이 등장하고 있다.

환영받아야 할 부부의 토론

얼핏 보기엔 부부가 자녀의 교육을 함께 의논하는 것은 참으로 쉬운 일일 것 같다. 그러나 실은 부모가 일상의 업무에 시달리고 있는데다 각자 자신을 돌아보길 꺼리기 때문에 결정적인 기회들을 놓칠 때가 허다하다.

마리는 친구가 많지 않다. 부모는 그녀가 너무 내성적이라고 생각한다. 소녀는 약간 우울한 편이다. 아버지는 그 점이 염려스럽고, 어머니는 어떻게 해서든 아이에게 말을 시켜 보려고 애쓴다. 부부는 정신과 의사의 진료실에서 서로 의견을 나누다가, 처음으로 딸에 대한 상대방의 태도에 관해 말하게 되었다. 아내는 남편이 자신에 대해서, 지나치게 까다롭고 아이에게 요구하는 것이 많다고 생각한다는 것을 알고 매우 놀랐다. 남편은 특히 아내가 자기의 말을 충분히 들어 주지 않는다고 생각하고 있었다. 하기야 그는 시간을 너무 많이 빼앗기는 직업을 갖고 있었고, 때로는 자정이 임박해서야 집으로 돌아올 때도 많았다. 하지만 그는 가족과 함께 있으려고 애썼으며, 또 나누고픈 말도 많았다. 이런 깊은 대화가 있은 후 아내는 남편이 마리에게 더 신경을 쓰게 되었고, 자신의 인내심도 더 많이 늘었음을 인정했다. 그리고 자신이 '나쁜 의미에서 독재적'이었다는 사실도 깨달았다. "난 모든 것을 당장에 하라고 요구하는 버릇이 있어요"라고 말할 정도로. 부부는 상담을 하면서 자신들의 태도에 관해 함께 의논하게 되었고, 이후로 마리

의 문제는 점차 좋아졌다.

아버지와 어머니는 자녀 옆에 있다는 것만으로도 아이의 시야를 넓혀 줄 수 있으며, 아이가 독점적인 관계 속에 갇히는 것을 피하게 해준다. 하지만 이 두 가지가 효과를 나타내려면 부모가 서로 이야기를 나누되 진정한 대화를 할 수 있어야 한다.

앙투안은 매우 주의 깊은 엄마를 둔 행운을 가졌다. 아동정신의학자인 그녀는 아이에게 어떤 내향적인 면이 있는지, 친구들을 생일 파티에 초대할 때는 얼마나 인내심을 보여 주는지 등을 주의 깊게 살펴보는 어머니이다. 게다가 직업 때문에 자기 판단이 왜곡되지 않을까 염려하여, 외부의 객관적인 시선을 보기 위해 나를 찾아왔을 정도이다. 남편은 아이와 많은 시간을 함께했다. 그녀는 그런 남편의 의견을 고려했을까? 그녀는 남편이 최근에 좀 우울하다고 생각했고, 남편도 그 말에 고개를 끄덕였다. 그는 아내에게 전적으로 동의했다. 앙투안은 나와 말할 생각이 조금도 없었다. 6세의 어린 나이에도 어머니의 말 중에 정확하지 않은 부분이 나오면 그것을 교정해 주었지만, 단지 그것뿐이었다. 나는 그래서 부부와 대화를 계속했다. 그 결과 남편이 아내의 말에 '전체적으로' 동의하고 있음에도 불구하고, 아내는 아들의 정신 건강에 대해 안심하기 위해 남편 외의 다른 의견을 구하고 있다는 결론을 내리게 되었다.

이 지적이고 섬세한 여성은 상담을 통해, 다른 많은 사람들과 마찬

가지로 자신이 모든 것을 맡아 하기보다는 남편의 존재를 잘 이용하는 편이 훨씬 효과적이라는 것을 이해하게 되었다. 이런 유형의 주의 깊은 어머니들을 옹호하기 위해 필자가 하고 싶은 말은, 대체적으로 모든 아버지들이 관찰력이 떨어진다는 점과 어머니들이 아니면 많은 문제를 모르고 그냥 지나치기 쉽다는 점이다. 하지만 성인들 중에서 자기의 고통을 표현할 수 없었던 유년 시절에 심리치료사를 만나지 못한 것에 대해 후회하는 사람들이 과연 얼마나 되겠는가?

1장에서 말했던 **세바스티앙**은 부모가 법도 도덕도 모르고 무슨 짓이든 할 수 있는 악동이라고 내게 소개했던 아이였다. 그는 발길에 거치적거리는 것은 무엇이든 밟고 부수어 버렸다. "안녕하세요" "안녕히 계세요" "고맙습니다" 등의 인사도 일절 하지 않음은 물론이다. 학교에서도 친구들을 거칠게 밀어 넘어뜨리기 일쑤여서 많은 학부모들이 그에 대해 불평을 터뜨리곤 했다. 세바스티앙의 부모는 부부 사이가 좋았으며, 자녀를 더 낳고 싶어했다. 하지만 어머니는 동생을 낳아도 좋다는 세바스티앙의 의견을 기다리고 있는 중이라고 했다. 아버지는 자녀 문제에 소극적이었다. 내가 질문을 던지자, 그는 아내가 아이를 너무 제멋대로 하게 내버려둔다고 말했다. 내가 아이에게 한계선을 그어 주어야 한다고 말하자, 그녀는 마음이 **약해** 선뜻 결심하지 못했으며 마지막 순간까지 **주저했다**. 마침내 부부는 아이를 엄하게 다스리기로 함께 결정을 내렸다. 어머니는 아주 불안하고 초조해하는 유형이어서, 어떤 누구도 어떤 무엇으로도 그녀를 진정시키지 못할 듯했다. 많은 경우에 그렇듯이 이 경우에도 가정 생활을 지배하는 것은 어머니의

불안이다. 그런데 불안이라는 것은 고민을 털어놓을 상대가 없을 때에
는 매우 위험한 것이다. 이런 어머니는 아버지만이 안심시켜 줄 수 있
는 어린 소녀 같다고나 할까……. 이때 남편은 그저 참아 주는 것밖에
는, 아내의 불안에 대해 해줄 수 있는 것이 아무것도 없다. 그러나 **두
사람의** 자녀 문제일 경우에만은 남편이 개입해야 한다. 그래서 나는 이
교양 많고 총명한 어머니에게 중세기로 돌아가 그저 남편의 의견에 따
르라고 제안했다. 그녀는 그 충고를 받아들였다. 결과는 즉시 나타났
고, 바로 다음주부터 모든 것이 정상적으로 돌아왔다(일시적으로). 세
바스티앙은 상당히 얌전한 아이가 되었고, 담임 교사도 더 이상 부모
를 부르지 않았다.

홍역이나 비인두염 혹은 기관지염을 치료하는 소아과 의사일 경우
엔 처방을 위해 아버지를 부를 필요가 없다. 그는 당연히 어머니를
믿고, 심지어는 보호자로 따라온 사람이 누구이든 그를 믿고 약을 처
방해 준다. 소아정신과 의사, 심리치료사, 아동정신분석학자들은 대
개의 경우 어머니들로부터 아이에 대한 소견을 말해 주고, 아이의 장
래 및 다른 많은 문제들에 관해 충고해 달라는 부탁을 받는다. 아이
들이 일으키는 문제들의 대부분은 이런 충고를 요청할 만한 것들이
긴 하지만, 이때 의사나 심리치료사들의 소견이 아버지의 특권을 침
범할 위험이 크다. "선생님이 우리 아이에게 얼마나 좋은 아버지 역할
을 하고 계신지 모릅니다!" 이것은 한 어머니가 필자에게 고백한 말
인데, 이 말은 남편의 역할을 인정하라는 의사의 조언을 따를 준비가
아직 안 되어 있다는 뜻이다. 심리치료사나 의사는 자신에게 맡겨진

역할을 부드럽게 거절해야만 한다. 그렇지 않으면 자신의 뜻과는 달리, 유감스럽게도 아버지를 배제하는 작업에 참여하는 것이 되고 만다. 그는 이런 어머니들의 논법에 끌려가서는 안 된다. 왜냐하면 실제의 아버지가 어떤 실수를 했든지 아니면 무능력하든지 간에, 아이의 아버지는 바로 남편이라는 사실을 잊어선 안 되기 때문이다. 하물며 아버지가 아이 곁에 있으면서 아이가 원하는 것을 알고 있고, 또자신의 의견을 갖고 있을 경우엔 더 말할 나위도 없다. 확신컨대, 아버지들이 상담을 거부하는 경우의 거의 대부분은 그 상담에서 아버지의 의견이 계속 배제되기 때문이다. 프랑수아즈 돌토가 항상 강조했던 것처럼, 아버지는 아이를 도우려는 계획 속에 가능한 일찌감치개입해야 한다.

헌병 같은 아버지

이제는 아버지의 독특한 위치를 살펴보려고 한다. 이는 어머니가아버지에게 도움을 요청하는 경우인데, 여기서 말하는 요청은 위에서 이야기했듯이 제삼자의 말을 참고하기 위한 그런 것이 아니다. 오히려 물리적인 힘이 필요해서 남편에게 아이를 엄벌로 다스리라고 지시하는 아내의 엄명 같은 것이다. 이럴 때 아버지는 어머니의 보조자이지, 결코 정신적 지주가 아니다. 어머니가 갖지 않은 물리적 힘, 예를 들면 예전에 아이들에게 겁을 주기 위해 어른들이 곧잘 내세우던 **매질하는 할아버지**[2]의 힘 같은 것이 필요해서 아버지의 행동을 요구

하는 것뿐이다. 따라서 어머니가 모든 권한을 쥐고 있는 셈이다. 우선 어머니는 권위를 갖고 있다. 이것은 그녀가 남편에게 행사하는 정신적 영향력을 말한다. 또한 힘을 갖고 있다. 이것은 그녀가 타인을 통해 아이들에게 적용하는 물리적인 능력이다. 마치 한 국가 안에서 아무런 견제 세력도, 통제도 없이 모든 권력이 단 하나의 중앙 기관으로 모이는 것과 같다! 물론 부모가 부부인 두 사람으로 이루어져 있다는 점에서 모든 문제가 그만큼 축소되며, 자녀들도 명령이 어디서 내려오는지 다 알 수 있다. 바로 그런 까닭에 우리는 때때로 희생자와 가해자 사이, 즉 자녀와 아버지 사이의 비밀스러운 결탁을 목격하게 되고, 어머니는 그 결탁을 견디기 힘들어 불평하게 된다.

다음 사례는 꽤 과장된 것처럼 보일 것이다. 몇 가지 다양한 변수들이 여기 보태질 수 있다. 이미 암시했듯이 아버지가 어머니의 명령에 무성의하게 복종할 수도 있고, 아이가 아버지를 대수롭지 않게 여길 수도 있으며, (당연한 일이지만 때로는) 아버지의 매를 전혀 무서워하지 않을 수도 있다. 어느쪽이든 심리적인 결과에는 조금도 달라질 것이 없다. 결과가 어떻든간에, 다음에 기술한 사례는 결코 드문 예가 아니다. 우리 시대에 이런 사례는 매우 역설적인 면까지도 지닌다. 프랑수아즈 돌토 혹은 모 마노니 등의 서적들을 많이, 그러나 잘못 읽은 어머니는 아버지에게 아버지로서의 역할을 다하라고 명령하기 위해 정신분석 이론을 들먹일 수 있다. 그래서 아이의 아버지가 죄책감을 갖게 만들곤 하는데, 남편이 아내에게 거절을 못하기 때문에 실

---

2) 산타클로스를 따라다니면서 나쁜 아이들을 벌주는 할아버지라고 여겼다. 〔역주〕

제로 그가 죄책감을 갖게 만들기란 어렵지 않은 일이다! 따라서 아이가 아버지의 신경을 조금이라도 건드리는 날이면, 아버지는 아내가 요구한 그 역할을 서슴없이 떠맡게 된다.

장과 다니엘 부부는 세 자녀를 두었다. 남편은 수학과 교수이고, 아내는 고등학교 교사이다. 남편인 장은 자기 아버지(아이들의 할아버지)와의 관계에 많은 문제를 안고 있었다. 그의 아버지가 장애를 앓고 있는데다가(두 다리가 마비되었다) 성격도 많이 모가 난 편이어서 아버지에게 반대를 해보지 못했기 때문이다. 그러나 어머니와는 아주 사이가 좋았다. 그는 자신보다 연상인 다니엘과 만나 깊은 사랑에 빠졌고, 아주 젊은 나이에 결혼을 했다. 다니엘은 걱정이 많은 여성이었고, 그런 불안감은 때때로 폭군적인 태도를 보여 주기도 했다. 그녀는 아이들에게 요구하는 것이 무척 많았고, 모든 것이 원하는 대로 즉각 실행되지 않으면 못 견뎌했다. 어느 날 저녁 그녀는 막내인 **실뱅**이 구두를 신는데 꾸물거리자 빨리 신으라고 재촉했다. 장은 꼭 그래야 할 필요성은 느끼지 않았지만, 아내가 아이를 워낙 다그치기에 어린 아들의 뺨을 때리는 쪽을 택하고 말았다. 실뱅은 울음을 터뜨리며 자기 방으로 들어가 문을 쾅 하고 닫아 버렸다. 그러나 이야기는 여기서 끝나지 않았다. 죄책감을 느낀 어머니는 아이 방에 들어가서 함께 놀아 주며 아이를 달래려고 애썼다. 실뱅은 그것을 견딜 수 없어서, 어머니에게 발길질을 해댔다.

이 짧은 사건은 불행히도 흔히 볼 수 있는 것이다. 우선 어머니는

남편에게 새삼 부탁할 필요도 없이 자신의 목적을 달성할 수 있었다. 거기다가 아이를 찾아가 달래 주어 아이를 야단친 남편의 행동을 무효화시킴으로써 아버지의 권위를 떨어뜨렸다. 이처럼 앞뒤가 안 맞는 처사에 반응하는 것은 아이이다. 과연 아이의 공격성을 비정상적인 것으로 봐야 할까? 아니면 반대로 이 가족 중에 아이만이 건강하게 반응했다고 이야기해야 할까? 아동심리학자가 매일같이 직면하는 딜레마가 바로 여기에 있다.

6세인 **줄리**는 어머니와 끊임없는 갈등을 겪고 있다. 애교가 많은 줄리는 줄곧 아버지에게 온갖 애교 섞인 행동을 한다. 아버지가 집에 돌아오기만 하면 모든 행동이 아버지를 위한 것으로 바뀌며 갑작스레 천사가 되어 버린다. 아버지는 '줄리가 부부 사이를 갈라 놓으려 한다'는 것을 의식하지만, 아이에게서 정말 야단칠 만한 행동은 찾을 수 없기에 아이의 애교를 모두 받아 준다. 하지만 아내가 자신이 읽은 심리학 서적의 내용을 들어가며, 그에게 근친상간적인 태도를 취한다고 비난할 때면 죄책감을 느낀다. 게다가 아내는 아이를 엄하게 꾸짖는 일은 어머니가 아니라 아버지의 몫이라고 계속 되풀이한다. 아이에게 볼기를 때려서라도 버릇을 가르치라고 강요하는 것이다. 아닌 게 아니라 그렇게 하자 줄리의 태도가 눈에 띄게 안정되었다.

이 사례는 매우 교훈적이다. 줄리의 부모 중 누구도 '잘못'된 행동은 하지 않았다. 그들은 각자 받은 교육에 따른 무의식적인 결과를 보여 주었고, 각자의 기질에 따라 행동했다. 어머니가 아이의 유혹적

인 태도를 건강하지 않은 것으로 보고, 아버지의 반응에도 문제가 있다고 지적한 것은 '옳았다.' 남편은 그런 아내의 태도가 너무 엄격하고 딱딱하다고 생각했다. 각자는 자신도 모르게 자기 가족사의 영향을 받고 있었고, 그 혹은 그녀가 어린 시절에 특별히 좋아했던, 혹은 대립했던 부모 중 한 사람을 그들의 배우자 속에서 다시 발견했다. 아이의 경우를 보자면, 아이 역시 자기의 고유한 성향을 따랐고, 무의식적으로 어머니에게 질투를 느꼈다. 어쨌든 부부 사이에 대화가 결핍되어 있었음은 분명하고, 이것이 줄리의 태도에 영향을 미쳤다. 이 부부에게 심리학적 도움이 특히 효과가 있었음은 두말할 필요도 없다.

아버지는 어떻게 해야 자신을 인정받게 할 수 있을까?

당혹감을 호소하는 아버지들이 있다. 그들은 아내가 자녀에게 과보호적인 태도를 취하고 있을 뿐 아니라, 자녀 문제에 아버지가 끼어들 틈을 허락하지 않는다고 주장한다. 아내는 남편의 말을 전혀 듣지 않고, 사내아이들은(대개의 경우가 사내아이들이기 때문이다) 자신에게 상당히 이로운 어머니와의 관계에서 벗어날 수가 없다. 어떤 아버지들은 아내가 자기 말을 듣게 할 요량으로 이혼을 들먹이기도 한다. 하지만 설혹 이혼까지 갔다고 해서 자녀에 대한 어머니의 과보호적 태도가 끝나는 것은 아니다. 오히려 부부 사이에 중재인이나 혹은 가정 문제 담당 판사 같은 제삼자까지 끼어들게 된다.

앞에서도 말했지만 아버지들 중에는 아내와 다투는 이가 있는가 하면, 반대로 나 몰라라 하고 아예 자녀 문제에 개입하길 포기한 이들도 있다. 아이는 어머니와 분리될 필요가 있다. 많은 어머니들이 그 점을 의식하고 있으며, 필요하다면 남편의 도움을 받아 자신의 삶이 오직 자녀에게로만 집중되지 않도록 노력한다. 어머니의 과보호적인 경향은 대개 아기가 갓 태어났을 때 겪었던 어려움이나 질병 때문에 생겨나는 수가 많은데, 아무튼 이런 경향이 아버지의 분별력 있는 개입 덕분에 절제되는 경우가 상당수 있다. 일반적으로 아버지는 어머니로부터 자녀를 정신적으로 '분리시키는 것'이 자신의 역할임을 의식하고 있다. 이와 반대로 여기에서 우리의 관심을 끄는 사례들은 본능적인 모성애에 한계선을 그어 줄 만한 것이 **하나도 없는** 경우들이다.

이런 현상을 어떻게 설명하건간에(심리학자들의 이론서들은 그런 설명들로 가득 차 있다), 그것이 어쩔 수 없는 현실이 되어가고 있는 것만은 틀림없다. 그런데 이런 현실은 아버지 이미지의 쇠퇴 때문에 더욱 부추겨지고 있으며, 사법권마저 이것을 확인시켜 주고 있다. 필자는 이런 사회적 현상이 심리적 현상을 악화시킨다고 믿는다. 왜냐하면 우리가 원하든 아니든 간에 법과 아버지의 말, 즉 외부 사회와 가정 생활 사이는 연결되어 있기 때문이다. 그리고 이 시대의 모든 어머니들은 어떻게든 아버지의 위치를 유지하려고 애썼던 이전의 가치관에 연연하지 않는다. 여기 최근의 한 사례가 있다.

G부인은 아들 때문에 걱정이 끊일 날이 없었다. 아들이 심각한 호흡기 질환을 앓고 있었기 때문이다. 두 살 어린 누이에게는 아무런 문제

가 없었다. 수년 동안 심리 치료를 받은 덕분에 이제 16세가 된 아들도 지금은 그럭저럭 잘 지내고 있다. 하지만 상담자인 내가 아버지를 만나는 일은 불가능했다. 어머니는 남편이 이런 종류의 상담을 전적으로 반대한다고 말했다. 실제로 아버지는 아들이 상담 치료를 받는 과정에 단 한번도 오지 않았다. 그뿐만이 아니라, 삶에서 필요한 행정 서류를 작성하는 것이나 가정 문제를 처리하는 것은 언제나 아내의 몫이었다. 집안에 필요한 가구나 물건을 사는 것도, 남편의 부탁을 받아서 집안의 대소사를 결정하는 것도 그녀였다. 그녀도 이것을 잘 알고 있지만, 남편의 격한 성격이 늘 이웃과 문제를 일으키기 때문에 어쩔 수 없이 그녀가 지배권을 행사하지 않을 수 없었다. 그러면서 그녀는 가장으로서의 아버지 모습을 지켜 주기 위해, 실제로는 자기가 모든 일을 다 맡아서 해도 자녀들에게는 언제나 남편과 둘이 내린 결정처럼 말한다고 했다. 그녀는 이렇게 고백했다. "순전히 나 혼자 힘으로 아이들을 키웠어요. 그런데도 남편과 둘이 키운 것처럼 행동했지요." 이런 태도는 어떻게 보면 잘못된 것처럼 보일 수도 있고, 심각한 문제들의 근원이 될 수도 있다. 하지만 이 가정의 경우엔 그렇지 않았고, 아이들의 태도가 그것을 확증해 주었다.

반면 어떤 어머니들은 계속해서 아버지를 마치 절대적인 적처럼 들볶는다. 특히 이혼한 경우에 그렇고, 이혼을 아직 마음으로 받아들이지 못한 경우엔 더더욱 그렇다. 또 때로는 판사들과의 무의식적인 공모를 통해 이런 경향이 나타나기도 한다. 미국의 영향인 것으로 보이는데, 그녀들의 지나친 행동은 두려울 정도의 영향력을 행사한다. 그

녀들은 아이들에게 여전히 아버지로 남아 있는 전남편(아버지의 역할을 적극적으로 하고 있는 경우도 있다)의 말을 대수롭지 않게 여길 뿐 아니라, 그의 대단치 않은 잔소리나 별것 아닌 위협의 말, 따귀 한 대 등을 마치 굉장한 학대 행위처럼 규탄한다! 하지만 알고 보면 이 아버지들은 잔인하지도 난폭하지도 않으며, 가정에서 아버지의 자리를 지키고 또 자녀들 곁에 있기를 주장하는 평범한 사람들인 경우가 대부분이다. 이런 여성들은 **메데이아** 콤플렉스와 비슷한 일종의 분한 마음 같은 것을 안고 있다. 알다시피 메데이아는 남편 이아손의 배신에 복수하기 위해 자기가 낳은 두 자녀를 죽인 고대 신화 속의 여인이다.

얼마 전에 나는 고만고만한 나이의 사내아이만 여섯을 둔 대가족의 가정을 상담한 일이 있다. 아버지는 수줍음이 많고 소극적인 유형이었는데, 아내는 남편을 마치 신처럼 묘사하고 있었다. 그런데 어느 날 남편이 갑작스럽게 가정을 떠났다. 그러자 어머니는 그날부터 아이들을 한 명씩 차례로 **모두** 고아원에 맡기고 나서 어느 정당의 당원으로 나섰다.

한 시대의 문화적 배경과 미디어를 통한 여론이 국민의 무의식에 큰 영향을 미쳤다고 할 때, 아버지에게 억지로 개입을 요구한 데 따른 부권의 쇠퇴, 그리고 교육의 필요성이 아버지들에게 강요된 무능력을 야기했던 것은 아닌지 생각해 볼 필요가 있다. 이런 무능력이 폭력성을 유도하는 것은 가능한 일이다. 흔히 그렇듯이 겉으로 드러난 폭력은 그들에게 먼저 가해진 은밀한 폭력에 대한 반응에 지나지 않는다.

권위와 가족 구조

과학이 진보하고, 법 적용에 많은 변화들이 있었음(예를 들어 미국에서)에도 불구하고, 자녀는 한 사람의 아버지와 한 사람의 어머니 손에 양육되는 것이 바람직하다. 반드시 **친**부모일 필요는 없다. 서로 사이가 좋고, 기질이나 성격이 충분히 서로 구별되는 두 사람이면 된다. 어째서 꼭 그래야 한단 말인가? 혼자서 자녀를 양육하는 부모들은 이렇게 항의할 수도 있다. 이는 꼭 물리적인 문제만은 아니다. 왜냐하면 어린아이를 돌봐 준다든지, 청소년 곁에 있어 줘야 하는 것은 혼자 일하며 아이를 키우는 아버지나 어머니에게도 제기되는 문제이기 때문이다. 편부는 베이비시터를 부름으로써 어머니 손길의 부재를 일시적으로 대처하려 하고, 편모는 가정 교사의 도움으로 아버지의 부재를 보상해 주려고 할 것이다. 이런 예들은 단순한 것이긴 하지만, 실생활에서 다양한 변형을 얼마든지 찾아볼 수 있다. 그리고 이런 예는 편부모가 자녀 교육을 위해 자신 외의 다른 존재가 필요하다는 사실을 잘 알고 있음을 증명해 준다. 그들은 자신들이 자녀의 요구에 온 마음을 쏟고 있다는 것과 이런 독점적인 관계가 건강하지 않다는 것도 잘 알고 있다. 방금 요구라는 표현을 썼는데, 자녀 특히 외동아이가 애정을 요구할 때 사실 부모로서는 그것을 차마 거부할 길이 없다. 그러다 어린 자녀가 자라서 청소년이 되면, 너무 강한 편

부모와 자녀의 관계에서 빠져나가고자 애쓰는 것이 보통이다.

쥘은 12세이다. 교사인 어머니 혼자서 그를 양육했다. 군인인 아버지는 재혼해서 멀리 떨어져 살고 있다. 그는 재혼 후에 낳은 자식들에 비해 지나치게 응석을 부린다고 생각되는 이 아들에게서는 자기와 닮은 모습을 찾아볼 수가 없다. 쥘은 어머니에게 마치 '어린 남편' 같은 행세를 한다. 어머니를 보호하고, 예기치 못한 깜짝 선물로 기쁘게 해주기도 하지만, 어머니가 성적이 나쁘다고 야단치는 것만은 이해하지 못한다. 하지만 어머니의 친구들이 집에 있을 때에는 태도가 완전히 바뀌어 또래 소년의 모습으로 돌아간다. 그리고 어머니의 남자 친구를 따라 하려고 한다.

필자는 편부모 가정에서 흔히 제기되는 나쁜 버릇의 문제들이 정서적 문제에서 비롯한다고 믿는다. 정서적 문제의 중요성에 대해서는 이미 이야기한 바 있다. 위의 사례는 아들이 훌륭한 어머니 손에서 자란 경우인데, 이때 남자의 존재(어머니의 남자 친구)가 구속적인 모자 관계에서 아들을(또한 어머니를) 어떻게 벗어나게 해주었는지를 볼 수 있다. 이런 관계는 누가 먼저 그 관계를 만들었는지, 누가 상대방에게 더 많은 요구를 하는지, 누가 애정을 더 필요로 하는지 알 수 없다는 특징을 갖고 있다. 한마디로 진짜 부부 관계와 비슷한 것이다. 그리고 편모 혹은 편부가 알고 있다고 해도 그 관계를 이루고 있는 두 사람(편부모와 자녀)이 공동 생활을 통해 만들어진 이 도식으로부터 벗어나기란 쉽지 않다.

편부모 가정의 예는 정상적인 가정이나 혼합 가정에서 일어나는 상황을 이해하게 도와 준다. 이런 가정들에서도 똑같은 일이 벌어지는 것이다! 필요한 남자나 여자의 존재가 실제적인 인물에 의해 **구체화된다**는 차이만 제외하면. 이 구체화는 때때로 기대한 이상에 못 미친다. 그렇기 때문에 그 구체화는 흔히(예를 들어 혼합 가정 안에서) 갈등의 근원이 된다. 그 갈등은 이상적인 것을 상상하며 기다렸기 때문에 생긴 것인데, 이 갈등 자체가 **역추론에 의해** 아이에게 아버지와 어머니, 두 사람이 모두 필요하다는 것을 입증한다. 이 한 쌍의 부모는 자녀에 대한 관심에 있어서도 참된 부부여야만 한다. 새아버지가 생겼는데도 어머니가 '친아버지가 아니다' 라는 핑계로 새아버지에게 권위를 부여하지 않을 때, 아이에겐 그보다 더 나쁜 것이 없다. 마찬가지로 필자는 장남만 친아들이 아닌 가정에서, 아버지가 다른 자녀들처럼 자기를 꾸중하지 않는다는 것 때문에 장남이 괴로워하는 것을 보았다. 아버지(아이는 그의 성을 물려받았다!)가 그 사실을 알아차리고 꾸중하기 시작하자, 아이는 그때까지 하던 못된 짓을 멈추었다. 이미 보았지만 정상적인 가정에서 아버지의 말을 어머니가 무효화시킬 때, 아무도 그 사실을 의식하지 않을 경우 문제는 그만큼 더 심각하다. 아이로 하여금 갈피를 잡게 하려면, 그보다는 부모가 그 사실을 놓고 차라리 아이와 싸우는 편이 더 낫다. 어떤 가정에서는 부모가 그들의 권위를 스스로 완벽하다고 믿으면서 '한마음' 이 되어 그 권위를 내세운다. 그러나 자녀는 오히려 부모의 그런 태도를 벽처럼 느끼는데, 그럴 때는 절대로 만족감을 얻지 못한다. 그래서는 안 된다! 부모의 권위가 효력을 지니려면 절대로 기계적인 것이어서는 안

되며, 피상적인 것이어서도 안 된다. .

그렇다면 부부간의 서열에 대해서 이야기해야 할까?

아버지가 어떤 사람이었든간에 아버지가 갖는 완벽한 권위는 어머니가 자녀에게 하듯 남편에게 행사하는 절대적인 권력보다 더 우위의 것일까? 우리는 여기서 문화적 영역과 심리적 영역 사이의 유기적 연관성을 접한다. 가부장제 사회(첫번째 경우)에서는 몇 가지 편리한 점들이 있었다. 즉 아버지의 지속적인 존재, 어머니의 보상적인 애정이 오이디푸스 콤플렉스와 표준화에 적합한 모델을 형성한 것이다. 반대로 두번째 경우인 20세기말의 사회에서는 ('오이디푸스 콤플렉스'의 도식에 따라) 아들이 순종적인 아버지를 닮으려 하고, 딸이 그런 아버지의 자식을 낳고 싶어한다고 상상하기란 어려운 일이다! 우리가 알고 있는 것이지만, 자녀에게 중요한 것은 부모가 **서로 보완적인** 부부 관계를 이루고, 상대방의 의견을 존중하는 것이다. 설령 어머니가 아버지의 지나치게 거친 간섭에 상처를 받고, 남편을 독재적이고 고압적인 사람으로 생각한다고 할지라도, 자녀에게는 아버지의 권위를 깎아내리는 말을 하기보다는 약간 독단적이더라도 아버지의 법을 지지하는 것처럼 보이는 편이 훨씬 낫다.

게다가 이런 상호 보완성은 일반적으로 모녀 혹은 부자 사이의 우호적인 관계가 이성의 부모에게로 향하는 경향과 평형을 이루면서, 온 가족이 자녀들을 이해할 때 균형이 잡힌다.

우리는 신생아에게 미치는 어머니의 힘이 절대적이라는 사실을 자주 잊는 경향이 있다. 그러나 그것은 현실이며, 이 현실은 융합 관계의 모델이기도 하다. 이 관계는 젖먹이의 삶이 시작되는 바로 그 순간부터 지속적으로 발전한다. 그리고 어머니들의 대다수가 이 밀접한 관계를 꽉 움켜잡지 않고 아버지의 존재에 의존한다. 하지만 의식이 없는 젖먹이에게 이 모델은 원형적인 기억 속에 남아 있으면서 어떤 깊은 불안의 핵이 된다. 그렇다고 해서 이 책을 읽는 어머니들이 죄의식을 느낄 필요는 없다. 일부러 이런 관계를 만든 것이 아니니까! 하지만 모든 융합 관계의 위험들을 더 잘 이해하려면 이 과거를 염두에 둘 필요가 있다.

부모의 결속력?

부부의 결속력엔 한계가 있다. 자녀의 행복이라는 한계이다. 부모의 화합이 아이 모르게 이루어지는 극단적인 경우들을 제외하면, 비록 부모가 서로 날카로운 상태에 있을지라도 자녀가 부모 사이에 결속력이 있다고 느끼는 것이 중요하다. 아이 앞에서 아버지는 절대로 어머니를 비평해서는 안 되며, 어머니 역시 마찬가지이다. 그것이야말로 자녀에게 꼭 필요한 부모의 화합을 보여 주는 좋은 표시이다.

4
금지하는 기술과 방법

　모든 세대들이 그랬던 것처럼 우리 역시 이전 세대의 잘못을 고치려고 애쓴다. 더군다나 각 세대는 자신들이 고통받았던 교육의 병폐들을 수정하려고 한다. 불행하게도 이런 시도 혹은 교정은, 예를 들면 68년도 5월 이후 세대가 그랬던 것처럼 왜곡된 시소 운동을 보여주는 것들에 불과하다. 말하자면 이전 교육에 대한 반작용에 지나지 않는데, 이는 무의식을 고려하지 않은 시도들이었기 때문이다. 그래서 이들 역시 또 다른 병폐들을 낳았다. 한 예로 **권위주의**라는 병폐는 다시 **방임주의**라는 병폐를 낳았다. 본래 **의논을 모르는** 권위라고 정의할 수 있는 독재주의가 그것을 따랐던 부모들에게 **금지를 모르는** 방임주의를 부추겼고, 이것은 전보다 더욱 해로운 결과를 가져왔다. 이 두 가지 태도가 모두 유해한 이유는 이들이 설명되지 않은 행동들이기 때문이다. 첫번째 태도는 '걸핏하면 따귀를 때리는 손'으로 말을 대신했는데, 그런 손은 말 그대로 아이를 작은 동물처럼 길들이려고 한다. 반대로 두번째 태도는 아이에게 아무 반대도 하지 않음으로써, 아이가 사실상 자기 욕구의 노예로 전락하게 내버려둔다. 이런 태도와는 달리, 금지는 아이가 걷게 되어 외부 세계를 탐험하기

시작할 때부터 지각을 갖도록 도와 주는 올바른 태도이다. 그래서 아이가 아직 알지 못하는 위험들로부터 아이를 보호해 준다. 때문에 플러그라든지 가스레인지, 열린 창문 혹은 문의 경첩 등의 위험을 피하기 위해 내리는 금지 사항들은 굳이 장황할 필요가 없다. 설명도 간략하고, 학습도 아주 단순하다. 설명이 필요하다지만 부차적인 것이며, 아이에게 하는 말에는 한계가 있다. 그러나 여기서도 금지시키는 손짓이나 몸짓에 반드시 말이 따라야 한다. 그렇지 않으면 아이는 금지를 받아들이지 않는다.

말과 행동

말과 행동은 모든 교육에서 끊임없이 상호 보완해야 한다. 행동만 있으면 아이들은 말없는 의문을 갖게 되고, 적어도 수동적이 된다. 그런가 하면 행동이 뒤따르지 않는 잔소리는 문자 그대로 말을 부패시킨다. 그래서 아이가 어른들의 말을 허풍으로 여기게 될 경우, 심리적 청각 장애에 이르게 된다. **아이는 어른이 가르쳐 준 것을 항상 현실로 느껴야 한다. 즉 아이에게는 한계선을 가르쳐 주는 만큼이나 그것을 증명해 줄 필요가 있다.** 아이는 어른이 해준 말이 거짓인지 아닌지 시험해 보려는 경향이 있는데, 부모가 두려워하는 것이 바로 이 점이다. 만일 어른이 거짓말을 한다고 생각하는 아이가 있다고 하면, 그 아이가 과연 어른이 세워 주는 한계선에 어떤 가치를 두겠는가? 본질적으로 바로 이런 이유 때문에 행동이 뒤따르지 않는 어른의 말

은 거짓이 되고, 그것은 기대했던 것과 완전히 반대되는 결과를 낳는다. 그리고 아이를 속이기 위한 술책처럼 보이게 된다. 실제로 문제는 (이것이 유일하게 제기되는 문제이다) 어떤 표현으로 아이에게 자신의 뜻을 이해시켜야 할지를 제대로 파악하는 것이다. 왜냐하면 아이는 어른이 생각하는 것보다 훨씬 더 많은 것들을 이해하기 때문이다. 대개 어른들은 아이들에게 설명할 말을 어떻게 찾아야 할지 어려워한다. 또한 금지를 통해 어린아이를 괴롭힌다는 생각 때문에 난처해하는 것도 사실이다. 금지가 필요한 아이들이 때로 금지가 필요치 않는 어른들과 뒤섞여 공동 생활을 하기에, 난처함은 더욱 커질 수밖에 없다.

여기에 어른과 아이 사이의 언어와 그 언어가 아이들의 언어로 해석되고 전달되는 방법에 관한 일례가 있다.

3세인 **세드릭**은 점점 더 심각해지는 불면증 때문에 긴급히 소아과 진료를 받게 되었다. 소아과 의사는 바로 그날 가족을 정신분석가에게 의뢰했다. 부모는 매우 불안해하면서 정신과 의사에게 나름대로 불면증의 원인이라고 생각하는 상황을 나열했다. 그들의 말에 따르면 어느 날 세드릭이 부부 관계중에 갑자기 부모의 침실에 뛰어들었으며, 그 사건 이후로 잠을 자지 못한다는 것이다. 그러자 의사는 부모가 아이에게 했던 말을 아이들의 언어로 재해석하여 세드릭에게 들려 주었다. 그랬더니 세드릭은 그 말이 끝나자마자 신기하게도 부모의 팔에 안겨 금방 잠이 들었다. 그 모습을 본 부모와 의사는 모두 놀라 입이 벌어지고 말았다!

자발적으로 순종하게 만드는 어려움

부모가 자녀에게 자신들의 생각을 이해시키기 어려운 이유, 즉 아이들을 순종하게 만들기 어려운 까닭에는 여러 가지가 있다. 우선 언어에 의한 이유가 있다. 앞에서 사례를 통해 보았지만, 언어 문제는 우리 각자가 자기 세계 안에서 살고 있다는 것과 행동하기보다 말하기가 더 어렵다는 것을 보여 준다. 이때의 '말하기'는 그야말로 진정한 대화로서의 '말'을 의미하지, 매일의 삶 속에서 습관처럼 행동하고 이야기할 때의 '말'을 의미하는 것이 아니다.

두번째 이유는 부모 각자의 교육관이 지닌 **차이점**에 기인한다. 각자가 상대방의 견해를 무효화시키는 견해를 갖고 있을 때, 아이에게 명확한 설명이 전달될 수 없음은 당연하다.

7.5세의 **프랑크**는 아주 귀엽게 생긴 사내아이로 형제자매 중 막내이다. 두 명의 누나 중 한 명은 아버지의 초혼에서 태어나 20세이고, 다른 한 명은 11세이다. 유아원 보모인 어머니는 자신이 프랑크를 과보호하고 있다는 것은 의식하지 못해도, 무척 사랑한다는 점은 인정한다. 프랑크는 발음상에 몇 가지 문제가 있었으나, 현재는 속도가 조금 느리긴 해도 학교 생활을 그런대로 잘 해가고 있다. 아버지는 아내가 '아들의 모든 응석을 다 받아 주고,' 하루 내내 아이의 숙제를 봐준다고 불평한다. 그리고 프랑크가 사내아이임에도 투쟁적인 면이 전혀 없고, 너무 다정해서 탈이라고 생각한다. 심지어 누나의 인형을 안고 잠

이 드는 것을 보면 화까지 난다고 했다. 왜 인형을 안고 자느냐고 어머니가 묻자 프랑크는 이렇게 대답했다고 한다. "인형을 떼어 놓고 싶지 않아요. 인형이 없으면 악몽을 꾼단 말이에요. 엄마는 아빠가 옆에서 같이 자니까 좋을 거야! 나도 누군가가 내 옆에서 잤으면 좋겠어요!"

이런 이유로 정신과 의사를 찾는 부모들이 있다. 아이는 부모의 서로 다른 견해와 부딪칠 수 있는데, 아이를 위한 것이라는 점에서는 두 가지 견해가 모두 의미가 있을 수 있다!

끝으로 자녀를 속박했다는 것 때문에 막연한 죄책감을 느끼면서, 아이에게 시련을 주고 있다고 생각하는 부모들이 있다. 그들은 부모의 권위를 사용하지 않고, 아이는 그 점을 이용하여 순종하지 않는다.

손이 아니라 말로 하기

말하기는 쉽지 않다. 그래서 특히 아이가 어릴 때는 말하는 어려움을 손으로 대신하려 할 수 있다. 다음의 파브리스의 이야기가 그런 예를 아주 잘 보여 준다. 물론 손으로 대신한다는 것이 반드시 때린다는 의미는 아니다.

파브리스는 악조건 속에서 태어났다. 아이를 바라지 않았던 어머니가 심각한 질병 치료 때문에 잠시 피임약을 끊은 동안 생각지 않게 임신되었기 때문이다. 어머니는 아이를 출산할 때 임신중독증에서 오는

발작으로 하마터면 죽을 뻔했다. 아버지에게 있어서도 파브리스는 근심덩어리였다. 걷기 시작할 때부터 극도로 부산스러웠기 때문에 아이가 뛰다가 넘어져 다치기라도 할까 봐 늘 지켜봐야 했으며, 또한 좌우를 쳐다보고 찻길을 건너도록 수차례 주의를 주어야만 했다. 죄책감과 관련되었다고 여겨지는 아버지의 이런 태도는 파브리스가 자라서도 계속되었다. 파브리스는 아버지에게 여전히 '무슨 일을 저지를지 모르는 아이'였고, 아들의 그런 태도도 점차 줄어들기는커녕 청소년기에 들어서도 계속되었다. 지금은 그 무엇으로도 파브리스의 이런 태도를 막을 수 없게 되었고, 그는 도대체 규칙이나 법이라는 것을 모른다는 듯 행동했다. 그래서 아이의 교육을 바로잡는 일이 아버지에게는 매우 어려운 일이 되어 버렸다.

아이에게 위험을 가르쳐 주는 일은 분명 매우 어려운 일이다. 부모는 아이가 스스로 경험하는 것을 받아들여야만 한다. 스스로 체험하고 배운다는 것은 모든 영역에서 가치 있는 일이며, 그렇게 해서 고독과 불안·고통을 배울 수 있다. 그리고 이것은 부모 없이 아이 혼자서 습득해 가야 한다. 어떤 부모는 그 점을 받아들이지 못한다. 파브리스의 부모 같은 태도는 아이에게 전혀 도움이 되지 않는다. 부모가 그렇게 일일이 지켜 주고 간섭할 경우, 삶의 우여곡절을 받아들이고 위험을 피하는 법을 깨닫는 의식 구조를 습득하지 못하거나, 잘못 습득하게 된다. 이런 학습은 마치 초보 운전자가 '옆에 노련한 운전자를 태우고 운전'하는 것과 비슷하다. 아이는 자기가 배우는 것에 관해 말할 수 있고, 부모는 아이 옆에서 그런 말을 들어 주어야 한다.

하지만 부모는 아이에게 충분히 자율권을 맡기는 것도 배워야만 한다. 그 자율권은 획득되는 것이다. 즉 아이가 얻어내야 하는 것이다. 부모는 아이가 이러저러한 행동을 하면 어떤 위험을 당하게 될 것인지 **설명하되**, 반복해서 설명해 줘야 한다. 아이는 어른이 분명하게 말해 준 것을 어느 정도 시간이 흐른 후에 스스로 깨닫게 된다. 바야흐로 부모의 설명이 현실로 증명되는 것이다. 아이가 갑자기 손가락을 플러그에 갖다댈 때, 부모에게 제일 먼저 떠오르는 생각은 아이의 손을 때리는 것이다. 그 다음에 아이에게 위험을 설명해야 한다. 그리고 이렇게 금지가 일단 입으로 **선포**되고 나면, 아이가 이것을 위반했을 땐 벌을 주어야만 한다. 물론 이런 구도는 모든 행위에서 유효하다. 그리고 그때 겪는 위험들은 가능하면 아이의 연령이 감당할 수 있는 것이어야 바람직하다. 이런 방법은 교육에 관한 모든 것으로 확장될 수 있다.

예를 들면 **깨무는 아이**의 경우이다. 아이에게 벌을 주고, 동시에 그 행동의 심각성을 직접 보여 줄 생각으로 어머니가 아이를 깨무는 것보다 더 나쁜 것은 없다. 그것은 '눈에는 눈, 이에는 이'라는 고대의 형벌이다. 물론 그것은 무제한으로 복수하는 것에 비교한다면 확실히 진보된 법이다. 하지만 그 법은 진화되었지 않은가! 만일 어린 자녀가 동물이 아닌 '인간'이 되길 바란다면 언어로 표현하는 것이 낫다. 분명하게 언어로 표현되지 않으면, 우리는 몸짓으로 나타내는 기초적 '언어'만을 지닌 동물의 세계 속에 남아 있는 것이다. 그런 언어 수준에 머무는 것은 오해(다른 뜻을 의미하는 신호)를 일으킬 위험이 있으며, 또한 말하지 않은 것, 즉 감추어진 암시의 의미를 스스로

짐작하고 행동하게 만드는 '길들이기'에 그칠 위험이 있다. 자신의 유년기에 대해 깊이 숙고하고, 정신분석의 작업을 통해 자신의 과거를 이해하려고 애쓰는 사람들이 애석하게 여기는 것이 이처럼 말로 나타나지 않은 부분이다.

마조히즘 놀이를 해야 할까?

사디즘은 상대방을 지배하고 괴롭히는 데서 만족감을 찾으려는 성향이다. 반대로 마조히즘은 스스로 상대방으로부터 괴롭힘을 당하는 대상이 되려고 한다. 이런 성향들은 정도의 차이는 있어도 각 사람에게 존재하며, 어떤 부부들에게는 상호 보완적으로 작용하기도 한다. 대개는 그런 성향의 과장된 면만 떠올리기 때문에 긍정적인 면까지 잘못 보고 있다. 그러나 아무리 부정한다고 해서 이런 성향이 존재하지 않는 것은 아니며, 그 왜곡된 형태는 이렇게 나타난다. 예를 들어 어떤 아이들은 일부러 벌을 받게끔 행동한다. 그렇게 해서 죄의식에서 벗어날 뿐 아니라 심지어 한동안 비밀스러운 기쁨까지 느낀다. 청소년들 중에는 두들겨맞고 싶다는 감춰진 목적 때문에 권위를 가진 사람들이나 친구들에게 일부러 대드는 아이들도 있다. 이것은 원형적인 만족감인데, 때때로 성인에게서도 나타난다. 아이는 어른이 자신보다 강하다는 사실과, 위반하면 불안을 느끼게 만드는 한계선이 있다는 점에 안심하기 때문에 아이에게 어른이 영향력·지배력을 행사하는 것은 당연한 일이다. 그래서 아이가 분노로 흥분하며 갑자기

혼란스럽게 불안감을 표현할 때, 아이의 손을 꼭 잡고 달래 주는 동작과 함께 위로하는 말만 해주어도 아이를 진정시킬 수 있다.

행복하게 정상적인 삶을 사는 것처럼 보이는 잘 양육된 아이들도 노는 것을 가만히 들여다보고 있으면, 처벌에서 기쁨을 느끼고 악의적인 행동하길 즐기는 것을 볼 수 있다. 아이들에게 작은 동물들을 데리고 놀라고 하면, 동물들끼리 서로 싸우게 만들기도 하고, 힘센 놈들을 부추겨서 약한 놈들을 못살게 굴며 그때 일어나는 상황들을 즐기는 것처럼 보인다. 인형을 갖고 놀 때도 마찬가지이다. 아이들은 헌병이 어릿광대를 구타하는 인형극을 볼 때면 공포와 뒤섞인 기쁨으로 전율한다. 더 나아가서는 이렇다. 아이들에게 학교 생활을 연기해 보라고 하면, 어린 학생의 역할을 맡은 어른이 교사 역을 맡은 아이에게 '엉덩이를 까고' 무진장 얻어맞는 것이 보통이다(물론 '정말로' 얻어맞는 것은 아니다). 학교에서 교사가 실제로 아이들을 손끝하나 건드리지 않는 경우에도 이런 놀이를 하는 것이다. 곧 사춘기로 접어들게 될 모니크(2장에 등장)가 아버지에게 매를 맞기 전까지는 쉬지 않고 말썽을 부리다가, 매를 맞은 후부터 눈에 띄게 안정된 모습을 보여 준 것도 이런 성향과 무관하지 않다.

이런 점들을 어떻게 이해하면 좋을까? 아주 간단한 것, 즉 죄를 지었다는 느낌에서부터 시작해 보기로 하자. 물론 죄인은 아니다. 죄인이란 사법관들이 조사한 후, 다른 법관이나 재판관이 평가를 내려야하는 사법적 개념이기 때문이다. 재판에서 검사의 목소리와 변호사의 목소리는 죄를 지은 사람의 양면성을 대표하는 훌륭한 예가 되어 준다. 죄책감이란 것도 자신을 변호하거나 고소하는 내부의 목소리와

비슷한 것이다. 그런데 죄책감은 감당하기 괴로운 것인 반면, 체벌은 받고 나면 곧 마음이 편해지기 때문에 받아들이기가 훨씬 더 쉬울 수 있다. 나쁜 행위를 저지른 후 자해함으로써 '스스로에게 벌을 주는' 아이들이나 어른들의 행동 속에서도 이와 비슷한 면을 발견한다.

체벌이 효과적이라고 한다면, 이는 죄책감에 정도의 차이가 있기 때문이다. 아니 더 정확히 말해서 체벌이 실제 잘못에 비해 항상 더 무겁기 때문이다.

언젠가 필자가 심리극에서 어린 학생의 역할을 맡은 적이 있는데, 계산을 하다가 실수를 '저질렀다.' '교사'의 역할을 맡은 나의 어린 환자는 나를 구석으로 보내 서 있게 함으로써 작은 실수에 적합지 않게 과한 징벌을 내렸다.

또 다른 예. 청소년들이 꽤 큰 잘못을 저질러서 벌을 받아야 할 때, 어떤 벌을 받겠느냐고 그들에게 직접 물어보면, 그들이 제안하는 벌이 언제나 우리의 예상보다 훨씬 더 중한 것이어서 놀라게 된다.

어떤 아이들은 벌을 받으려고 애쓰는 것처럼 보이기도 한다. 이런 경우의 체벌은 어른들의 일방적인 의사였다고 보기는 어렵다.

클로드는 철자법 사용에 많은 어려움을 느끼고 있다. 이 아이는 매우 영리하며, 유복한 환경에서 살고 있다. 그의 아버지는 자기 아버지가 누구인지도 모르고 자랐다. 사실 사생아로서, 그의 어머니(클로드의

할머니)는 아들의 출생에 관한 일을 비밀에 부치고 지냈다. 그런데 어느 날 그가 한 도시에서 어느 노인을 만났는데, 그 노인이 그에게 "내가 너의 아버지다!"라고 선언하는 일이 일어났다. 클로드의 아버지는 순간 수치감을 느껴, 자기 아버지는 죽었다고 주장했다. 그의 아들인 클로드는 어렸을 때부터 행동이 너무 느리다는 문제를 갖고 있었다. 글씨를 쓰는 데도, 옷을 입는 데도, 밥을 먹는 데도 느렸다. 아이는 늘 아버지를 그대로 따라 했다. 그리고 아버지를 향해 겉으로는 웃으면서도 속으로는 원망을 쌓고 있었다. 아버지는 그런 아들에게 화를 냈고, 때로는 너무 심하게 때려서 아내로부터 아이를 학대한다는 말까지 듣기도 했다. 더욱이 클로드는 편집증적인 데가 있었다. 의사 표현을 할 수 있게 된 때부터 찜찜한 것을 못 견뎌했기 때문에, 어머니는 하루에 기저귀를 무려 마흔 번이나 갈아 주어야 했다! 아이는 걷기도 전에 너무 일찍부터 유아용 변기에 앉혀졌다. 현재 그의 아버지를 가장 짜증나게 하는 것은 그의 느린 태도이다. 아버지는 그를 '완전히 바보' 취급하고 있지만, 한편으로는 자신의 폭력에 죄책감을 느끼고 있다. 클로드의 어머니는 아이를 아버지의 폭력으로부터 끊임없이 보호하고 있는 것처럼 보이지만, 실상은 그녀 역시 남편과 다르지 않다. 언젠가 그녀는 가느다란 회초리로 아이의 종아리를 때리기로 결심했다. 그래서 아이에게 몇 대를 맞겠느냐고 물은 다음, 아이가 정한 횟수를 아이에게 세도록 시키면서 매수가 증가할수록 점점 더 세게 때렸다.

이 사례에서 보면 아버지는 너무 난폭하고, 어머니는 아이를 너무 방임한다. 자녀에게 규칙을 세울 때 이런 문제들이 나타나는 것은 아

버지와 어머니 각자의 가족사 때문이다. 아이 역시 나름대로 이런 구조에 저항하고 있지만, 아이가 아버지에게 반항하는 은밀한 방법이 그 자신에게 해가 되어 돌아온다. 공격성과 죄책감의 악순환인 것이다. 실은 부모는 그들의 태도 뒤에 아이를 사랑하는 마음을 갖고 있다. 표현할 능력이 없을 뿐이다. 때문에 부모의 말을 들어 주되, 누구의 편에도 서지 않고 중립의 입장에서 가족사를 들어 주어야 한다. 그 결과 이 부부와 아들 클로드(클로드는 개별심리극에 참여했다)가 그들의 행동을 의사 전달 도구인 언어로 바꿀 수 있게 도울 수 있었다. 그리고 이처럼 언어를 통한 의사 전달이 행동을 통한 이전의 방식보다 훨씬 더 좋은 것임을 깨닫게 해주었다. 이전의 행동들은 애정이 담겨 있었음에도 그것이 전혀 표현되지 않는 메시지들에 불과했던 것이다.

예를 들어서 클로드의 아버지는 홀어머니 손에 자랐는데, 자기 어머니를 까다롭고 독재적인 사람으로 묘사했다. 이런 생각이 모든 상황 속에서 나타나고 있는 것을 보면, 그는 남성적으로 자라나기 어려웠을 수도 있다. 그러나 그는 오히려 매우 남성적이 되었으며, '마초(macho)'[1] 이기까지 하다. 그래서 그는 아들이 어머니에 의해 응석받이로 자라는 것을 참지 못했다. 어쩌면 아들 안에 존재하고 있는 여성성을 끌어내게 될까 봐 두려웠는지도 모른다. 왜냐하면 그가 이렇게 말하면서 화를 냈기 때문이다. "클로드가 딸이라는 생각이 들 정도였어요." 그래서

---

1) 스페인어로 남성이라는 뜻. 일반적으로 남성의 우월성을 힘으로 내세우는 남자를 말한다. 〔역주〕

그는 아들을 몹시 사랑하는데도 불구하고, 무릎에 앉히는 등 아이에게
애정을 보여 주는 행동 같은 것은 일절 하지 않았다.

이런 분위기에 가족 모두가 일조를 한 셈이었다. 어머니는 남편에
게 말하는 것이 어려웠기 때문이고, 단어가 모자라는 클로드는 느린
태도를 통해서밖에는 자기의 공격성을 표현할 방법이 없었기 때문이
다. 즉 어쩔 수 없이 물리적 힘이 개입되게 만든 것은 말과 단어의 결
핍이었다. 그러므로 이런 구조가 생겨나지 않도록 다른 의사소통 방
식을 찾을 필요가 있다.

누가 벌을 주는가?

아이를 실수하도록 밀어내는 것은 대개의 경우 부모가 갖는 불안이
원인이다. 불안이 부모의 눈을 멀게 만든다. 그들은 아이가 수업 시
간에 배워야 할 것을 제대로 배우지 못할까 봐, 잘 자라지 못할까 봐,
제때에 직장을 구하지 못할까 봐 두려워한다. 부모들의 전염성 높은
불안감이 아이를 꼼짝 못하게 만들고, 그리하여 자신의 기대와 반대
되는 결과를 낳는다는 것을 모른다. 그래서 한계선에 이르면, 무리하
게 다그치고 위협 · 체벌 혹은 구타, 심지어 계략을 동원해 아이에게
강요하는 것밖에 하지 못한다.

클로드의 부모는 아들이 자신들의 말에 철저히 반대로 행한다는 것

을 알아차린 후에는 아예 아이에게 반대로 말하기까지 했다. 예를 들어 아이에게 밥을 먹일 생각으로 "이것 절대로 먹으면 안 돼!"라고 했을 정도로.

그러나 일반적으로 볼 때, 아이가 설혹 천성적으로 말을 안 듣는 성향이 있다 해도, 한편으로는 어른들이 바라는 것에 맞추고 순종하려는 성향도 갖고 있기 마련이다. 때로는 부모가 금하는 것보다 더 많은 것을 아이 스스로가 금하기도 한다. 이런 태도는 당연히 부모를 걱정하게 만든다.

알렉상드르는 삼형제 중 장남이다. 부모는 그의 키가 너무 작은 것이 염려되어 소아과 진료를 받게 했다. 그는 아주 귀여운 아이였지만, 몹시 내성적이고 수줍음을 많이 탔다. 그 역시 행동이 느렸고, 밤에 잠들고 아침에 일어나는 것을 힘들어했다. 학교에서는 친구들에게 놀림과 괴롭힘을 당했지만, 그것을 감히 부모에게 말하지 못했다. 훗날 부모가 그 사실을 알고 개입하기 시작하자 친구들의 괴롭힘도 멈추었다고 한다. 아이는 실제로 슬픔을 느끼진 않는데도 늘 슬픈 표정을 짓고 있었고, 완벽주의자에다 꼼꼼했다. 특히 동생들에게 본이 되어야 할 의무가 있다고 생각하고 있었다. 부모가 두 동생의 모범으로 여기고 있는 알렉상드르는 부모의 기대 이상으로 그 역할을 잘 감당했다. 동생들이 말썽을 피울 때면 부모에게 이르는 것이 아니라, 그것 때문에 오히려 자신이 더 괴로워하면서 동생들에게 잘못을 이해시키려고 애썼다. 어른들이 용돈을 주면 그 돈을 다 써도 야단칠 사람이 없을 텐데도 아이는 낭비하지 않으려고 조심했다. 한마디로 '왕보다 더 왕답게' 의젓한 아이였다. 그런 모습을 보고 처음엔 재미있어하던 부모들도 시간이 흐르면서 차츰 어떻게 해야 좋을지 몰라 염려하게 되었다.

이 경우에 금지가 본래의 목적보다 더 앞으로 나아간 셈이다. 이 아이는 부모의 기대보다 훨씬 더 엄격하게 자기 자신을 대했다. 이런 태도는 인격의 병리적 구조의 초기 증상을 보여 주는데, 적절한 시기에 돌봐 주면 곧 회복될 수 있다. 알렉상드르도 또래 아이들의 정상적인 태도를 금방 되찾았다. 하지만 이런 유형의 태도가 엄격한 부모들 밑에서는 별로 나타나지 않는다는 점이 흥미롭다. 이것은 우리를 생각하게 만든다. 즉 흔히 **부모들이 충분히 엄격하지 않을 때, 자녀가 스스로 자신에게 벌을 주는 것이다.** 더 정확히 말하면 대개의 경우 어머니가 특히 한 아이를 편애하면서 그 아이의 일거수일투족에 감탄해 마지않을 때 이런 일이 생기는데, 아이가 부모의 기대를 채워 주기 위해 자기 자신을 스스로 철저히 감시하기 때문이라고 볼 수 있다. 이때 아이는 아버지의 역할을 재창조한다는 인상을 준다. 다른 사람들뿐 아니라 자신을 위해서도 아이 스스로가 아버지 역할을 수행하는 셈이다.

왜 부모들은 금지하고 벌주기를 어려워할까?

아이가 금지한 선을 넘었을 때는 어떻게 벌을 주어야 할까? 아이가

금지를 필요없다고 여길 때는 어떻게 금지해야 할까? 모든 것은 정도의 문제이다. 요즘 '너무' 엄격하다고 할 만한 부모는 아주 적다. 그리고 잘 알겠지만 자녀를 진짜 학대하는 부모들은 절대 상담을 하러 오지 않는다. 우리는 지금 자녀의 신체적·정서적 행복과 장래를 중심으로 모든 것이 돌아가는 시대에 살고 있다. 바로 그 자녀에게 금지가 필요하고, 징계도 필요하다. 금지와 징계는 둘 중 하나가 없으면 다른 하나의 의미마저 사라진다. 징계는 금지로부터 나오기 때문이다. 필자가 버릇처럼 하는 말이 있는데, 그것은 교육이란 본래 '네가 이것을 하지 않으면, 저것을 가질 수 없어' 라는 협박 위에 세워지게 되어 있다는 사실이다. 특히 애정의 협박 위에. 즉 '부모에게 순종하지 않으면, 사랑을 잃어버릴 수도 있어(암묵적으로)' 인 것이다. 아이가 순종하는 것도, 심지어 부모의 명령을 앞질러 나아가려는 것도 본질적으로 이런 이유 때문이다. 이것은 아이가 청소년기에 들어서서 세상을 보는 방식이 달라질 때까지 계속된다. 아이들은 순종하려는 필요와 욕구를 이처럼 많이 갖고 있는데, 왜 우리는 이런 필요에 더 많이 부응하지 못하는 것일까!

그 설명은 비교적 간단하다. 아버지나 어머니는 아이에게 금지를 하고 더군다나 벌까지 주면 자녀가 자기를 더 이상 사랑하지 않을지도 모른다고 생각하고, 그것을 두려워하기 때문이다. 그래서 아이에게 금지를 하는 부모는 자신도 무언가를 스스로 금지한다고 볼 수 있다. 이렇게 생각하면, 자녀들을 엄하게 다스리는 것을 부모들이 왜 그토록 어려워하는지 이해할 수 있다. 그들은 자신 때문에, 즉 결과적으로 자기를 벌하게 될 징벌의 결과를 두려워하고 있는 것이다.

X씨는 오랜 기간 동안 우울증에 빠져 말을 하지 않고 지내다가 결국 얼마 전에 집에서 나왔다. 그러나 가정 생활은 집을 나가기 전과 조금도 다름없이 이뤄지고 있다. 왜냐하면 그가 저녁마다 집에 들러서 저녁을 먹는데다가, 두 아들 중 막내인 4.5세짜리 **로맹**에게는 아버지가 집을 나갔다는 말을 하지 않았기 때문이다. 그런데도 로맹은 공격적인 태도를 보이며 어머니를 때리기도 하고, 젖먹이 같은 행동을 하기도 했다. 나를 찾아온 아버지는 자녀들 이야기를 하면서 눈물을 흘렸다. 그리고 말하기를, 자신이 맏이보다 막내인 로맹을 덜 돌봐 주었기 때문에 '로맹으로부터 버림받을까 봐 두렵다'라고 했다.

하지만 부모가 두려워하는 것은 아이로부터 사랑을 잃을지도 모른다는 것만은 아니다. 그들은 자녀가 자신을 향해 더 이상 존경과 찬탄의 눈길을 보내 주지 않을까 봐, 또 자녀의 눈에 보잘것없는 존재로 보일까 봐 두려워하기도 한다. 특히 자신이 이제 더 이상 '좋은' 부모가 아니면 어쩌나 두려워할 뿐 아니라, 자신이 부모를 비난했던 것처럼 자녀들도 훗날 자기를 비난할지 모른다고 두려워한다.

자녀들은 나아가야 할 방향을 가르쳐 주고 이끌어 주는 부모를 필요로 한다. 선택을 해야 한다는 것이 아이에게는 두려운 일이기 때문이다. 밥을 먹을까 국수를 먹을까의 선택일 수도 있고, 어떤 행동을 해야 할까 하지 말아야 할까의 선택일 수도 있다. 음악을 썩 좋아하지 않는 아이일지라도, 음악을 가르쳐 주었다는 이유로 부모를 비난하는 아이는 아무도 없다. 일정한 나이에 이르기까지는, 아이에게 누군가 자신을 위해 결정해 줄 사람이 필요하다.

간디의 예

부모들은 예전에 받은 교육을 자신들이 수정하고 있거나 혹은 그렇다고 믿고 있지만, 실은 모르고 있는 것이 두 가지 있다. 우선 그들이 수정코자 하는 교육은 사실 자녀들과 관련된 것이기보다는 본인들과 관련된 교육이라는 점이다. 그리고 다른 하나는 이로써 그들의 의도와는 달리 상당히 해로운 반대의 결과들이 만들어지고 있다는 점이다.

전통적으로 권위적인 직업에 종사하고 있는 **리비오**의 아버지는 매우 너그럽고 유순한 사람이라 그에게서는 공격성이 느껴지지 않았다. 그가 아버지(리비오의 할아버지)에 대해 이야기할 때마다 하는 말은, 아버지의 권위를 조금도 부인하지 않았으며, 오히려 권위 있는 아버지를 무척 존경했다는 것이다. 그는 감동적인 태도로 아버지 이야기를 했다. 그런데 겨우 3세밖에 안 된 **리비오**가 자기에게 반항을 하고, 고의적으로 무시하는 태도를 보였을 때…… 그는 마치 자기 아버지를 보고 있는 듯한 느낌을 받았다고 한다. 그래서 그는 아이 앞에서 속수무책이 되면서도, 한편으로는 아이의 그런 대담함에 탄복하며 흐뭇함을 느낀다고 했다. 자신은 한번도 가져 보지 못한 대담성이었기 때문이다. 아내 역시 이해심이 넘치는 여성이지만, 남편의 그런 태도는 좀 심하다고 느끼고 있었다.

앙투안(3장)의 아버지 역시 아들로부터 존중을 받지 못한다. 앙투안이 끊임없이 변덕과 응석을 부려서 아버지가 목소리를 높이지 않을 수 없게 만들건만, 그래도 아버지는 '회초리 들기 반대자'임을 자처하는 사람이다. 그는 아들에게서 자신의 모습을 발견한다고 했다. 그러나 앙투안에 대한 그의 교육 방식은 자기가 받았던 교육과 판이하다. 예를 들어 그의 어머니(앙투안의 할머니)는 가족이 여섯 명이나 되었는데도 이 아들에게 오직 그만을 위한 식사를 준비해 주었다. 아버지는 엄격했으나, 가족간의 갈등이나 싸움을 무엇보다도 싫어했다. 그래서 늘 화평을 이야기했고, 아들이 화가 나 있을 때면 마음껏 찢으라면서 낡은 사전을 건네 주었다! 어느 날 아들이 자기를 심하게 놀린 친구의 목을 조를 뻔한 사건이 있었는데, 그때도 아버지는 아들에게 벌을 주지 않고 친구를 찾아가 사과할 것만 시켰을 뿐이다.

물론 매를 든다고 해서 모든 것이 해결되지는 않는다. 하지만 두번째 사례를 보면, 금지를 해야 할 때 강압적으로 꾸짖지 않고 좋은 말로만 타이르는 것은 아주 해로운 결과를 가져올 수 있으며, 그것만으로는 충분히 금지시킬 수 없다는 것을 알게 된다. 앙투안의 할아버지는 아들에게 존재하는 공격성을 동물의 공격성과 같은 것으로 보고 있었다. 마치 약을 주듯이 낡은 사전을 주어서 아들을 진정시켰던 것을 보면 알 수 있다. 그러나 인간이 갖는 정상적인 공격성은 자기를 인정해 주고, 받아 주고, 옳은 방향으로 이끌어 줄 수 있는 누군가에게 저항하는 방식으로 표출될 수 있어야 한다. 공격성이 이렇게 변모할 수 있으려면 아버지라는 존재가, 어머니의 응석받이가 되지 못하

도록 아들의 공격성을 감당해 줄 때에만이 가능하다! 우리 시대에는 욕구 좌절이라는 것을 매우 두려워한다. 하지만 우리는 욕구 좌절이 실은 지나친 욕구 충족, 특히 어머니의 지나친 관대함에서 기인하는 것임을 깨닫지 못하고 있다. 왜냐하면 그런 관대함은 계속될 수 없는 것이기 때문이다. 무한정한 관대함은 일정한 시점에서 멈춰져야만 한다. 그런데 만일 누군가가(내 생각에는 아버지) 개입하여 한계선을 긋지 못한다면, 그것을 대신해야 할 사람은 어머니 자신이다. 그런데 자녀가 잘 받아들이지 못하는 것이 바로 이 점이다. 자신에게 관대함을 쏟는 사람이, 동시에 그것을 막는 사람이라는 사실을 받아들일 수 없는 탓이다. 그래서 아이는 좌절된 욕구 앞에서 눈물과 분노, 혹은 실제적인 폭력으로 반응하게 된다.

어머니 역시 자녀로부터 사랑받지 못하는 것도 받아들일 수 있어야 하는데, 이때 두 가지 경우가 있다. 우선 어머니가 제삼자의 개입을 받아들일 경우이다. 이 경우엔 어머니가 계속 사랑받는 자로 남게 되는 대신, 아이의 공격성이 금지하는 제삼자에게로 향할 수 있다. 이때 부모 각자의 역할은 서로 뒤바뀌지 않는다. 이런 비대칭적 구조 안에서는 상당히 유리한 장점들을 볼 수 있다. 그 다음은 이 비대칭적 구조를 좀더 밀고 나가는 것인데, 어머니가 아버지에게로 시선을 돌릴 경우이다. 이는 아이를 더 이상 사랑하지 않으려는 것이 아니라, 남편의 존재를 필요로 하기 때문이다. 이것은 오히려 아이를 안심시켜 준다. 강하고 열정적인 관계는 구속을 주는 법이다. 심지어 의존 관계라고 느껴질 때는 적대감까지 초래할 수도 있다. 과장이 아니라, 그것은 부모 중 한 사람으로부터 지나치다 싶을 정도의 애정을

받는 아이에게 흔히 생겨날 수 있는 일이다.

어머니에게 그렇듯 아버지에게도 중요한 점은, 그것이 아이를 위한 행동임을 확신하는 것이다. 이 확신은 부부가 충분한 신뢰 관계로 맺어져 있을수록, 진정으로 서로를 사랑할수록 더욱 분명하다. 아이는 부모간의 이런 견고한 관계를 통해 안정감을 느낀다. 비록 그 관계가 아이 모르게 성립된 경우라도 마찬가지이다. 또한 아이도 부모가 내린 결정이 자기를 괴롭히기 위해서가 아니라, 본인을 위해서라는 점을 확신해야 한다. 그렇다면 그런 신념이 생기지 않을 경우엔 어떻게 하느냐는 질문이 나올 수 있다. 예를 들어 금지가 부당한 경우라든지, 아이가 부모의 뜻을 이해할 수 없는 경우가 그렇다. 후자의 경우에 부모는 아이가 지켜야 할 한계선을 알려 주고, 이어서 금지하는 이유를 설명하여 아이가 받아들일 수 없어 하는 부분에 대해서 가르쳐 주어야 한다. 마하트마 간디[2]가 남아프리카의 공동체에서 살 때 있었던 에피소드가 좋은 예가 될 것이다. 어느 날 공동체의 구성원들 중 두 명이 '도덕에 심각하게 위배되는 잘못' 을 저질렀다고 한다. 간디는 그것이 어떤 잘못이었는지는 말하지 않았다. 아무튼 그는 즉시 기차를 타고 문제의 장소로 갔다. 가는 동안 간디는 그들의 행동에 대한 책임을 자신이 져야 한다고 판단했다. 왜냐하면 잘못을 저지른 자들이 그 심각성을 의식하지 못하고 있었기 때문이다. 그래서 그는 자신이 징계를 받기로 하고, 1주일 동안 금식한 후에 무려 4개월 반 동안 하루의 식사를 한 끼로 제한하기로 했다! 간디는 이 에피소드를 이야

---

2) 간디, 《모든 사람은 형제이다》, 폴리오 에세 출판사, p.70.

기하면서 이렇게 덧붙였다. "나의 결정은 주위 사람들에게 영향을 미쳤다. 분위기는 다시 건전해졌고, 각자가 죄의 심각성을 의식하게 되었다."

이 교훈은 여러 면에서 흥미롭다. 이제 나는 간디의 말로 결론을 내리고자 한다. 그는 자신이 지킬 수 없는 것을 다른 사람에게 강요할수 없다고 생각했다. 그것은 우리가 자신을 지배할 수 없다면, 다른 사람에게도 자신을 지배하도록 가르칠 수 없다는 의미이기도 하다.

타협을 해야 할까?

경우에 따라서는 해야 한다. 하지만 어떤 점까지만 그렇다. 타협을 하고, 부모를 인질로 삼는 것은 아이가 할 일이 아니다. 그러므로 어느 선에서 타협을 멈출 줄도 알아야 한다.

만일 어른이 아이를 신뢰해 주면, 아이는 그보다 더 중요한 것이 없다고 느끼기 때문에 더 이상의 요구를 하지 않을 것이다. 반대로 부모가 자신을 의심하고 있다고 느낀다면, 아이는 자기와 부모 사이의 골을 더 넓히려고 할 것이다.

금지하는 이유를 설명해야 할까?

그렇다. 하지만 끝없이 변명을 늘어놓는 듯한 설명이어서는 안 된다. 어떤 경우는 설명할 것이 전혀 없을 때도 있다. 그렇다 해도 아이는 부모가 반대하는 뜻을 이해할 수 있을 것이다. 그것은 아이에게 재치가 있다는 뜻이겠지만, 그러나 어떤 경우에도 부모가 항복하는 것을 당연한 것처럼 받아들이게 해서는 안 된다.

어떻게 징계해야 할까?

부모가 할 수 있는 대로 하되, 가능하면 지혜롭게 해야 한다. 예를 들어 아이가 말썽피운 것을 **원상 복구**하도록 시킨다(청소, 배상, 가족에게 도움이 되는 일을 시키는 것 등). 혹은 외출 금지나 텔레비전 시청 금지 등을 스스로 선택하여 벌을 받음으로써 책임지도록 만든다.

사람들이 보는 앞에서 징계하고 꾸중하여 **모욕감을 주는 것은 피한다.** 잘못과 이에 대한 징계는 일을 저지른 아이와 어른 사이의 문제이다. 아이든 성인이든 간에 제삼자를 증인으로 끌어들여서는 안된다.

체벌로 말하자면, 물론 그것이 해결책은 아니다. 말로 꾸짖고, 의미 있는 징벌을 찾는 편이 분명히 더 낫다. 하지만 반응이 없는 것보다 때로 재빨리 따귀를 때리는 편이 낫다. 넘어서는 안 되는 한계선까지 왔음을 알려 주기 위해 재빠르게 손을 사용하는 것은 절대로 학대가 아니다. 오히려 아주 해로운 태도는 의도적으로 체벌을 가하는 것이다.

끝으로 이미 **예고했던 징계는 반드시 적용한다.** 만일 징계를 예고해 놓고도 실행치 않을 때엔 이유를 설명해야 한다. 미리 예고한 것을 실행치 않을 경우, 다음번에도 약속만 하고 징계를 안할 수도 있다는 불신을 갖게 만들기 때문이다.

벌의 결과를 어디까지 담당해야 할까?

벌을 받은 아이가 화를 내거나 울부짖고, 문을 쾅 닫고 나가는 수도 있다(행동은 나이에 따라 다양하다). 때로 부모를 놀라게 만드는 이런 시위들은 부모에게 죄책감을 주기 위한 것이며, 부모의 반응이 격렬할수록 더 심하다. 부모는 이럴 때 뒷감당을 할 수 있어야 하며, 옳게 행동했다는 기분을 갖고 평정한 마음을 유지할 수 있어야 한다.

벌주기를 철회할 수도 있을까? 벌주기로 한 것을 다시 한번 생각해 보게 될 경우도 있다. 지나치게 엄격한 태도는 해로운 것이므로 경우에 따라 결정을 철회하는 것이 타당할 수도 있다. 그러나 이때 부모가 마음을 바꾼 이유를 반드시 설명해야 한다. 누구든 잘못 생각할 수 있는 것이며, 변화는 마음을 연다는 신호이기 때문이다. 다만 생각이 바뀌었다는 인상을 주면서 벌을 철회하는 것은 부모가 뜻을 굽히기로 했으며, '안 돼'라는 것도 얼마든지 변할 수 있다고 믿게 만들 수 있다. 그러면 이후로 부모가 내리는 모든 결정에 대해 이의를 달도록 자극하는 계기가 될 수 있다.

5
그렇다면 성욕은?

　부모가 자녀에게 안 된다고 말할 때의 어려움을 다루는 이 책에서, 성욕에 관해 한 장을 고스란히 할애한다는 것이 이상해 보일지도 모른다. 프로이트의 혁명이 어떤 여파를 몰고 왔든지간에, 사실상 아이는 성인이 갖고 있는 그런 성욕을 갖고 있지는 않다. 그리고 여러 가지 피임법들이 출현하고 에이즈에 관한 캠페인들이 벌어지기 시작한 이후로, 우리는 청소년기에 무엇을 금지해야 하는지를 잘못 알고 있다. 어린이에게 성욕이 있음은 프로이트 전에도 이미 인정되었던 것이다. 그리고 프로이트의 지휘 아래서도 마스터베이션은 일반적으로 악한 것으로 여겨졌다. 나는 지금 19세기에 나타났던 성적 억압의 역사를 설명하자는 것이 아니다. 다만 그 억압의 결과로 인해, 현재의 부모들이 마치 어린아이의 성욕 **역시** 금지가 아닌 억압에 따르고 있다는 이상한 생각을 하게 되었다는 점에 주목하려는 것이다. 내가 독자들과 나누고 싶은 것은 바로 이런 미묘한 차이이다. 그것은 아주 중요한 차이이기 때문이다.

현재의 부모들

그리 오래지 않은 시절만 해도 마스터베이션에 관한 부모들의 태도는 병적인 강박증에 속해 있었다. 그래서 오늘날엔 웃지 않을 수 없는 이야기들이 아직도 전해 오고 있다. 예를 들면 아들의 손에 커다란 벙어리장갑을 끼운 후, 두 손을 반드시 이불 밖으로 내놓고 자도록 강요한 부모들이 있었다고 한다. 그런가 하면 어떤 부모는 밤마다 아이의 손목을 침대머리에 단단히 묶어 놓았는데, 어처구니없게도 아이가 고분고분하게 두 손을 내밀었다는 것이다. 거세의 위협 역시 집단적 무의식 속에서 쉽게 찾아낼 수 있다. 어떤 어머니들은 빵 자르는 칼을 흔들며 '못된 버릇'을 고쳐 놓겠다고 위협했다. 좀더 진보된 어머니들의 경우는 아들에게 의사나 외과 의사들을 들먹이며 겁을 주었다. 마스터베이션의 버릇을 버린 후에도, 무의식 속에 남아 있는 이 위협의 두려움은 이상하리만큼 약화되지 않았다. 그 두려움이 무의식 속에서 조직자의 역할을 한다고 생각할 수 있을지 모르겠다. 몇몇 민족들 사이에서 할례(포경수술)로 대표되는 거세의 대용품은 깊이 뿌리내리고 있는 의례적이고 종교적인, 혹은 문화적인 행위이기 때문이다.

이런 위협과 억압 때문에 어떤 두려움이 일어날 수 있을까? 사실 수음(手淫)이 많은 질병의 원인이라고 판단되어 그 질병들의 리스트가 과학 서적들 속에 나타나고 있기도 하지만, 우리는 그것이 아주 심각한 정신적 질환들의 근원이기도 하다고 믿는다. 하지만 이런 두

려움 뒤에는 성욕 자체와 관련된 다른 두려움들이 끈질기게 존재하고 있다. 우리는 흔히 자위(自慰)라는 단어를 쓰는데, 스스로를 위로한다는 뜻을 갖고 있는 이 단어가 나타내고 있듯이, 그것은 타인의 필요를 일시적으로 제거하는 고독한 행위이다. 여기에 부모들이 생각하는 상상적인 위험이 있다. 게다가 이 행위는 어떤 이들에게는 원인으로서, 또 어떤 이들에게는 결과로서 스트레스를 동반한다.

하지만 그 이상의 것이 또 있다. 요즘 시대에 어린이의 성욕이 인정받을 권리가 있다고 해도, 또 소아 성욕에 따른 여러 성감대의 존재를 더 이상 부정하지 않는다 해도 이 초보적이고 부분적인 '성욕'이 어린이의 심리적인 생활과 갖는 관계를 부모가 받아들이기란 쉽지 않다. 비록 부모가 '열린 마음'에 높은 교육까지 받았다 할지라도, 그리고 구강기·항문기 혹은 생식기 같은 성적 발달 단계들을 이해하고 인정한다 할지라도 젖먹이 혹은 어린이에게서 볼 수 있는 몇 가지 태도들을 의도적인 쾌락 추구로 보기란 어려운 일이다. 우리는 아이들의 그런 행동을 이해할 수 있으며, 또한 인정해야 한다. 우선은 아이의 심리적 생활이 아이에게 속한 것이기 때문이고, 그 다음엔 그것이 무의식적인 것이며, 어른의 침입으로부터 보호되어야 하는 것이기 때문이다. 심리학적 개념들이 대중화됨으로써 불행히도 부모가 자녀의 비밀의 화원에 침범해 들어오는 일이 흔해졌는데, 이때 아이의 말과 태도가 제멋대로 해석될 위험이 크다. 오늘날엔 성적 학대, 육체적 학대에 관해 많은 말들을 하고 있는데, 그 중에는 꽤 심각한 피해를 주는 발언들도 있다. 성적 학대와 아이에게 피해를 주는 발언은 마치 쌍둥이 같아서 성적 학대는 묵언과 침묵 속에 싸여 있고, 이

묵언과 침묵은 말에 의한 심각한 피해와 연결되어 있다. 이와 관련된 이런저런 이유들로 인해, 신경정신과 의사들은 자기 자녀들의 말에서 어떤 고통이나 번민이 느껴지면 아이를 곧장 동료들에게 의뢰한다. 그렇게 해서 아이에게 발전 욕구를 주는 것을 본질로 하는 자녀 교육의 임무를 지속하는 것이다. 성장의 욕구란 다시 말해 더 우월한 지적 · 정서적 기쁨을 위해, 퇴행하는 소아적 기쁨들을 포기하려는 욕구라고 할 수 있다.

애 무

프랑수아즈 돌토는 말하기를, 모든 면에서 아이가 진보하는 것 혹은 상위 단계에 이르는 것은 제때에 제대로 금지를 시킨 결과(나는 '상징적 거세'라는 그의 표현을 이렇게 번역한다)라고 말했다. 왜냐하면 어린아이 역시 쾌감의 지배를 받고, 스스로 통제할 수 없는 감각에 삼켜지기 때문이다. 적절한 시점에서 한계를 그어 주면서 아이와 동반하는 것이 부모가 해주어야 할 일이다. 애무를 간단한 일례로 들어 볼까 한다. 애무의 기간은 너무 오래 잡는 것도 좋지 않고, 갑작스럽게 끝내는 것도 좋지 않다. 다음의 이야기가 좋은 사례가 될 것이다.

파트리스는 11세인데도 어머니의 무릎 위에 올라앉기를 좋아한다. 매우 다정다감한 아이로서 어머니와 긴밀한 관계를 맺고 있었다. 어느 날 갑자기 어머니는 아이가 자신의 애정 표현에서 성적인 쾌감을 느끼고 있다고 의식하게 되었다. 그래서 "이제 넌 다 컸어. 이런 건 이제 끝이야!"라고 선언하면서 아이를 '떼어 놓았다.' 성적 쾌감을 의식하지 못했던, 혹은 그것을 '정상적'인 것이라고 믿고 있던 파트리스는 이유도 알지 못한 채 그 사건으로 인해 오랜 기간 동안 충격에 빠져 있었다.

이런 예는 앞에서 억압과 금지 사이의 차이라고 했던 것을 완벽하게 보여 준다. 억압이 갑작스럽게 억누르는 것이라면, 금지는 앞서 말한 불안이 점점 커지기 전에 먼저 설명을 해주는 것이다. 금지를 할 때 어른은 첫째 아이의 성욕에 대해서 두려움을 갖지 않아야 하며, 둘째 빗나간 방법으로 성욕을 조장하지 말아야 한다. 이런 의미에서 금지(잘 설명된)는 부모뿐 아니라 자녀까지 대상으로 한다. 애무는 일정 시기까지는 꼭 필요한 것이며, 모든 정서적 관계에서 필수적인 것이지만, 그러나 언젠가는 자연스럽게 끝내야 하는 행위이다. 부모는 아이가 갑자기 빼앗김으로써 욕구 좌절을 느끼지 않도록 하면서 부드럽게 종지부를 찍을 수 있어야 한다.

마스터베이션

이 행위는 매우 다양한 형태를 갖고 있다. 마스터베이션의 '유해성'에 관해 짧게 생각해 보자. 유아기의 자기 성감[1]은 자신의 육체와 성기를 발견하는 유아에게 극히 정상적인 것이다. 그래서 성기는 노

출시키는 것이 아니며, 다른 사람들 앞에서 만져서도 안 되는 것이라고 아이에게 간단하게 설명하면 된다. 아이들은 대개 5,6세가 되면 자연히 다른 곳으로 주의를 돌리게 된다. 과학의 진보에 따라 의학적으로나 심리학적으로나 확실치 않은 결론들이 무너졌다고 하지만, 그래도 실제로는 여러 가지 심적 질환, 특히 '가족간의 경계선이 모호한 삶'과 '단절'의 공포(불행히도 오늘날에도 여전히 이런 일들이 일어난다)와 관련된 질환들은 어린아이들과 청소년들에게서 자위행위를 동반한다. 그리고 이들에게 퇴행적이고 보상적인 특성이 즉각적으로 나타난다. 이런 특성은 단지 심각한 정신 질환에만 따라오는 것이 아니라, 근거가 있는 것이든 없는 것이든 간에 버림받았다는 감정과 고독감에 지배받는 아이들에게서도 관찰된다. 다음은 소피의 경우이다.

4.5세인 **소피**는 어머니가 13세, 15세의 두 딸을 낳고 이혼한 뒤, 자유로운 성관계를 가진 후에 태어난 아이이다. 소피는 언니들과 의사소통에서 어려움을 겪고 있다. 어머니는 이 아이를 임신했을 때, 우울증에 빠져 있었다고 한다. 그녀는 '혼자서 아이의 출산을 기다리는 심정'이었다. 출산 당시 소피는 심장에 문제가 생겨서 수술을 해야 했다. 심장이 선천적으로 기형이어서 수술하지 않으면 열흘밖에 살 수 없었기 때문이다. 아기는 음식물 주입관을 통해 영양을 섭취했고, 1개월이 지나서야 처음으로 젖병을 빨 수 있었다. 3개월부터 6개월까지는 전혀 집 밖으로 나갈 수 없었고, 바깥바람이 닿았다 싶으면 금방 구토를

---

1) 타인으로부터의 외적 자극 없이 자발적으로 생겨나는 성감. 〔역주〕

하곤 했다. 아주 어렸을 때부터 아이는 끊임없이 불안에 시달렸지만, 아기들만 보면 달려가서 입을 맞추곤 했다. 임신 때부터 항상 우울했던 어머니는 계속 약병을 옆에 두고 살았고, 소피는 끊임없이 부산하게 행동했다. 아이의 법적 아버지는 상담 당시 이혼한 상태였음에도 불구하고 함께 와주었고, 자신과 아이 사이에는 아무런 문제가 없다고 주장했다. 하지만 언젠가 부산한 움직임으로 정신을 어지럽히는 아이에게 짜증이 나서 아이를 무섭게 위협한 적이 있었다. 그는 소피의 어머니를 만났을 당시 자신의 상황이 좋지 못했다고 말했다. 또한 소피가 더 어렸을 때 아내가 자신을 내쫓은 뒤, 아이와 함께 외국으로 떠난 적이 있었다는 말도 했다. 모녀가 외국에서 돌아왔을 때부터 아이는 먹기를 거부하고 끊임없이 자위행위를 했다. 아이가 음식을 거부하기 때문에 결국 한동안 아이를 입원시켜야 했다. 그후에도 자위는 계속되었지만, 상담의 시작과 더불어 점차 약화되더니 몇 번의 상담 이후에 완전히 사라졌다. 어린 소녀는 여성 심리치료사에게 상담을 받았는데, 그녀에게 무척 애착을 느껴서 상담이 끝날 때가 되자 눈물을 흘리기까지 했다.

이처럼 심리적 불안을 회복하고 치료시켜 주는 유형의 자기 성감에서는, 부모가 금지하는 형태로 개입해서는 안 된다. 그보다는 심리치료사와의 상담처럼 따뜻한 대화가 밖으로 드러난 애정 결핍을 신속히 채워 줄 수 있고, 그렇게 되면 불안한 태도는 자연히 사라지게 된다.

언젠가 어느 초등학교 의무실의 의사가 급히 내게 문의를 해왔다. 아

주 불안한 태도를 보이는 소녀가 있는데, 여교사까지 당황스럽게 만들고 있다는 것이다. **소냐**라는 이름의 소녀는 교실에서 어찌나 드러내 놓고 자위행위를 하는지, 교사들이 어떻게 말해야 좋을지 모르겠고, 다른 학생들 보기도 민망하다고 했다. 여교사는 처음엔 혼자서 어떻게 해 보려고 했으나 더 이상 어찌할 수 없어서 교내 의사에게 응급 조치를 요청했다고 한다. 아이와 상담 진료중에 가정 문제가 드러났고, 소냐는 면담을 통해서 내게 그 문제를 이야기할 수 있었다. 결국 성욕이나 마스터베이션에 관한 이야기는 단 한마디도 언급하지 않았는데도 문제가 해결되었다.

이것은 좋은 본보기이다. 왜냐하면 이 사례는 자위행위가 1차적 문제로 인한 불안을 진정시켜 주기 위해 발생하는 2차적인 문제라는 것과, 여기엔 때로 개입이 필요할 수도 있다는 점을 앞서 말한 소피의 예보다도 더 잘 보여 주고 있기 때문이다. 이 경우에는, 혼자 있을 때는 자신의 육체로 하고 싶은 일을 마음대로 해도 되지만 사람들 앞에서는 그러면 안 된다고 설명해 주는 것으로 충분하다. 이 방법은 더 이상 다른 방법이 없을 때에만 사용하는 것이 좋다.

여기서 우리는 다른 형태의 마스터베이션도 살펴보게 된다. 그것은 노출증에 속하면서, 다른 문제들까지 일으킬 수 있는 포괄적인 태도에 속하는 것이다.

14세인 **뱅상**은 어머니와 단둘이 살고 있다. 어머니는 알코올 중독 치료를 마친 후 남편과 헤어지기로 결심하고 이혼했다. 소년은 어머니

와 의견이 매우 잘 맞아서, 여자 친구들과의 경험이라든지 '마리화나'를 피운 경험, 학교 주변에서 있었던 마약 거래 등의 이야기를 모두 다 어머니에게 이야기하곤 했다. 그런데 어머니는 언제부터인가 아들이 벌겋게 충혈된 눈으로 멍한 표정을 하고 있는 것을 보게 되었고, 그래서 매우 불안을 느끼게 되었다. 결국 아들의 방을 뒤져 보기로 했다. 매우 은밀한 이야기들까지 들어 주었음에도 불구하고, 아들의 방에 몰래 들어가는 것은 불편한 일이었다. 방 안을 살펴본 어머니는 아들이 엄청나게 자위행위를 한다는 것을 알게 되었다. 정액이 묻은 수많은 티셔츠들을 찾아냈기 때문이다!

이 경우엔 근친상간이라고 규정지을 수 있을 만큼 친밀한 관계에 있는 모자를 보게 된다. 여기서는 아들뿐 아니라 어머니에게도 금지 사항이란 것이 결여되어 있고, 멀리 있는 아버지는 이런 문제에 전혀 개입하지 않았던 것으로 보인다. 따라서 충격적인 조치를 취하지 않으면서, 어머니가 아들에게 느끼는 감정에서 빠져나오도록 돕는 데는 오랜 시간이 걸렸다. 학교에서 퇴학당할 위험까지 지녔던 이 소년에게 한계선을 그어 주기 위해서, 아이를 격리시키지 않고 가정과 학교에서 일반 아동과 같이 생활하면서 보호와 교육을 받게 하는 AEMO(Aide Educative en Milieu Ouvert) 조치가 유용했었다는 사실을 덧붙이고 싶다.

우리가 보듯, 청소년들의 일반적인 자위행위와는 매우 다른 **과시적** 자위행위에는 특징적인 태도가 없다. 우리가 본 사례들은 자위행위가 완전히 겉으로 드러난 경우들이었는데, 이런 태도들은 어른들에게 매우 다양한 반응을 불러일으킨다. 필자는 이 문제를 접하면서,

아버지가 없는 미묘한 상황에서 오늘날의 어머니들이 이 문제에 직접 접근하기를 꺼려 제삼자를 개입시키는 조심스러운 태도에 놀랐고, 한편으로는 그런 태도가 다행스럽게 생각되기도 했다.

어린아이, 다형성 도착자?

프로이트가 사용한 이후로 이제는 일상어 속에까지 들어오게 된 이 표현은 무엇을 의미하는가? 이 말은 어린아이가 성격적으로 비정상이라는 의미에서 도착자라는 뜻이 아니다. 프로이트의 말에 따라, 어린아이가 음부에서만이 아니라 다른 여러 신체 부위에서도 넓은 의미의 '성적' 쾌감을 경험한다는 뜻에서 다형성 도착이라는 것이다. 아기들이 젖병이나 젖꼭지를 빠는 것이라든지, 혹은 사춘기에 접어들어 생식기 부분이 주요 성감대로 부상하기 전까지 어린아이가 자기의 대변에 집착하는 것 등에 에로틱한 의미를 준다는 데서 충격을 받을 사람은 이제 우리 시대엔 거의 없다고 본다. '다형성 도착'이란 바로 이런 의미인데, 이 표현의 인기가 이 단어를 아예 진리처럼 만들어 버린 듯하다. 그 결과 우리는 50년 전에 불미스럽게 여겼던 것을 정상적인 것으로 보는 경향이 있을 뿐 아니라, 이 유아 성욕에다 유아 성욕이 갖고 있지 않는 성적 의미까지 부여하고 있는 실정이다.

다음의 이야기는 아마 진짜처럼 들리지 않을 것이다. 그러나 이 이야기를 하는 까닭은, 그것이 내가 말하려는 주제를 충격적으로 보여 줄

뿐 아니라, 내가 확인했던 사례이기 때문이다. 나는 물론 직업적인 비밀뿐만 아니라, 의사로서 꼭 필요한 조심스러운 태도도 지킬 것이다. 장은 6세의 아이로, 유치원에 다니고 있다. 부모는 인도주의적 도움을 주는 비영리 단체의 활동에 깊이 관여되어 있어서, 자녀들 곁에서 많은 시간을 보내지 못한다. 장은 오형제 중 둘째인데, 반 친구들을 자주 집으로 초대해서 함께 잠을 잤다. 그런데 그들 중의 한 아이가 최근 자기 부모에게 말하기를, 장이 오럴섹스를 요구했다는 것이다. 그 아이가 거절하자, 장은 그렇다면 자기가 그에게 해주겠노라고 말했다고 한다. 그 아이는 그날 밤 잠을 못 잤던 것 같다. 다른 부모들도 같은 사실을 하소연해 왔다. 그러자 장의 부모는 웃으면서 반응했다. 그들의 말인즉슨 모두들 어린아이들인데다가, 프로이트도 어린아이는 '다형성 도착자'라고 하지 않았느냐고 하면서. 그 사건이 이 부모에게는 별로 큰 문제가 아니었던 것이다. 이 부부가 모르고 있었던 것은, 그런 일이 그들의 다섯 자녀들 사이에서 이루어지고 있었다는 사실과 욕구좌절을 경험해 보지 못한 상황이 오히려 장으로 하여금 고통을 촉발시키려고 했다는 사실이다. 그 고통이란 다름 아닌 타인, 즉 어린 친구들이 그에게 아무 이유 없이 가하는 것처럼 보이는 고통이다. 이 상황이 훗날 장에게 어떤 성격을 갖게 만들지 염려스럽다. 더군다나 확률이 높다고는 볼 수 없지만, 성도착증으로 이어질 가능성도 아주 배제할 수 없다.

이 믿을 수 없는 사례에는 해석이 필요하다. 장의 부모처럼 그런 태도를 죄악시하지 않고 허용하는 반응과 달리, 부모가 아무런 반응도 하지 않는 것은 금지를 받지 않는 아이에게 고통의 근원이 된다. 이

것은 아이들의 성적인 행동에서, 본래 그 행동 속에 있던 성인기적인 성격을 인정하는 것이 된다. 이런 태도는 역설적이게도, 처음에는 '단순한 놀이' 같고 '부분적인 것'이었던 쾌감이 점차 성적인 성욕으로 변해 감으로써 유아 성욕의 개념 자체를 교묘히 왜곡하게 된다. 그런데 어린아이에게는 보호받아야 할 시기가 필요하다. 그리고 그 시기가 바로 어른들의 보호 아래 자신을 형성해 가는 유년기이다.

기억에 남는 11세의 아이가 있다. 사춘기로 접어들었음을 상징하는 몽정을 처음 경험하고 난 뒤의 일이다. 그가 너무 슬픈 표정을 하고 있기에 이유를 물었더니, 이렇게 대답했다. "나는 내 유년기를 충분히 누리지 못했다는 기분이 들어요!"

유년기를 충분히 누리는 것, 그것은 성인의 성욕으로부터 피해를 받지 않는 것이다. 그리고 부모는 이미 사춘기 이전에 외부뿐만이 아니라, 아이 자신으로부터도 보호해 주어야만 한다. 부모는 아이에게, 그 성본능을 지금은 금지해도 훗날 그 권리를 다시 찾을 수 있다는 것과, 그때는 스스로 선택할 수 있다는 것을 설명해 줄 단어들을 찾아내야 한다. 간혹 보수적인 부모들이 자녀의 어떤 행동들 앞에서 어떻게 반응해야 할지 몰라 힘들어할 때가 있다. 그것은 2장에서 질이라는 소년이 근친상간 금지령의 근거를 물었을 때 아버지가 보여 주었던 태도이다. 그 근거가 현저하게 문화적인 것인지라, 근친상간 금지의 법칙은 분명한 것이면서도 설명하기가 어렵다. 때문에 다른 사람들이 우리에게 부과하는 규칙, 말하자면 외부로부터 오는 규칙들

이 있다는 것과 우리가 사회 안에서 살고 있는 한, 그 규칙들을 지킬 필요가 있음을 아이에게 설명할 수 있어야 한다. 때로 아이에게 "아무튼 그런 거야, 그렇게 해야 해!"라고 말하면서 지금으로서는 설명해 줄 수 없는 것이라고 해도 된다!

근친상간의 금지

아마 다음의 사례는 근친상간 금지의 필요성을 아이에게 어떻게 설명해 줄 수 있는가를 보여 줄 것이다. 나는 이 예를 이미 개봉 당시에 상당한 스캔들을 일으켰던 비교적 오래된 어느 영화에서 끌어냈다. 베르톨루치의 《루나》(1979)라는 영화이다.

이 영화에는 아버지의 부재로 인해 밀접한 관계를 갖게 된 어머니와 사춘기 아들이 등장한다. 사춘기 소년은 매력적이고 유혹적인 여류 성악가인 어머니에게 분명한 사랑을 느낀다. 근친상간적인 행동의 현실이 영화 속에 매우 능숙하게 표현되어, 마치 진짜처럼 보인다. 사춘기 소년이 마약에 빠지게 되자 어머니의 불안은 '정신 착란'을 일으키는 순간 절정에 달하고, 그 순간 어머니는 아들의 성기를 손으로 애무해 성적 쾌감을 느끼게 해준다. 아들이 어머니의 그런 행동 때문에 혼란에 빠지는 것처럼 보이지는 않지만, 그래도 관객은 그가 어떻게 파괴되어 가는지를 보게 된다. 그는 이렇게 해서 자기가 손에 넣은 힘을 즐기는 것처럼 보인다. 하지만 어머니는 다시 어머니의 자리로 돌아가면

서 아들에게 그 일을 금한다. 이때부터 비극이 일어나기 시작한다. 왜냐하면 자신의 연인이 어머니이기도 하다는 현실을 아들이 견디지 못하기 때문이다!

물론 이것은 극단적인 경우이긴 하다. 하지만 전반적으로 볼 때 사실적인 사례로서, 부모의 지나친 관용이 어떻게 좋지 못한 결과를 가져오게 되는지를 보여 준다. 근친상간이 병적이고 끔찍한 경우에만 일어난다는 사실도 믿어서는 안 된다. 물론 다행히도 이 금지는 대부분의 부모들에 의해 지켜지고 있다. 그럼에도 불구하고 간혹 일상적인 행동에서 공동 생활의 규칙들을 통해 그 필요성이 느껴지곤 한다.

나는 빌이 8세 때 처음 만났다. 이 아이는 2학년 때부터 학교 성적이 큰 문제였다. 그의 어머니는 독신으로 살면서 우연히 빌을 임신하게 되자, 아이를 낳아 키우기로 결심했다고 한다. 아버지는 실제로 한 번도 빌을 본 적이 없다. 감옥에 있는 시간이 더 많았던 탓이다. 하지만 가끔 아들에게 편지는 썼다. 빌은 매우 어른스러운 언어를 구사했는데, 자신의 담임인 여교사를 '형편없는 여자'라고 표현하기도 했다. 그리고 "학교 교장은 자기가 교장과 담임 교사를 우습게 본다고 생각하지만, 실은 그렇지 않다"고 말했다. 우울증에 걸려 심리 치료를 받았던 어머니는 이 아들을 키우는 데 많은 애를 먹었다. 그녀는 마치 남자 친구에게 하듯 아들에게 모든 것을 털어놓곤 했다. 그런데 빌이 11세가 되었을 때, 그녀가 다시 상담을 받으러 왔다. 그리곤 아이가 자신을 부를 때 'Y여사'라는 호칭을 쓴다면서 하소연했다. 그녀는 그 소리

를 들을 때마다 정신이 나갈 것 같다고 했다. 그녀의 새 남자 친구가 떠난 후로, 아이가 어머니를 존중하지 않는다는 것이다. 아무튼 그녀는 사춘기에 대해서 아이에게 설명을 해주었다고 한다. 그런데 나를 만난 빌은 여전히 세련된 어조로 오히려 내게 이렇게 말했다. "아들 앞에서 그렇게 벌거벗은 채로 다니는 게 아니라고 우리 엄마한테 설득 좀 해주실래요?"

사실 그런 식으로 부모에게 금지 사항을 표현하는 어린이들이 적지않다.

마누엘은 9세이다. 매우 젊은 그의 부모는 아들에게 온갖 선물을 안겨 주곤 했다. 아마도 죄의식을 벗기 위함일 터였다. 왜냐하면 그들은 많은 업무 때문에 바빠서 아이를 홀로 남겨두는 일이 잦았기 때문이다. 게다가 축구를 좋아하는 아버지는 텔레비전 경기를 자주 보았다. 침실에서도 마찬가지였다. 그러면 텔레비전 소리 때문에 제대로 잘 수 없었던 마누엘의 어머니는 마누엘의 침대에서 잠을 잘 때가 많았다. 심리극 치료에서(현실 속에서가 아니다) 마누엘의 '어머니' 역할을 맡은 심리치료사를 향해, 이제부터는 자기 침대에 잠자러 오지 말라고 금지한 사람은 다름 아닌 어린 마누엘이었다.

생식기 성욕의 문제가 아니라 노출 문제에서도 어린아이는 간혹 부모의 태도 속에서 근친상간적인 요소를 느끼고, 그것을 거북하게 여긴다. 이 거북함은 비록 동기는 그렇지 않더라도 의식적인 것일 수가

있다. 또한 무의식적인 것으로서 지적 발달에 영향을 미칠 수도 있다. 그것은 예를 들면 **남매간 근친상간**에서 흔히 언급되는 것이다.

　　카롤린은 13세에 지진아반에 들어갔다. 그녀의 학교 성적은 큰 문제가 될 정도였지만, 지능 테스트는 평균 점수에 달했다. 심리 치료를 위한 상담중에는 거의 말이 없었으며, 조금이라도 대답을 독촉한다는 생각이 들면 화를 냈다. 내가 그림을 그려 보도록 유도하자, 내가 함께 그릴 경우 자신도 그려 보겠노라고 승낙했다. 수개월에 걸친 심리 치료가 끝난 뒤, 나는 몇 장면의 개별심리극을 해보자고 제안했다. 그러면서 극중에서 정신과 의사를 비롯한 다양한 역할을 해볼 수 있을 것이라고 말해 주었다. 심리극 장면들의 내용은 아니나 다를까 역시 매우 빈약했다. 그런데 어느 날 카롤린이 자기 오빠의 역할을 맡았을 때였다. 카롤린의 입에서 별안간 이런 말이 튀어나왔다. "아빠와 엄마는 집에 안 계셔, 카롤린. 너와 나, 둘만 집에 있어." 그 극의 첫 부분에서부터 오빠(카롤린 역)는 '조용하게 아빠 엄마 놀이를 하기 위해' 커튼을 모두 내렸다. 실은 카롤린은 수년 동안 오빠의 이런 행동을 견뎌내야 했던 것이다. 그리고 오빠와 역할을 바꿀 수 있었던 이 놀이를 통해서, 그것도 오빠 역에게 말을 시킨 상황에 이르러서야 겨우 그 사실을 입 밖에 내놓을 수 있었다.

　　우리가 알고 있듯이 형제자매들간의 근친상간 역시 빈번하게 일어나는 일이면서, 또한 침묵으로 덮여 있는 일이다. 가정에서 일어나는 그런 근친상간은 무언의 협박 속에 감춰진다. 가정에서 그런 일이 말을 통해 드러나게 되면 큰 아픔을 가져오게 되고, 자녀는 부모와 거의 의사소통을 하지 않게 되기 때문이다. 때문에 이런 근친상간은 부모가 전혀 모르는 채 몇 년씩 지속될 수가 있다. 이때의 관계는 강요당하는 것이므로 학대나 마찬가지라 할 것이다. 따라서 단지 근친상간의 문제로만 그치는 것이 아니다. 그것은 또래의 아이들 사이에서 벌어지는 가벼운 성관계 놀이와 전혀 다른 것이며, 또한 형제자매 사이에서 서로의 동의하에 이루어졌다가 사춘기 이후에 다른 양상을 갖게 되는 경우와도 다르다.

나는 18세인 **장 루이**를 꼭 한번 만나 보았다. 이후로 다시는 나를 찾아올 것 같지 않다. 그는 심각한 문제가 있어 직접 나를 찾아왔다고 했다. 표정이 어두웠고, 다른 세계 속에서 살고 있는 누군가로 인해 불안해하고 있었다. 그가 도전적인 표정으로 꽤 성급하게 말한 내용은, 자기보다 18개월 아래인 여동생과 몇 년 전부터 성관계를 갖고 있다는 것이었다. 그리고는 이야기를 마치면서 이렇게 말했다. "난 마치 죽음과 장난을 치고 있는 것 같아요."

이 소년은 자신이 스스로에게 얼마나 엄중한 처벌을 적용했는지 모르고 있었다. 이 경우 파트너 역시 적극적으로 그 관계에 참여했으며, 가족의 금지가 없었다고 볼 수 있다. 책임은 우리 생각에 따라 정해지는 것이 아니다. 반대로 어쩔 수 없이 견뎌야 하는 어린아이에게는 전혀 책임이 없다고 볼 수도 있는데, 이것 역시 잘못된 생각이다. 무의식을 고려하지 않은 생각이기 때문이다.

마리 다니엘은 자신이 10세쯤 되었을 때 계단에서 한 남자가 말을 걸어왔다는 이야기를 했다. 그때 그녀는 웃으면서 대답했다고 한다. 당시에 그녀는 워낙 애교가 많은 소녀였던 것이다. 소녀는 아저씨가 자기를 애무할 때까지도 아무런 의심을 하지 않았으며, 그 순간엔 당황하기도 했지만 호기심도 있었기에 가만히 있었다. 하지만 나중에서야 자신이 당한 일을 깨닫고 분노의 눈물을 흘렸다고 한다. 그것은 아이 때의 상상이 빚은 이야기가 아니라 실제 겪은 일이었는데, 그 일이 그녀를 심한 충격에 빠지게 만들어 성인이 된 지금까지 고통으로 작용하고 있다. 나는 강간에 버금갔던 그 사건이 단지 아이의 호기심에 따른 것이었을 뿐이며, 그때의 호기심은 얼마든지 정상적인 반응일 수 있다고 말했다. 그러자 그녀는 내 이야기를 가로막더니, 정말 자신이 그 일에 책임이 없다면 자신에겐 더 이상 할 말이 없지 않겠느냐고 되물었다!

만일 아이가 위에서처럼 자신이 어느 정도 참여했으므로 책임이 있다고 느껴서 희생자이면서도 그 사건을 차마 말할 수 없는 경우라면, 설령 그 사건을 어른들에게 이야기했다 할지라도 완전한 이해를 받지 못할 위험이 크다. 아닌 게 아니라 필자는 아이들이 자신이 당한 사건을 아무런 불안감도 죄의식도 없이 그냥 말했다가, **그후** 범행자가 엄청난 탄압을 받는 것을 보고 충격에 빠지는 수많은 사례들을 알고 있다. 물론 노출증 환자의 행위 때문에 어린아이가 놀랐던 일부터, 동의하에 일어난 성인과의 관계까지 사례들은 극히 다양하다. 하지만 한 명 혹은 그 이상의 범행자들을 고발하거나 고발하도록 유도하는 현재의 일반적인 경향은 조금 전에 내가 희생자의 참여라고 부

르는 것과 그 의미를 오해하게 만들 위험이 있다.

어느 기숙사에서 한 소년이 다른 소년들에 의해서 아주 번번이 위협을 받으면서 계속 가학적인 성추행을 당했다. 그를 상담한 특수 교사가 그들을 고발해야 할 의무감을 아무리 설명해 줘도, 또 아이들로부터 계속 괴롭힘을 당해도 소용이 없었다. 그 소년은 점점 심해져 가는 아이들의 위협과 성추행을 계속 묵묵히 견디고 있을 뿐이었다. 그러던 어느 날 갑자기 그 소년을 만나러 갔던 특수 교사는 그가 바지를 내린 채, 위협하며 달려드는 아이들에게 쫓기는 장면을 목격하게 되었다. 분노한 특수 교사가 이번엔 전혀 다른 반응을 취했다. 아이에게 화를 내면서, 다시는 이런 식의 협박에 절대 넘어가지 말라고 명령처럼 말한 것이다. 결과는 놀라웠다. 특수 교사가 다음번에 소년을 만나 어떻게 아이들의 위협에 맞설 수 있었느냐고 묻자, 소년은 이렇게 말했다. "내가 스스로를 **존중하지 않으면 안 된다**고 선생님이 가르쳐 주셨잖아요."

유아 성욕은 성인의 성욕이 아니다

사회 생활을 시작하는 유아기의 삶은 아이들뿐 아니라 어른들에게도 여러 가지 규칙을 부과한다. 물론 겉으로 보기엔 아이들이 지켜야 할 규칙과 어른들의 규칙이 똑같지 않다. 간디가 말했듯이, 규칙들을 적용시켜야 할 사람은 그 자신도 그것을 지킬 필요가 있다. 규칙을 지키는 것은 형식적이냐 실제적이냐를 따져야 할 뿐 아니라, 정신적

이고 본질적인 문제로 여겨져야만 한다. 이 두 가지 면은 서로 관련이 있다. 그래서 규칙의 근본 정신을 존중하지 않고 형식만을 지키는 사람은, 자신이 한 말을 별로 중요하게 생각하지 않고 있음이 태도를 통해 모두 드러나기 때문에 아이에게 진짜 혼란을 줄 수 있다. 물론 규칙의 중요성을 너무 과장시켜도 안 되며, 아이가 스스로 자신을 처벌하도록 만들어서도 안 된다. 그런데 이런 일은 생각보다 훨씬 흔하게 발생한다. 예를 들면 어떤 아이들은 아버지나 어머니가 '암에 걸릴까' 두려워서 눈에 띄는 즉시 담배를 감추는 소동을 벌이곤 한다. 이런 경향은 생태학의 발전과 더불어 갈수록 두드러지고 있다. 아이들은 선천적으로 환경보호자이기 때문이다.

게다가 가정 생활이 점점 더 자녀들 위주로 가는 경향이 있다. 이것은 아이들 자신에게도 반드시 좋은 것만은 아니다. 아이들의 삶과 어른들의 삶의 리듬이 같지 않은데다가, 부모끼리만 외출하는 것을 더 좋아하는 아이들도 있기 때문이다. 이런 변화는 이혼 증가와 발을 맞추고 있다. 소위 혼합 가정 역시 부모와 자녀 사이에 거리를 가져오는 수가 많은데, 부모가 자녀에게 꼭 필요한 규칙들을 부과하는 데 있어서는 그 거리가 유용하게 작용되기도 한다. 다행스럽게도 가정에 민주주의라는 것은 없다. 가정에서는 결코 모든 사람이 평등하지 않으며, 가족의 구성원들은 이 자연스러운 불평등을 받아들이고 존중할 줄 알아야 한다.

성욕의 영역이 특히 이 점을 잘 보여 준다. 유아 성욕이 어느 정도 인정되고는 있지만, 그것이 결코 성인의 성욕과 **같을 수는 없다**. 성인이 되기 위해서 성욕은 보호 방벽을 필요로 한다. 성욕은 그 어떤 영역보다도 '관계'와 연관이 있으며, 모든 관계들 중에서 가장 중요한 것, 즉 사랑의 관계와 결합되어야만 한다. 그런데 성욕과 사랑의 결합이 늘 당연한 것은 아니며, 어떤 성인들에게는 두 가지 면이 거의 완전히 분리되어 있어서 깊은 고통의 근원이 되고 있다. 사랑과 성욕이 결합하려면, 첫째 그야말로 두 사람이 **일심동체**를 이루어서 아이에게 모방하고 싶은 욕구를 줄 수 있을 뿐 아니라, 둘째 두 사람이 충분히 **구별**되어 있어서 그 차이가 훗날 사랑의 대상자를 선택할 때 훌륭하게 작용하도록 해주며, 셋째 아이와 충분히 **떨어져** 있어서 점차적으로 부모와 분리되게 해줄 수 있는 그런 부모 커플이 필요하다.

아이들의 '금지된 장난' 앞에서 어떻게 반응해야 할까?

아이들이 자신이나 타인의 성기를 갖고 놀고 싶어하는 것은 정상적이긴 하지만, 금지 사항에 속하는 행동이다. 그리고 아이들도 그것을 어렴풋이 느끼고 있다. 왜냐하면 그들도 이런 행동을 감추려고 하기 때문이다. 어른들은 그런 장난을 허용해서는 안 되며, 격려하는 것은 더더욱 안 될 일이다.

만일 아이가 먼저 이에 관한 이야기를 꺼낸다면, 그것은 아이가 불안하기 때문이다. 이때는 아이를 꾸짖거나 벌을 주어서는 안 된다. 그렇게 되면 아이와의 대화가 중단될 터이기 때문이다. 어떤 일이 있어도 아이와의 대화는 지속되어야 한다.

하지만 다음과 같은 말들은 꼭 해야 할 필요가 있다.

- 너의 성기는 오직 너만의 것이다. 아이든 어른이든 그 누구도 그것을 만질 권리가 없고, 심지어 네가 원치 않는데 보려고 할 권리도 없다. 그러므로 성기를 노출시키지 말아야 한다.

- 아이들은 어른 흉내를 내고, '어른들처럼 하고' 싶어한다. 하지만 너희 같은 아이들의 육체는 아직 그럴 준비가 되어 있지 않다. 어른의 나이, 어른의 육체가 될 때까지 기다려야 한다. 그렇지 않으면 어른 흉내를 내도 어른들이 느끼는 기쁨 같은 것을 느끼기는커녕 반대로 거북함과 불안감만 느끼게 된다.

6
이혼과 부모의 권위

　1996년도 5월 4일자 《피가로》지의 설문 조사를 보면 결혼에 대한 젊은이[1]들의 생각에서 약간 모순적인 숫자들이 발견된다. 우선 대다수의 젊은이들은 결혼을 필요한 제도라고 생각하고(50퍼센트), 결혼을 원하고 있으며(59퍼센트), 결혼에서 '사랑을 신성시하고'(55퍼센트), 배우자를 위해 정절을 지켜야 한다(88퍼센트)고 믿고 있다. 그러면서도 그들은 결혼한 커플과 미혼 커플 사이에 법이 다르게 적용되어서는 안 된다고 생각하고 있으며(66퍼센트), 아직 너무 젊기 때문에 결혼을 하지 않고 있고(표본의 95퍼센트를 형성하는 미혼 젊은이들의 67퍼센트), 무엇보다도 결혼의 중요한 특징은 **'두 당사자가 간단한 합의에 의해 해체될 수 있는 결합'** 이라고 믿고 있었다(57퍼센트)!

---

1) 15세에서 24세 사이의 5백 명의 청년들.

부부의 분열과 아버지 이미지

잘 생각해 보면, 이런 역설적인 결과들은 인간 사고(思考)의 모순으로 설명될 수 있다. 인간은 다행히도 본래 도달할 수 없는 이상을 갈망하지만, 그러나 언제나 현실의 원칙 앞에 쉽게 굴복한다. 목표는 높고 현실은 그것을 따르기에 불가능할 때, 결과적으로 승리를 하는 쪽은 현실이다. 그런데 이 현실이란 무엇인가? 현실을 물리적인 관점에서만 생각하는 것은 순진한 생각이다. 밖에서 일하는 어머니들의 일, 직장에서 집으로 오가는 데 걸리는 시간 등 현대인들의 삶의 여러 가지 어려움들은 가정 생활에 할애하는 시간을 축소시키고 있다. 저녁에 늦게 퇴근해서 돌아오면 아이들이 늘 자고 있기 때문에, 주말에나 자녀들과 얼굴을 마주할 수 있는 아버지들도 적지않다. 이렇게 잠깐잠깐씩 얼굴을 보는 것이 오히려 부부의 관계를 강화시켜 주고, 함께 보내는 짧은 순간들의 가치를 높여 준다고 볼 수도 있지만 항상 그런 것은 아니다. 흔히 그런 물리적인 구속들로 인하여, 현대의 부부는 다른 관계들과 거의 '단절' 하다시피 하면서 각자의 시간을 희생한 채 오랜만에 가족이 함께 보내는 순간들을 순전히 아이들 위주로 보내려고 애쓴다. 그리고 물리적 현실보다 결코 더 소홀히 할 수 없는 '심리적' 현실이, 분리를 의미하는 '해결책' 에 이르도록 부추긴다. 정서·고뇌·사랑의 맹세 등의 많은 감정들이 작용하고 있긴 하지만, 분리 곧 이혼은 어쨌든 상당히 구체적인 어떤 불안감을 해소해 주는 사실적인 해결책이다. 그렇다면 우리는 "환경이란 것은 부부가 택하

는 관계 유형의 원동력이다"라는 역설적인 판단을 내릴 수 있을지도 모른다. 그것은 옳은 판단이기도, 그른 판단이기도 하다. 현재 우리 사회에서는 심리적 요소들과 물리적 요소들이 결합하여, 부부의 개별화에 맞서 두 사람의 결속을 쉽게 해주고 있다. 우리는 넓은 의미에서의 가정 생활과 부부 생활을 혼동해서는 안 된다. 조부모와 심지어 방계 혈족까지 포함하는 광범위하고 전통적인 가부장적 가정은 이제 서구 사회에서 사라졌다. 그런데 이처럼 넓은 가정 생활이 그 가정에 속해 있던 부부들을 결속시켰다면 믿지 않을 것이다. 하지만 가정의 범위를 확장하는 것, 물리적인 과제들을 분배하는 것, 한마디로 대가족 생활이 만들어 내는 다양화는 각 개인을 부부 두 사람만의 관계 안에 있을 때보다 훨씬 더 풍요롭고 성숙하게 해준다. 가정을 부부 단위로 축소시키는 것이 오히려 부부 관계의 파멸을 몰고 온다고 감히 내가 가정하는 까닭이 여기에 있다. 그리고 내 생각에 이런 파멸은 가정 안에서 아버지 이미지가 실추한 것과 어깨를 나란히 한다.

이런 생각을 간략하게 증명해 보고자 한다. 사실 나는 앞서 언급했던 젊은이들의 결혼관 조사에서 볼 수 있었던 부부 관계에의 충실함, 독점권이라는 이상(理想)은, 만일 남성적이니 여성적이니 하는 용어들이 아직도 의미[2]를 갖고 있다면, '남성적'이기보다는 다분히 '여성적'인 것이라고 생각한다. 단둘의 관계는, 이미 보았지만 '어머니-자녀' 관계의 모델 위에서 이루어진다. 물론 모자 관계는 강하고 견고한 관계의 예를 보여 주지만, 외부를 향해 열려져 있지 않을 경우

2) Cf E. 브댕테르, 《XY, 남성적 정체성》, 오딜 자콥, 1992.

두 사람을 모두 숨막히게 만들 위험도 동시에 안고 있다. 그런데 주위를 둘러보면, 우리 시대에는 경제적 · 정치적 분야에서도 이 관계가 지배적인 경향이 있다. 이런 의미에서 심리적 현실과 물리적 현실은 일종의 유사점을 갖고 있는데, 그것의 폐해들이 지금의 가정들 안에서 절정에 달하고 있다. 이런 상황에서 현대의 부부들이 찾아낸 유일한 해결책은 물리적 해결책, 즉 이혼이다. 그리고 이 해결책은 다른 차원, 곧 정신적인 차원과 더 나아가 지적인 차원에서까지 직면하는 이중적인 어려움을 전통적 방식으로 해결했던 사회들에까지 퍼지고 있다. 이런 모든 것의 결과는 마음과 이성 사이의 대립이다. 한편으로는 이상적인 것이 끈질기게 존재하다가 점차 고통을 주고, 그러다 차츰 멀어져 간다. 그리고 다른 한편으로는 구체적인 것이 그 권리를 조금씩 주장하다가, 점차 자기 영역을 넓혀 가고 마침내 확고한 지배력을 행사한다. 투표권은 사랑 쪽에 던져도, 실제로 통치하는 것은 돈인 것이다.

그러나 사랑의 결실인 자녀는 부모의 결별에도 불구하고 계속해서 이상을 구체화시켜 주며, 그 이상의 최후의 피난처로 존재한다. 그렇기 때문에 일단 헤어진 부모들도 서로의 의견이 다른데도 불구하고 아이를 보호하고, 이전 부모로서의 일체성을 보존하고자 애쓰는 것이다. 그런데 이혼이 부모 문제보다 자녀 문제에 더 좋은 해결책이 된다는 데에 객관적인 근거는 없다. 반대로 이혼은 이전에 잠재되어 있던 권위의 문제를 드러나게 해주는데, 그나마 이는 잘된 일이다. 헤어진 많은 부부들이 아이들을 위해서 유지했던 화합을 되짚어 보게 되기 때문이다.

사랑스러운 화합

부부가 비교적 좋은 화합을 보여 주는 것은 어떤 성격의 것이든간에 자녀 교육에 큰 영향을 미친다. 사이가 좋지 않으면서도 함께 사는 부모들 가운데는 자녀들 때문에 불화하게 되었다고 불평하는 이들도 있다! 이런 경우는 순전히 자녀가 지불한 대가로 그럭저럭 유지되는 가정이다. 왜냐하면 부부의 불화의 책임은 절대로 자녀에게 있지 않기 때문이다. 혹은 정말 자녀에게 책임이 있다면, 이는 부모가 아이에게 행사했어야 할 징계에 대해, 또는 단순히 아이의 질문에 답해 줘야 할 내용에 대해 서로 충분한 일치를 보지 못했기 때문이다. 보통은 자녀가 부모 사이를 갈라 놓는 법이다. 세 사람이 만들어 내는 관계에서는, 전혀 대수롭지 않은 관계일지라도 반드시 셋 중의 하나가 배제되었다고 느끼는 상황이 만들어지기 마련이다. 이때 가장 흔히 배제되는 존재가 자녀이다. 이것은 다행한 일이다. 왜냐하면 이렇게 배제되는 것이 아이를 안심시키기 때문이다. 그것은 아이로 하여금 그에게 꼭 필요한 유년 시절을 갖게 해준다. 그리고 비록 아이가 어머니나 혹은 아버지와 결혼하겠다는 생각을 갖고 있다 해도, 그것은 먼 훗날의 일일 뿐이다. 여담이지만, 언젠가는 꼭 그런 일이 일어날 거라고 믿는 아이들의 다수는 자신이 결혼하려는 어머니나 아버지의 배우자는 전혀 고려치 않고 있는 것 같다! 물론 아주 어린아이들의 이야기이다. 이렇듯 아이가 부모 사이를 갈라 놓으려고 하는 시도는 다른 쪽 부모에 의해 무의식적으로 부추겨지는 것이 사실이

다. 그리고 이런 심리적 현상은 아이가 부모에 대해 갖고 있는 감정이 마치 부모가 아이에 대해서 갖고 있는 감정과 동일시된 것처럼 일어난다. 그래서 삼자간의 관계라고 말하는 것이 결코 과장이 아니다. 아기가 태어났을 때 아버지가 느끼는 질투의 감정을 알아채지 못한 사람이 있을까? 이 질투는 이성적으로 설명이 된다. 즉 아내가 어머니가 되고 나면, 아내를 여성으로 느끼는 감정이 예전보다 약화되기 때문이라는 것이다. 그런가 하면 어머니들 중에도 특히 어머니와 사춘기 딸 사이의 관계가 긴장되어 있을 경우, 아버지와 딸 사이의 친밀한 관계에 올바로 반응하지 못하는 어머니들이 있다.

흔히 이혼으로 이르는 부모의 갈등에 자녀는 어쩔 수 없이 적극적 혹은 소극적으로 참여하기 마련이고, 따라서 이혼은 부모에게만 영향을 주는 것이 아니다. 실질적인 이혼은 이런 갈등들을 하나도 변화시키지 못하고, 대개의 경우 더 악화시킨다. 이것은 최선의 경우에도 마찬가지인데, 최선의 경우란 부모가 부부 문제에는 자녀를 개입시키지 않고 떨어뜨려 놓되 자녀 문제만큼은 두 사람이 함께 결정하고, 아이를 위한 상담에도 같이 참여하는 경우이다.

9세인 **르노**는 태도에 문제가 있어서 찾아왔다. 부모는 이혼했고, 아버지는 자기 부모 집에서 살고 있다. 르노는 이미 수차례 재교육(정신 작용 운동, 발음 교정)을 받은 아이인데, 자기가 무엇 때문에 소아정신과 의사를 만나야 하는지 이해하지 못했다. 하지만 그는 어머니가 원하는 것이라면 뭐든 다하려고 했다. 학교 생활은 형편없었지만, 그렇다고 끔찍할 정도는 아니었다. 다만 그는 종종 멍한 상태에 빠지곤 했

다. 어머니는 상황을 비관적으로 보고 있었다. 아이가 이상한 반응을 보이고, 모든 일에 대해 주저하며 머뭇거렸기 때문이다. 예를 들어 르노는 사람을 만나면 뺨에 입을 맞추며 인사를 해야 할지 어떨지를 몰라 고민했다. 어머니는 또 아이가 심하진 않았어도 학대를 받았다고 했다. 그러면서 지금도 만나고 있는 전남편이 아이에게 정신적으로 정말 잔인하게 대한다고 비난했다. 르노에게 그들의 결혼계약서를 읽도록 시키기까지 했다는 것이다. 그렇다면 아버지는 아이가 심리 상담을 받는 것에 반대하지는 않았을까? 그녀는 전화벨 소리를 이야기하면서 두 아이, 그러니까 르노와 6세인 여동생을 데리고 사는 집에 공포의 분위기가 흐른다는 주장도 했다. 그런 말을 하는 어머니를 보면서 나는 그녀를 좀더 오래 관찰해 봐야겠다고 생각했다. 최근에 그녀는 두 아이에게 이런 말을 했다. "아버지가 절대로 말하지 말라고 했던 비밀을 이젠 너희들에게 전부 말해 줘야겠구나." 그 비밀들 중의 하나는, 아이들의 아버지가 바캉스를 떠나는데 아이들을 데리고 가려고 했지만 할아버지와 할머니가 반대해서 그렇게 못했다는 거였다. 그녀는 또 아이들에게 어머니가 이혼하는 것이 낫겠는지 의견을 물어본 뒤, "물론 난 너희들을 더 이상 못 보게 되면 무척 불행할 거야. 하지만 내가 원하는 건 너희들의 행복이란다. 만일 너희들이 아버지를 따라가겠다고 하면 너희들을 보내 줄게"라고 말함으로써, 아이들을 부부의 이혼에 참여시켰다. 르노는 아버지를 빼닮았고, 그 사실을 자신도 알고 있었다. 르노의 어머니는 도움이 필요한 사람은 자기가 아닌 르노라는 것을 증명하기 위해 이렇게 덧붙였다. "이 아인 자신의 수호천사 이야기도 하고, 자기 안에 짐승이 있다는 이야기도 곧잘 해요." 사실 르노

는 자신이 처한 상황 때문에 불안한 것뿐이었다. 그는 어머니가 마치
신탁을 내리는 자나 점쟁이 혹은 심리상담가에게라도 하듯 자신에게
모든 것을 물어오는 것에 지겨워하고 있었다.

이 사례는 이혼했다고는 하지만 실제로는 완전히 헤어지지 않은 부
부들이 지닌 문제와 관련되어 있다. 이것은 정신적으로는 아직 헤어
지지 않은 상태이다. 부모 중 한 사람(심지어 두 사람 모두)이 상대방
을 완전히 포기하지 못하고, 자녀를 받침대 혹은 구실로 삼아 병적인
관계를 지속하고 있는 상태를 말한다. 그래서 위의 사례에 나오는 아
이들은 이혼의 이유를 이해하지 못하고 있었으며, 어머니 집에서도
살고, 아버지 집에서도 살 생각을 하고 있었다. 더군다나 이 아이들
은 양쪽 부모로부터 너무 상반된 명령들을 들어왔기에, 자신들을 보
호하기 위해서 언제나 아버지든 어머니든 함께 있는 자의 편에 동의
했다. 그래서 부모 중 누구와 함께 살고 싶은지, 누구를 더 좋아하는
지를 묻는 질문은, 그들을 불안하게 만들고 부모에게 진짜 심중의 이
야기를 털어놓지 못하게 만들었다. 그런가 하면 있는 힘을 다해 부모
의 이혼을 거부했다고 말하는 아이들도 있다.

17세 소년 **브누아**는 보기에도 동정심을 불러일으키는 아이였다. 그
는 흐느끼면서 도움을 청했다. 부모의 이혼을 견딜 수 없다고 했다. 부
모는 계속 좋은 관계를 유지했지만, 아버지는 재혼한 상태였다. 브누
아는 새어머니와도 사이가 아주 좋았다. 그래서 지방에 있는 아버지
집에서 살고 싶었으나, 차마 어머니를 떠날 수 없었다. 반대로 아버지

집에 있을 때에는 어머니를 생각했다. 그는 '어머니를 혼자 내버려둘 수 없어요'라고 했다. 그녀가 낙심하고 있다는 것을 알고 있고, 비록 상상이긴 하지만 자기가 떠나면 어머니는 분명 병이 날 것 같아 두려웠기 때문이다.

아이들 중에는 자기가 아버지와 어머니 둘 사이에서 태어났다는 것 때문에, 이혼을 마치 자신을 둘로 쪼개는 것처럼 인식하는 아이들도 있다. 그들은 부모의 이혼으로 인해 자신을 독립적인 존재로 자연스럽게 의식하지 못한다. 사실 우리 모두에게 이런 작업이 언젠가 한번은 필요하다. 그렇다 해도 이 시련은 고통스러운 것이며, 받아들이지 않으면 안 된다. 반대로 부모의 이혼을 바라고, 또 그렇게 이야기하는 아이들도 있다.

9세인 **그라지엘라**는 세 딸 중 막내로, 언니들과 나이 차가 꽤 많았다. 소녀는 '껄끄러운 부부 사이를 회복시켜 보려고' 낳은 아이였다. 부부는 남편이 세운 회사에서 함께 일했는데, 두 사람은 모든 것에 대해, 특히 그라지엘라에 관한 문제로 끊임없이 다투었다. 그라지엘라는 학교 성적이 엉망이었고, 전직 교사였던 어머니는 그 점을 견딜 수가 없었다. 그녀는 남편의 간섭을 거부했으며, 남편은 남편대로 "아내가 딸에게 숙제를 낼 때마다 언성을 높이는 것을 도저히 참을 수 없다"고 했다. 딸은 마침내 어느 날 어머니에게 이렇게 선언했다. "엄마는 내가 막내라서 다른 언니들만큼 날 사랑하지 않아. 난 태어나지 말았어야 했어." 그라지엘라의 어머니는 남편이 아내에게 지배당할까 봐 끊

임없이 두려워하는 것 같아서 참을 수 없었다. 부부는 각자 신경정신과 의사를 찾아 상담했고, 결국 헤어졌다. 그런데 아이를 데리고 함께 날 찾아온 것이었다. 그라지엘라는 신경질적인 어조로 말했다. "난 아빠 엄마가 싸우는 소리를 듣는 것보다 이혼해서 따로 사는 게 훨씬 좋아요."

혼합 가정과 제삼자의 권위

　만일 부모의 이혼을 비교적 잘 견디고, 이혼한 부모를 둔 다른 친구들과 스스럼없이 부모 이야기를 할 수 있는 아이라면, 균형이 잘 잡힌 아이인 동시에 정서적 관계의 취약성을 이미 이해하고 있는 아이라 할 수 있다. 이런 아이들은 흔히 어른들의 사랑을 또래 사이의 사랑에 비교해 보면서, 항구적 관계를 유지하는 것이 힘든 일임을 받아들인다. 그들은 유아기의 정서적 생활을 매우 풍성하게 누린 아이들로서, 자기가 다른 아이보다 더 사랑받았기 때문에 겪게 되는 고통을 일찌감치 배운다. 그런가 하면 이혼이 워낙 힘든 일이었던데다가, 이전에 부모의 불화로 많은 괴로움을 겪었던 만큼 더 고통스러워하는 아이들도 있다. 이런 경우엔 부모의 이혼을 통해 이중의 갈등(부부 사이, 부모와 자녀 사이)에 중재자의 도움을 기대해 볼 수 있다. 중재는 고통스러운 경험을 조정해 준다. 제삼자가 개입할 수 있기 때문이다. 제삼자는 아동 문제 담당 판사, 의사, 사회복지사 등 지명된 중재자일 수도 있다. 하지만 새아버지나 새어머니가 될 수도 있는데, 물론

이들이 배우자로부터 상황 설명을 들었을 경우이다.

카롤의 변화무쌍한 가족사가 그 점을 잘 설명해 주리라고 본다. 카롤은 2세까지는 친부모와 함께 살았다. 2세부터 8세까지는 어머니와 단둘이 살다가, 그후 어머니가 외교관과 결혼했다. 그래서 카롤은 12세까지 어머니와 새아버지를 따라 벨기에로 가서 살았다. 그 다음엔 재혼한 아버지와 함께 니스에서 1년을 살다가, 다시 어머니와 둘이서 파리로 돌아왔다. 13세에 중학생이 되었으나, 공부를 따라가기가 힘들었다. 더 이상 파리 생활에 적응이 되지 않았고, 친한 친구들은 모두 브뤼셀에 있기 때문이다. 그녀는 가끔 브뤼셀에 있는 친구들에게 편지를 썼고, 마음은 항상 그곳에 가 있었다. 그녀는 밤이면 유령들이 왔다 갔다하면서 자기 가족들과 뒤섞이는 꿈을 꾸었다. 우주에서 온 유령들이었는데, 그녀는 그들로부터 도망가려고 무진 애를 쓰다가 꿈에서 깨어나곤 했다. 그녀에겐 누군가 속마음을 털어놓을 사람이 필요했다. 그래서 기숙사의 한 수녀에게 속내 이야기를 꺼내 놓으려 했지만, 친구들이 막았다. "조심해, 그 여자는 네 이야기를 모든 사람에게 다 퍼뜨리고 말 거야" 하면서. 사실 그녀는 브뤼셀에 있는 의붓아버지와 무척 사이가 좋았다. 그곳에서 지낸 몇 년이 그녀에게는 꿈 같은 시간이었다. 어머니도 즐겁고 행복했으며, 카롤의 친구들을 기쁘게 맞이하여 간식을 준비해 주곤 했었다. 카롤은 새아버지와 즐겁게 외출하던 때를 추억하곤 했다. 친아버지와도 사이가 좋았으나, 새아버지와의 관계처럼 그렇게 특별히 친밀한 관계는 회복하지 못했다. 새어머니 없이 아버지하고만 말할 기회는 전혀 없었기 때문이다! 어머니 집으로 돌아

온 후, 두 모녀만의 생활은 그지없이 답답하고 우울하기만 했다. 그로 인해 학교 성적도 완전히 밑바닥으로 떨어졌다.

이 사례 덕분에, 우리는 아이가 자신을 형성해 가기 위해서는 부모 두 사람의 존재가 얼마나 필요하며, 그들과 특별한 관계를 맺는 것이 얼마나 중요한 것인지를 이해하게 된다. 또한 이혼이 **아이의 내부**에 반드시 혼란을 가져오는 것이 아니란 것도 알 수 있다. 정말 아이를 혼란스럽게 만드는 것은 아이와 함께 혼자 살고 있는 어머니 혹은 아버지의 폐쇄성이다.

현재 11세이고 5학년인 **기욤**은 부모가 이혼했을 당시 7세였다. 당시 그는 이렇게 말했다. "나는 내 또래 사내아이들 중에서 가장 불행해. 엄마! 엄마는 마음속 깊은 곳에서부터 행복해?" 이후로 그는 아버지가 떠난 것에서 회복되어 "이제 아빠 우리 곁에 없어, 소식도 없고!"라고 대수롭지 않게 말할 정도로 행복해졌다. 그는 어머니·이모·할머니 앞에서 어린 황제처럼 군림하는 듯한 인상을 준다. 다만 학교 성적이 형편없었다. 작년에 그는 엄격했던 담임 교사에게 깊은 애착을 갖고 있었다. 그런데 어느 날 담임이 벌을 주었는데, 그 방법이 기욤에게는 불공평하게 여겨졌다. 이때 어머니가 나서서 교사를 비난하고는, 아들의 동의 없이 그를 전학시키기로 결정했다. 기욤은 자기가 그 학교를 떠나야 하는 이유를 이해할 수 없었다. 그는 사실 집중력에도 문제가 없었고, 공부를 하는 데도 큰 문제가 있는 것은 아니었다. 오히려 누군가가 자신에게 엄격하게 공부하도록 만들어 주길 바랐다.

15세의 **마리안**은 중학교 3학년이다. R부인은 흑인 남자와의 사이에서 마리안을 낳았으나, 그는 이 아이를 자기 자식으로 인정하지 않았다. 아마도 유부남이었기 때문이리라. 마리안은 얼마 전에 자살을 시도했었다. 매우 아름다운 소녀인 그녀를 자살로까지 몰아온 삶을 그녀와 함께 재구성해 보았다. 그녀에게는 모로코 출신의 남자 친구가 있었다. 마리안과 초등학교를 같이 다닌 소년으로, 담임 교사의 아들이었다. 마리안은 1년을 외국에서 보내는 동안 그를 사랑하고 있음을 깨달았다. 그 소년 카림이 그녀에게 갖고 있는 감정은 사랑과 우정의 중간쯤이었던 듯하다. 마리안이 워낙 그에게 '집착' 했기 때문에, 소년은 그것을 견디기 힘들어했다. 그녀보다 1.5세가 많은 그는 그녀와 성관계를 맺으면서, 동시에 다른 여자 친구들과도 가끔씩 성관계를 갖곤했다. 그러던 어느 날 마리안에게 화가 잔뜩 난 그는 홧김에 '못생기고 지겨운 계집애' 라고 쏘아붙였다. 마리안은 그 말에 충격을 받아 밤새 잠을 자지 못했고, 다음날 새벽 어머니의 수면제를 삼키고 말았다. 그녀는 카림에게 '온갖 정성을 다 쏟았다' 고 말했다. 그는 그녀가 가슴속에만 간직했던 이상형으로 비쳐졌던 것 같다. 아마 그 이상형은 소녀가 아버지를 그리며 만들어 낸 이미지에서 비롯되었을 것이다. 이것은 마리안의 눈에 이상형이었던 카림이 갑자기 그녀를 거부했을 때, 왜 그녀가 죽음을 택할 정도로 절망했었는지를 설명해 준다.

이 두 가지 예는 이혼 혹은 별거를 하고도 부부 관계를 아직 청산하지 못하여 새 파트너를 만날 수 없는 아내 혹은 남편이 종종 외동아이와 독점적인 관계를 맺게 된다는 사실을 보여 준다. 대개의 경우

아이도, 그리고 이런 상황을 피하려고 애쓰면서도 그렇게 할 수 없는 부모도 그 관계를 미처 의식하지 못한다. 그런데 그것이 아무리 '부드러운' 권위라 할지라도, 단 한 사람 안에 집중되는 권위의 폐해들은 규율의 문제(이것은 아마 덜 심각한 문제일 것이다)에서 느껴지는 것이 아니라, 어린아이나 사춘기의 소년 소녀가 보여 주는 **징후**들 속에서 느껴진다.

10세인 **바네사**의 부모는 아이가 태어나자마자 실질적인 이혼을 했다. 바네사는 '가슴속에 쌓인 자신의 말을 꺼내 줄 수 있는 의사들'을 만나고 싶어했다. 그녀는 이런 말을 했다. "아빠를 자주 보지 못하기 때문에, 아빠를 가슴속에 간직해 봤자 아무 쓸모없어요."

바네사의 말이 옳다. 깨어진 관계가 배우자 혹은 아이에게 **소화할 수 없는** 어떤 것을 남겨 놓은 경우엔 새로운 관계를 세우는 편이 더 낫다. 바네사가 택한 것은 정신과 의사와의 관계였다. 이 인위적인 관계는 그녀가 자신도 모르게 이전의 관계 속에 '쌓아두었던' 것들을 하나하나 분석할 수 있게 해주었다.

생물학적 친자 관계인가, 정신적 친자 관계인가?

대부분의 경우에는 아버지가 한 명뿐이기 때문에 생물학적 친자 관계와 '정신적' 친자 관계가 구분되지 않는다. 입양아를 둔 가정이나

혼합 가정에서 제기되는 이런 문제들이 정상적인 가정에서라면 생길 이유가 없다고 보기 쉽다. 생물학적 친자 관계는 부모의 유전자를 물려받은 수정란이 세포 분열하여 태아가 되는 것으로 설명할 수 있다. 이때 우리가 알고 있듯이 자녀에게는 부모의 몇몇 유전적 성질들만이 나타나고, 나머지 것들은 잠재적 상태로 남아 있게 된다. 눈동자의 빛깔이라든지 얼굴의 윤곽처럼 쉽게 알아볼 수 있는 요소들을 제조 상표에 비교한다면, 성격이나 예술적 재능 같은 요소들은 담보물에 해당된다고 볼 수 있다. 정신적 친자 관계는 생물학적 친자 관계를 동반할 수도 있고, 그렇지 않을 수도 있다. 그것은 자녀가 부모 혹은 조상의 어떤 특징을 지니고 있다는 **정체성 확인**을 통해 드러나는 관계이다.

롤랑은 생후 7개월에 입양되었고, 그를 입양한 부모는 두 사람 모두 의사이다. 아내는 모든 사람에게 강한 인상을 주는 장군 출신의 아버지 밑에서 자랐다. 롤랑에게는 입양이 아무런 문제도 일으키지 않았다. 그는 양아버지의 성을 따랐고, 거기다 실제로 모습도 닮았다! 학교 성적도 그렇게 나쁘지는 않았지만, 의학에 전혀 취미가 없었다. 그는 18세에 군 입대를 결심했고, 하사관학교 입학시험에 뛰어난 성적으로 합격했다. 군인의 딸이었던 어머니는 기뻐서 친구들에게 이렇게 외쳤다. "우리 애가 군복을 입게 됐어!"

실비의 예는 아주 다르지만, 역시 같은 것을 이야기하고 있다.

　　10세인 **실비**는 부모의 이혼을 고통스럽게 겪었다. 부모는 서로 많이 다른 환경 속에서 자랐다. 어머니는 프랑스인이며 지적인 여인이고, 외할아버지는 대학교수였다. 반면 실비의 아버지는 튀니지 출신으로, 교육을 충분히 받지 못했다. 실비는 외모적으로 아버지를 아주 많이 닮았다. 이혼을 진심으로 받아들일 수 없었던 실비의 어머니는 매우 힘들어했다. 그러다 너무 크게 짓누르는 고독을 견딜 수 없어서, 부모님의 아파트 근처로 이사를 갔다. 실비의 외할아버지는 고통 가운데 있는 딸 옆에서 많은 것을 도와 주었다. 실비가 심리 상담을 받으러 갈 때에도 할아버지가 따라와 주었다. 친정아버지와 함께 온 실비의 어머니는 이렇게 고백했다. "나의 친정아버지는 실비에게 아버지와 마찬가지예요. 이 아이는 할아버지를 무척 사랑하고, 할아버지를 닮아 공부도 아주 잘해요. 그리고 할아버지처럼 실비도 바이올린을 켜지요."

　　이혼에서 파생되는 문제들은 애정의 문제나 부모 권위와 관련된 정체성 문제[3]에 크게 영향을 미친다. 부모의 권위를 법적 부모나 친부모가 행사하는 것이 정상이라면, 이혼은 그 권위가 행사되는 **환경**에 반드시 변화를 주게 된다. 이 변화가 애정적 측면과 법적 측면 사이의 벽을 붕괴시킨다. 그런데 이 붕괴가 간혹 상황 속에서 극복될 수도 있다. 반대로 갈등이 있을 경우에는, 판사가 전문가들에게 도움을 청한다 해도 그 전문가들조차 아이를 진정으로 위하는 길이 무엇인지 찾

---

3) 1970년 6월 4일자의 법에 따라 부모의 권위는 아버지와 어머니 두 사람에 의해 행사된다.

기란 어려운 일이다. 아이의 행복, 그것은 애정과 권위를 올바로 결합시켜서 아이가 부모와 함께 살며 그 부모에게 사랑으로 순종하는 데 있다! 친아버지가 누구인지를 알고 있는 아이들에게도 이미 그것이 쉽지 않은 문제일진대, 법적 차원에서 그런 문제에 맞닥뜨리게 된 아이들에 대해서는 어떻게 말할 수 있을 것인가? 그리고 생물학적·정서적·사법적으로 볼 때 어떤 합법성에 근거해서 정의를 내려야 하는가?

세 명의 아버지를 둔 아이, 바댕. 7세인 바댕은 초등학교 1학년인데, 복잡하고도 격렬한 갈등을 겪고 있다. 현재 이 아이는 재혼한 어머니와 함께 살고 있다. 어머니가 지금의 새아버지인 피에르와 함께 산 지 수년째이기 때문에, 그를 양육한 것은 피에르라고 할 수 있다. 바댕의 법적 아버지는 필립인데, 이는 바댕의 어머니가 그와 함께 사는 동안에 바댕이 태어났기 때문이다. 자신이 바댕의 친아버지라고 믿었던 필립은 이혼 후에 당연히 아이를 방문할 권리를 얻어냈다. 하지만 바댕의 어머니는 필립이 바댕의 친아버지가 아님을 잘 알고 있었다. 그녀가 바댕을 임신할 무렵 두 사람 사이는 이미 금이 간 상태였던데다가, 그녀가 이혼 절차를 밟는 중에 전문가에게 의뢰한 결과 바댕의 친아버지가 장 샤를이라는 남자임을 증명해 주었기 때문이다. 생물학적 검사가 오로지 혈액형에 근거했을 때에는, 친아버지 자격이 있느냐 없느냐만 식별할 수 있을 뿐이었다. 그러나 이제는 법정의 요구에 따라 '유전자 배열 구조'를 알 수 있게 되었고, 이로써 98퍼센트의 확신을 갖고 친부가 누구인지까지 알게 되었다. 끊임없는 갈등의 원인이 된 것은, 바댕이 오랫동안 '아빠'라고 불렀던 필립의 집에 방문하는 것이었

다. 게다가 바댕은 필립을 떠나 어머니의 집으로 돌아갈 때마다 눈물을 흘렸고, 자신도 그 이유를 설명할 수 없었다. 바댕의 어머니는 아들이 필립을 만나지 못하도록, 필립으로부터 방문 권리를 취소시키기 위해 소송을 제기했다. 마침내 필립은 자신이 바댕의 아버지가 아니라는 사실에 충격을 받고, 바댕을 만나러 오는 것을 포기했다. 하지만 그렇다고 해서 법정 싸움이 그친 것은 아니다. 겉보기에 바댕은 아버지가 찾아오지 않는 것에 대해 그다지 고통스러워하지 않는다. 오히려 전문의와 이야기하게 된 이후로 덜 혼란스러워하고, 성격도 한결 밝아졌다. 아이는 심리치료사와 함께 그림도 그렸다. 하지만 그의 그림들은 모두 선사 시대의 공룡 두 마리가 한창 싸우는 모습들이다. 이제 아이는 학교 성적도 좋아졌다. 그러나 가족들은 법정이 내릴 다음번의 결정을 불안한 마음으로 기다리고 있는 중이다.

권위, 애정, 아버지와 어머니

그러면 **바댕**에게 아버지의 권위를 행사할 수 있는 사람은 누구일까? 가장 중요한 인물은 분명 그의 어머니이다. 힘의 열쇠를 지닌 사람은 그녀이고, 바댕은 그 점을 잘 알고 있다. 하지만 어머니는 겉으로 나타난 이 힘이 오히려 아이를 불편하게 만들고 있다는 것을 잘 알고 있다. 그래서 매우 심각한 태도로 조언을 구했다. 그녀가 지금의 남편에게 의지하는 것도, 또 그 때문에 남편이 아버지로서 바댕에게 중요한 인물이 된 것도 모두 그녀가 아들을 과보호하는 어머니가 아니라는 증거이다. 이는 바댕이 필립에게 복종하지 않았다는 뜻이 아니다. 오히려 어른들이 복잡한 존재들임을 알게 된 바댕은 자신을 그렇게 사랑해 주었고, 많은 선물을 안겨 주었던 필립을 쉽게 잊지 못할 것이다. 장 샤를에 대해 말하자면, 바댕은 그를 잘 알지는 못하지만 자신의 삶에서 그가 어떤 의미를 주는 존재인지는 잘 알고 있다. 하지만 바댕의 어머니와의 친밀한 관계를 가졌던 그는 아이에 대해 아무것도 주장하지 않는다. 바댕은 자기 어머니가 귀를 기울이는 사람, 자신에게 상징적인 아버지 역할을 해주는 사람이 자기 아버지가 된다는 것을 알고 있다.

바댕의 상황은 아주 복잡한 것임에도 불구하고 이혼 후 재구성되었거나, 혹은 재구성되지 않은 상태에서 부모의 이혼이 권위와 애정에 해로운 영향을 미치고 있는 가정의 상황들보다는 덜 미묘하다. 우선 예를 들면 2주일에 한 번씩 자녀들을 만나는 아버지들 중에, 아이의 응석을 모두 받아 주는 역할을 맡음으로써 아이에게 금지하는 교육자로서의 역할을 포기하는 경우가 있다. 그래서 그 역할까지 대신하지 않으면 안 되는 쪽은 어머니이다. 그 다음엔 반대로 아버지가 악역을 고정적으로 맡는 바람에 아이가 더 이상 아버지를 찾지 않게 되고, 결국 아이의 삶에서 아버지가 완전히 멀어지는 경우도 있다. 상황의 미묘함은 부모가 재혼했거나, 아니면 제삼자와 동거하고 있을 때 한층 확대된다. 이때 아이가 이혼한 부부 사이를 오가지 않도록 막는 역할을 하는 사람이 새아버지 혹은 새어머니이다. 그런데 아이가 어른보다 더 용감할 순 없는 노릇이다. 아이들은 그저 상황에 맞춰 따라가는 경향이 있다. 예를 들면 학교 성적이 형편없이 떨어져서

불리해지더라도 그냥 되는대로 내버려두는 것이다. 그러나 어머니가 되든 아버지가 되든, 혹은 새어머니가 되든 새아버지가 되든 간에 아이는 금지하는 역할을 맡은 자의 뜻에 동의하게 되어 있다. 이는 자신에게 그런 존재가 필요하다는 것을 아이 스스로가 느끼기 때문이다. 다음 사례에서 그것을 볼 수 있다.

장 프랑수아는 13세로, 3세 때부터 자기를 키워 준 새어머니, 아버지와 함께 찾아왔다. 장 프랑수아는 학교에서 아무것도 하지 않았다. 아버지는 그에게 공부하라고 강요하지 않았으나, 그 점에 분개하는 아이의 새어머니는 마치 여장부 같은 면모를 풍기는 사람이었다. 아버지는 아이에 대해 아무런 말도 하지 않고 조용하게 있었으나, 아들을 과소평가하고 있음을 알 수 있었다. 장 프랑수아는 어른들이 자신에 대해서 좋게 말하든 나쁘게 말하든 간에, 자기 이야기가 화제에 오르는 것에 만족스러워했다. 그러나 그와 단둘이 만나서 대화해 보니, 아이는 새어머니가 옳다고 생각하고 있었다.

이 가정의 문제는 **중간에 있는 아이**로 인해 부부가 대립할 때 생기는 문제와 연결된다. 이런 경우에는 부모 중 한쪽이 철저하게 배우자와 반대되는 관점을 갖고 자녀와 결합한다. 이때 아버지에게 맞서는 모자 혹은 모녀 커플이 형성되는 것을 보게 되는데, 이런 모델은 어머니에게 대항하는 부자 혹은 부녀 커플보다 흔하게 나타난다. 이것은 성공적인 이혼보다 더 나쁜 상황이다. 이런 상황에서 아이는 예를 들어 아주 엉망인 학교 성적이나 극단의 수동적인 태도와 같은 징후

를 통해서만이 부모에게 저항할 수 있을 뿐이다. 부모 중 자신을 동지로 여기는 호의적인 편에 반기를 들 수도 없고, 자신을 구박하는 '악한' 편에 대항할 수도 없기 때문이다. 그런데 불행한 일이지만, 이런 가정들 중에서 증오심 같은 것으로 합쳐진 부부는 특별히 안정적인 관계를 유지한다. 이는 두 사람 모두 고독보다는 매일 되풀이될지언정 다투는 쪽을 더 좋아하기 때문이다. 여기서 희생 제물은 아이이다. 아이가 타인들과 사도마조히즘 관계가 아닌 건강한 관계를 맺을 수 있으려면, 부모가 이혼하는 편이 훨씬 낫다고 본다. 왜냐하면 아이에게 필요한 부모는 권위와 애정을 우선시할 수 있는 부모이기 때문이다. 부모가 권위와 애정을 보여 주지 않을 때, 이혼한 부모를 둔 아이는 불만을 갖고 사는 한쪽 부모가 부추길 수 있는 나쁜 버릇들, 즉 쾌락 추구와 안이한 태도 사이에서 비틀거리게 된다. 물론 이상적인 것은 아이의 친부모들이 별거중에도 자녀 교육에 관한 한 계속해서 결속력을 보여 주는 것이다. 그것이 불가능하다면, 새아버지 혹은 새어머니가 아이를 존중하여 일정한 거리를 유지하면서, 또는 실제로 아이에게 애정을 기울이면서 절대적으로 중요한 역할을 해줄 수 있다. 이 경우에 아이의 친부모는 새아버지 혹은 새어머니의 역할을 인정해 주어야 한다. 무엇보다도 친부모가 아니라는 핑계, 곧 아이의 사기를 떨어뜨리는 거짓 핑계를 내세워서 새아버지·새어머니의 영향력을 훼손시켜서는 안 될 것이다.

제레미는 13세의 소년이다. 어머니인 **Y부인**은 마약 거래로 감옥에 있는 제레미의 아버지와 얼마 전에 이혼한 상태인데, 젊고 매혹적이며

비교적 불안정한 여인이다. 그녀는 제레미와 에로틱하다고 할 만한 관계를 가졌고, 아들은 말썽을 피우고 경범죄들을 저지름으로써 그런 관계에 저항했다. 아들의 태도에 낙망한 Y부인은 심리 치료를 받고 나서 자신의 태도가 잘못되었음을 깨닫게 되었다. 그녀는 제레미 안에서 속내 이야기를 털어놓을 수 있는 절친한 친구를 찾고 싶었던 것이다. 그 무렵 제레미의 존재를 받아들이는 마르크라는 남자가 나타났다. 제레미는 새아버지가 될 수도 있는 사람이 등장했다는 데서 큰 위안을 받았다. 그는 새아버지를 닮으려고 노력했고, 존경과 찬탄의 눈길로 그를 바라보았다. 하지만 그가 자신에게 '명령을 내리는 것'만은 참을 수 없었다. Y부인은 아들의 편을 들었다. 제레미가 칼을 들고 그를 위협했기 때문에 마르크는 결국 떠나기로 결심했다. 결국 의사의 조언에 따라 Y부인은 자신이 아들과 무의식적인 근친상간의 관계를 갖고 있었음을 인정하고, 마르크의 권위를 받아들였다. 제레미는 안정되었고, 다시 공부를 하기 시작했다.

이혼은 비극이 될 수 있다. 하지만 혼합 가정도 새어머니나 새아버지가 자신의 역할을 어떻게 감당하느냐에 따라서 이혼의 약점들을 얼마든지 줄일 수 있다.

7

대수롭지 않은 규칙 위반들

　대수롭지 않은 규칙 위반이란 것은 없다. 적어도 어린아이에게는 그렇다. 왜냐하면 일반적으로 아이들은 말썽을 부리고 거짓말을 하고 좀도둑질을 했을 때, 자신이 어른들에게 감히 도전을 했으므로 징계 중에서도 가장 심한 징계를 받아 마땅하다고 느끼기 때문이다(물론 모든 아이들이 금지 앞에서 똑같은 감수성을 느끼는 것은 아니다). 이런 아이들은 대개 금지를 내면화시켜서, 그것을 위반했을 때 죄책감을 느끼는 아이들이다.

잘못과 죄책감

　죄책감은 잘못의 정도에 비례하지 않는다. 어떤 어린아이는 다른 아이를 한 대 가볍게 때렸다는 것 때문에, 심지어는 다른 아이를 때리는 장면을 본 것만으로도 벌써 울기 시작한다. 어른이 우발적으로 내리는 징계는 잘못에 대한 과장된 의식에 따르게 된다. 다음의 이야기에서 그것을 볼 수 있다.

　　10세인 **오렐리앙**은 어느 날 또래 사촌들의 할아버지 집에 처음으로 초대받아 가게 되었다. 할아버지는 아주 부유한 사람이어서, 넓은 사유지가 딸린 대저택의 한가운데는 예쁜 분수가 장치된 커다란 연못도 있었다. 그날 따라 날씨가 무척 더워서인지, 아이들은 짜증을 내기 시작했다. 그러다 여러 개의 공을 발견하고는 호수 위에 공을 띄우며 놀게 되었다. 오렐리앙은 아주 착하고 주의 깊어서 늘 모범이 되는 아이였지만, 그날만큼은 평소보다 자기 통제를 잘하지 못하고 완전히 놀이에 빠져들었다. 사실 놀이를 시작한 것도 그였다. 그런데 갑자기 어린 사촌여동생이 물에 빠졌다. 물론 연못은 그리 깊지 않았지만, 어린아이들은 모두 놀라고 겁에 질렸다. 어린 소녀는 곧 물속에서 일어나 밖으로 나왔다. 하지만 오렐리앙은 단지 자기가 그 아이보다 조금 더 나이가 많다는 것 때문에, 마치 자신이 죄를 짓기라도 한 것처럼 눈물 범벅이 되어 어른들에게 달려가 그 사실을 알렸다.

　　여기서 오렐리앙이 잘못한 것이라곤 아무것도 없다. 하지만 그의 마음에는 죄책감이 크게 남아 있다! 이 영역에서는 그 어떤 것도 그렇게 간단하지가 않다. 그리고 어떤 교육은 신경증으로 확장될 위험이 다분한 이런 태도(이런 태도는 꽤 흔하다)로 아이를 몰고 가기도 한다. 신경증은 잘못한 일의 실체는 무시하고, 오직 죄책감을 누그러뜨리기 위한 가상의 각본을 우선시한다. 오렐리앙의 경우엔, 규칙을 위반하고 싶다는 생각이 그동안 억압되어 있었기 때문에 그만큼 더 커진 형태로 감춰져 있을 수 있다. 호수 안에서 노는 것은 '잘못이라고 지각할 수도 있는 욕구'의 실현으로 볼 수 있다. 그러나 그가 느

낀 죄책감은 과민한 반응으로서 '정상적인 것'은 아니다. 틀림없이 오렐리앙의 내면에는 그동안 어른들이 내렸던, 그리고 여기저기서 주워들어 형성된 다양한 금지 사항들이 자리잡고 있었을 것이다. 옷을 더럽히지 마라, 다른 사람들에게 폐를 끼치지 않도록 주의해라, 어린 동생들에게 모범이 되어라, 잘 알지 못하는 사람의 집에 갔을 때는 얌전히 행동해라! 등등. 그 죄책감은 무의식적인 것이기에, 그리고 아이가 경험하고, 놀고, 시끄럽게 하고, 옷을 더럽히고 싶은 욕구와 충돌했기에 그만큼 더 강해졌던 것이 사실이다! 이 무의식적인 죄책감의 힘은 사촌동생이 연못에 빠졌을 때 증명되었다. 이 사건은 오렐리앙의 무의식 속에서 모든 금지 사항들을 정당화하는 한편, 모든 규칙 위반을 '정죄'했다고 할 수 있다.

다행히도 우리 시대에 이런 교육은 특히 이전 교육에 대한 반발로 인해 사라지는 경향이 있다. 이제 우리는 더 이상 금지를 하지 않으며, 매를 드는 것도 줄어들었다. 그런데 불행하게도 우리는 교육에서 몇 가지 과정들을 놓쳐 버리고 만다. 왜 굳이 과정이라고 표현하는가? 이는 **그것들이 한번 지나고 나면 다시 돌이킬 수 없는 단계들이기 때문이다.** 제대로 양육받지 못한 아이에게 예의범절을 가르치기란 매우 어렵고, 심지어 불가능하기까지 하다. 하지만 특히 **그리 엄하지 않고, 그렇기 때문에 아이에게 지나친 죄책감을 주지 않는다고 생각하는 부모들은 크게 잘못 생각하고 있는 것이다. 그들은 완전히 뒤바뀐 결과에 이르게 된다.** 왜 그럴까? 이는 징벌이 없다고 해서 죄책감이 사라지는 것이 아니기 때문이다. 그들의 생각과는 반대로, 아이들의 죄책감은 계속 깊어져서 징벌을 필요로 하는 복잡한 태도를

만들어 낸다. 그런데 부모를 분노하게 만드는 그런 태도들은 아이들의 **잘못이라기보다는 그들의 불안을 나타내는 것이기에** 체벌하기가 쉽지 않다(뒤에서 그 예를 곧 보게 된다). 아마도 독자들은 이 말이 상당히 모호하다고 생각할 것이다. 그래서 부모가 전문가를 찾게 만든 아이들의 태도들을 예로 들어 보려고 한다. 사례 속에 나오는 부모들은 자녀가 자신들에게 거역한다고 느끼면서도 아이에게 뭐라고 말해야 좋을지, 어떤 벌을 어떻게 주어야 할지 몰라서 난감해하고 있었다. 예를 들면 귀여운 꼬마둥이가 아무것도 아닌 일로 화를 내고 거친 욕을 하거나, 혹은 아직 말을 할 줄 몰라서 온몸으로 저항하고 거부하는 **몸짓**을 할 때, 부모는 어떻게 해야 할까?

18개월 된 **플로랑**을 독신인 이모가 돌보고 있을 때였다. 그녀는 아이에게 발코니에 나가지 못하도록 금지시켰다. 물론 아이는 급히 그곳으로 달려갔다. 그녀는 **무력을 써서** 아이를 거실로 데리고 왔다. 그러자 아이는 마구 화를 냈고, 이모에게 침을 뱉으면서 자기만 알아들을 수 있는 욕설 비슷한 말들을 내뱉었다. 그리고는 욕실로 들어가 숨었다. 욕실로 들어간 이모는 아이가 변기 뒤에 숨어서 성난 몸짓으로 빗자루를 들고 흔드는 모습을 봐야 했다! 분노의 시간이 지나가고 나자, 아이는 언제 그랬냐는 듯이 세상에서 가장 유순하고 귀여운 아이로 돌아왔다. 말이 나왔으니 하는 말인데, 이런 행동은 대개 언어를 막 배우기 시작했을 때, 말하자면 언어라는 무기를 얻기 시작했을 때 나타난다는 점을 말해 두고 싶다!

친구들과 놀 때에 항상 **속임수**를 쓰는 나쁜 버릇이 있는 아이 역시 자기 뜻대로 되지 않는 것(욕구 좌절)에 유달리 민감한 반응을 보인다. 그런데 이 아이와 놀기를 거부함으로써 벌을 준 자들은 다름 아닌 친구들이다. 좀더 커서 나타나게 되는 욕설과 심지어 발길질 등도 이미 부모를 낙담하게 만들기에 충분하지만, 그보다 훨씬 큰 말썽을 부렸을 때에는 무슨 말을 해야 할까?

15세의 **알랭**은 친구들을 즐겁게 해주려고, 더 정확히 말해 반 친구들의 사랑을 얻으려고 부모가 없을 때 친구들을 집으로 데려갔다. 과연 어떤 일이 벌어졌을까? 아무도 상상하지 못했으리라. 어린 사춘기 소년들은 무력한 알랭의 묵인 아래, 그야말로 고삐 풀린 망아지들처럼 행동했다. 술을 발견한 아이들은 스테레오의 볼륨을 있는 대로 높인 후 취하도록 마시고, 그림들을 다 떼어내고, 모든 것을 약탈했다. 상상도 못했던 이런 상황 앞에서 알랭은 아무도 비난하지 못한 채, 부모에게 그 수수께끼를 비밀로 간직하고 입을 열지 않았다. 그는 단순한 희생자일까? 아니면 자신의 존재를 무시한 마조히스트일까? 어쩌면 말없는 증오를 쌓아 감으로써 은밀하게 승리를 얻고 있는 것인지도 모른다.

어느쪽 다리에 힘을 실어야 할지를 몰라서 이해와 억제 사이에서 망설이는 부모를 당황케 만드는 또 다른 징후들이 있으니, 가족의 물건을 훔치는 것과 끊임없이 거짓말을 하는 것이다. 자녀의 이런 태도들은 부모로 하여금 불신·격노·낙심·반성의 단계들을 거치게 한다. 의심: 아니야, **내게** 이런 짓을 하다니, 믿을 수가 없어! 격노: 다

른 사람도 아닌 **내** 자식이 이런 짓을 하다니 참을 수가 없어! 낙심: 어째서 이렇게 된 것일까, **내** 집안에 흐르고 있던 어떤 나쁜 피가 다시 나타난 것일까? 반성: **내**가 무엇을 잘못 가르친 것일까?

절　도

　상점의 물건을 훔치는 것(대개의 경우 무리지어서 훔친다)이든, 부모의 지갑에서 돈을 빼가는 것이든 자녀의 절도 행위는 부모의 분노를 일으킨다. "우리 아이는 필요한 건 모두 갖고 있다"는 것이 절도한 아이들의 부모 입에서 가장 많이 나오는 말이다. 부모의 말이 사실임이 밝혀지고 보면, 아이들의 절도 행각은 과연 이해할 수 없는 성격을 띠게 되고, 부모들은 어쩔 수 없이 전문가들을 찾게 된다.

　12세인 **조엘**은 영국에 체류중이었는데, 어느 날 위탁 가정에서 아이를 갑작스럽게 집으로 돌려보냈다. 아이가 수차례 그 집의 돈을 훔쳤다는 것이다. 부모로서는 놀랍고도 수치스럽고, 또 분통이 터지는 일이 아닐 수 없다. 조엘은 자신을 맡아 준 위탁 가정의 식구들과 사이가 좋았다. 그 집은 매우 개방적이고 따뜻한 가정이었으며, 조엘 또한 충분한 용돈을 갖고 있었다. 부모는 마른 하늘에서 날벼락을 맞은 기분이었다. 특히 어머니는 아이가 무엇 때문에 그런 짓을 했는지 도저히 이해되지 않았다. 조엘은 이미 오랫동안 심리 치료를 받은 터였는데, 그 자신도 설명할 수 없었다. 자신도 모르게 한 행동이었다. 그는 그것

때문에 집으로 돌려보내지리라고는 미처 생각 못했지만, 그러나 벌받지 않고 그냥 넘어갈 만한 일은 아니라고 생각하고 있었다. 게다가 혼자 집에 있을 때 그 일을 저질렀기 때문에 의심이 단박에 그에게 쏟아질 것임은 자명한 일이었다. 그런데 아버지가 보여 준 태도는 어머니보다는 좀 느긋했다. 자기도 어렸을 때 슈퍼마켓에서 자주 라이터를 훔쳤던 것을 기억했기 때문이다. 심지어 그는 훔친 라이터들을 모아놓기까지 했고, 그의 부모는 그 사실을 까맣게 모르고 지나갔다.

파트릭(1장)은 담임 교사의 아들과 절친한 사이였다. 어느 날 그 친구는 자기 어머니가 서가에 꽂혀 있는 가짜 책 사이에 돈을 감춰뒀다면서 그것을 파트릭에게 보여 주었다. 친구가 화장실에 간 사이에 파트릭은 그 돈을 훔쳤을 뿐 아니라, 책을 제자리에 도로 갖다 놓지도 않았다. 그 역시 자기가 왜 그처럼 뻔하게 들킬 일을 하고 말았는지 혼란스러웠다. 이후로 두 아이의 부모들은 더 이상 만나지 않게 되었고, 파트릭은 둘도 없는 친구를 잃고 말았다. 그는 자신도 모르게 저지른 그 일이 이처럼 무거운 결과를 가져올 것이라곤 상상도 하지 못했다.

절도를 한 아이의 부모들이 갖는 당혹감은 그 일이 가족들 사이에서 이루어졌을 때 절정에 달한다. 즉각적으로 그 일을 징계할 경우에 사실 문제는 더 커지기 마련이다. 그런데 이런 절도의 특징은 애정의 문제와 관련이 있다는 점이다. 우선 아이는 물건을 훔침으로써 자기 스스로에게 선물을 하는 것처럼 보인다. 부모는 자기들이 준 적이 없고, 아이도 갖고 싶다고 말한 적이 없는 물건을 아이가 갖고 있음을

보게 된다. 그래서 이런 병리적인 절도는 부모를 이해할 수 없는 욕망의 수수께끼 앞에 서게 만든다. 분명하게 부모에게 사달라고 한 적이 없는 물건을 아이가 원했고, 또 갖고 있기 때문이다. 게다가 아이는 그것을 갖기 위해 무슨 일이든 하겠다는 식의 태도도 보이지 않고, 또 자신이 훔쳐 갔다는 사실을 눈치채지 못하도록 조심하지도 않는다. 그리고 마치 꿈속에서처럼, 더 정확히 표현하면 몽유병자처럼 행동한다. 왜냐하면 '자신도 왜 그랬는지 모르고' 게다가 어떤 결과가 올지에 대해서도 생각지 않고 저지른 일일 뿐더러, 훔치는 물건도 그리 가치 있는 것이 아니고 때로는 전혀 쓸모없는 것도 있기 때문이다.

이 모든 것을 부모의 반응과 관련시켜 볼 수 있다.

– 내게 이런 짓을 하다니, 믿을 수가 없어!

이 문장은 아이의 절도 행위가 어른들, 특히 어머니와 맺고 있는 끈의 성질을 목표로 삼고 있다는 표시이다. 그렇다면 내가 내 아이에게 주었다고 믿는 그 사랑이 아이에겐 없다는 말일까? 아이가 내게 아픔을 주고, 내게 벌을 주고, 내가 자기를 사랑하지 못하게 막고 있다는 것일까(아마도)? 말하자면 아이는 그 사랑, 곧 부모의 사랑의 **성격**을, 또 **강도**를 시험해 보고 있는 것이다. 더욱이 이런 시험은 결핍의 표시로 행해진다. 즉 절도한 물건은 아이에게 결핍되었을 수 있는 어떤 것을 채우기 위한 것이다. 한마디로 이런 절도는 요구인 동시에 거부이다. 부모에게 표현한 사랑의 요구이자 부모가 주는 사랑에 대한 거부인 것이다. 말이 안 되는 소리 같지만 사실이다. 우리는 이 말

이 어째서 부모를 절망스럽게 만드는지 이해할 수 있을 것이다. 또한 심리학자들이 법학자들의 말을 빌려서 "가정 안에서의 절도 행위라는 것은 없으며, 그것은 일반 절도와는 성격이 다른 것이기 때문에 다른 용어로 지칭해야 한다"고 주장하는 까닭도 이해할 수 있다.

– 다른 사람도 아닌 내 자식이 이런 짓을 하다니, 참을 수가 없어!

이 문장은 절도로 인해 아이와 부모의 관계가 붕괴되었음을 보여주는 표시이다. "아이가 절도를 했다면, 그는 더 이상 내 자식이 아니다"라는 부인(否認)은 자기 자신에 대한 부인이기도 하다. 그것은 또한 이런 말일 수도 있다. 즉 "내 아이는 내 사랑을 부인함으로써 나를 더 이상 부모로 인정하지 않는 것이다." 아이가 절도를 통해 스스로를 징계하는 이유가 여기에 있다. 아이들이 이렇게 절도를 하는 것은, 부모의 관심을 끌기 위해서라면 무슨 짓이든지 하고 싶고, 또한 자신이 부모의 애정을 잃을까 봐 두렵기 때문이다.

– 어째서 이렇게 된 것일까? 내 집안에 흐르고 있던 어떤 나쁜 피가 다시 나타난 것일까?

이런 모순에 사로잡혀 고민하는 부모들은 이제 속죄양을 찾으려고 한다. 속죄양은 흔히 자기 가족이며, 주로 배우자의 가족이다. 그래서 부모들은 혈통을 놓고 서로 티격태격하게 된다. 그러나 이 논쟁은 오래 가지 않는다. 아이는 두 사람의 결합으로 생긴 결과이며, 아이

가 보여 주는 이런 징후는 두 사람 모두의 몫이기 때문이다. 그들은 마치 유산을 받아들이듯 그 징후를 받아들여야 하며, 마치 이제껏 감춰져 있다가 갑자기 후손에게서 요란하게 나타난 자신의 일부를 받아들이지 않을 수 없듯 그것을 인정해야 한다.

– 내가 무엇을 잘못 가르친 것일까?

이 최후의 탄식어린 문장은 죄책감의 의미를 거의 뒤집어 버린다. 이제 죄를 지은 것은 더 이상 아이가 아니고, 부모 자신에게서 잘못을 찾고 있다. 그러나 아이의 절도 행위 자체는 벌을 주지 않으면 안 된다. 그렇지 않으면 절도 행위는 아무 의미가 없고, 그 행위가 촉발하는 가치도 잃게 된다. 그러나 이 책은 여기서 조금 더 깊이 들어가길 원하는 부모들에게 도움이 되길 원하므로 **징벌**의 차원을 넘어서도록 해보자. 물질적으로도 정서적으로도 아무 **부족함**이 없는 가정에서 이런 절도 행위가 의외로 나타난다. 부족하기는커녕 부모가 아이를 위해서 **모든 것**을 다 해주는데도.

파트릭의 가정에서처럼 조엘의 가정에서도 어머니는 아들과 지나치게 밀접한 관계를 갖고 있다. 필자는 어머니들에게 죄를 물으려는 생각은 조금도 없다. 하지만 그것은 사실이다. 한마디로 말하자면 **이런 일이 일어나는 것은 마치** 무의식적으로 아이가 어머니와의 지나치게 밀접한 관계를 깨뜨릴 방법을 찾기 위함인 것처럼 보인다. "난 사랑이 필요해. 아니, 더 정확히 말하면 난 내가 당연히 받아야 할 사랑을 요구하지만(또 받고 있지만), 날 숨 막히게 만드는 사랑만은 거

부하고 싶어." 아이는 단지 이런 생각을 말로 표현할 수가 없어서, 수수께끼처럼 보이는 행동으로 나타내는 것이다. 아이는 아마도 징계받기를 원할 것이다. 왜냐하면 자신이 당연하다는 듯 마음대로 요구하던 어머니의 사랑을 거부한 것에 대해서 죄의식을 느끼기 때문이다. 아이 스스로 요구한 징계를 넘어서 한번 더 수면 위로 떠오르는 것은 교육상의 잘못인데, 이것이 아이를 괴롭힌다. 자신과 어머니 사이의 관계를 아이 자신이 깨뜨려야 하기 때문이다. 그것은 어머니가 혼자서 할 수 있는 것도 아니고, 그렇다고 남편과 함께할 수 있는 것도 아니다. 사실 이 사랑, 즉 지나치게 강하긴 하지만 아이의 생이 시작되는 순간부터 필요해서 그에게 쏟아부어졌던 어머니의 사랑은 어머니도, 아이도 거부할 수 없는 것이다.

반대로 아이의 무의식적인 저항이 아버지에게 표현될 때는 주로 아버지에 대한 도전이다. 이때 아버지가 반응을 보이지 않으면 아이는 도전장을 더 높이 던질 것이다.

거짓말

처벌을 요구하면서 말없이 부모의 반응을 기대하는 또 하나의 태도가 있다. 바로 거짓말이다. 거짓말에는 그 유형이 하도 많아서 일일이 거론하기 곤란할 지경이다. 이미 어른들은 그 문제에 가장 엄격한 사람들조차도 사회 속에서 살아가려면 때로 어쩔 수 없이 거짓말을 해야 할 때도 있다는 것을 이해한다. 처세를 위한 일반 규칙이 되

어 버린 '함구에 의한 거짓말'은 말할 것도 없으려니와, 반드시 말을 하지 않으면 안 될 때에 하게 되는 예의상의 거짓말은 필요한 것이기도 하다. **역으로,** 모든 것을 다 말하려고 할 때 일어날 수 있는 큰 피해들을 생각해 보라. 그런 태도는 자살 행위일 수도 있고, 살인 행위일 수도 있다. 모든 위험을 감수하면서 그런 의지를 발휘하려는 어른이 있다면 광인 취급을 받게 될 것이다. 그러나 반대로 천진하게 자신의 생각을 그대로 드러내는 것이 어린아이들의 특성이다.

5세 소년 **아드리앵**의 아버지는 처음으로 아들을 사무실로 데리고 갔다. 동료 여직원들은 상냥하고 착한 이 귀여운 소년을 보고 모두 탄성을 터뜨렸다. 누군가가 아이에게 볼펜을 주자, 아이는 그림을 그리기 시작했다. "뭘 그린 거니?" 하고 할머니뻘 되는 여직원이 물었다. 아드리앵은 "나는 울고 있는 부인을 그려요"라고 대답했다. 그리 아무 생각 없이 불쑥 이렇게 덧붙였다. "오늘 아침에 우리 아빠가 엄마를 울게 했어요!" 당황한 아버지는 어떻게 해야 좋을지 몰라 쩔쩔맸다. "얘가 생사람 잡겠네!"라고 아버지가 말하자, 아드리앵은 자기가 무엇을 잘못한 것인지 몰라 어리둥절했다. 항상 진실만을 이야기해야 한다고 배우지 않았던가?

이 짤막한 에피소드는 진실을 말하는 것이 (반드시) 좋지만은 않다는 사실을 아이가 금방 배우게 됨을 보여 준다. 사람들에게 사랑받는 것까지는 아니어도 적어도 수용되길 바란다면 자신이 하는 말을 되돌아보는 것이 좋다. 이 아이는 4,5년 후에는 자신이 진실을 말해서

엉뚱한 상황을 만들 경우 더 이상 사람들이 웃지 않을 것임을 깨닫게 되리라. 앞의 경우는 그런 것을 배워 나가는 훈련의 시기에 해당된다. 모든 훈련 시기가 다 그렇듯이, 이 기간은 때로 고통스럽기도 하지만 꼭 필요한 기간이다. 위대한 심리학자 지크문트 프로이트는 이 시기를 **잠재기**라고 불렀다. 그는 5장에서 이야기했던 유아 성욕이 이 무렵에 끝난다고 주장했다. 그러나 유명한 프랑스의 정신분석학자 자크 라캉은 이 주장을 반박했다. 그는 말하기를, 아이의 욕구가 가라앉은 것처럼 보이는 까닭은 조용하게 지내기 위해서는 말하지 않아야 되는 것도 있다는 사실을 아이가 깨닫기 시작했기 때문이라고 했다. 그 잠잠함은 사춘기에 접어들면서 깨진다. 그리고 부모에게보다는 친구에게 말하기를 더 좋아한다. 부모는 자신의 사춘기 시절을 돌아볼 때, 부모에게 모두 다 말할 필요가 없음을 잘 알고 있다.

어떤 아이들은 어머니에게 모든 것을 다 말하고 싶어한다. 그들은 어머니에게 숨기는 것이 전혀 없어서, 의사가 그들의 이야기를 따로 조용히 들으려고 하면 그럴 필요 없다고 항변할 정도이다. 그들은 아무것도 감추는 것이 없고, 모두 말하고 나서도 조금도 후회하지 않는다. 역설적이지만, 문제가 있는 아이들은 바로 이런 아이들인 것 같다. 물론 어머니에게 숨길 것이 없다는 주장은 한편 흐뭇하기도 할 뿐더러, 솔직히 말해 비난할 수도 없다. 하지만 설령 '정상적'인 아이가 자신이 완전히 독립된 존재임을 알고 있고, 어머니에 대한 관심도 일시적인 것에 불과함을 알고 있다 할지라도 이렇게 투명성을 요구한다는 것은 좀 의심해 볼 여지가 있다.

부모들의 경우는 교육적인 의무 때문에 아이에게 **모든 것**을 말하

지 않고, 심지어 어떤 것들은 감추거나, 혹은 형태를 바꾸어서 말하지 않으면 안 된다. 자녀를 자신의 속내를 털어놓을 대화 상대자로 여겨서 아이에게 아무것도 감추지 않겠다는 핑계로 자신의 내밀한 삶, 심지어 성적인 부분까지 이야기하는 부모에 대해서는 어떻게 생각해야 할까? 이런 부모들은 자녀에게 정신분석가의 역할을 부여한다. 그들은 불안하기 때문에 자신의 손이 닿는 첫번째 상대자, 곧 자녀에게 그 불안을 쏟아 놓는 것이다. 이런 사람들은 전문가를 찾아가 말하는 것이 좋다. 왜냐하면 불안이 담긴 이야기는 대화 상대자에게까지 그 불안을 전달시키기 때문이다.

"말하는 것은 정신 건강에 좋다"는 표현이 어떤 의미를 갖는다면, 바로 이런 뜻이다. 즉 누군가에게 말을 하면, 자신이 말한 내용을 객관적으로 생각하게 되고, 그 말 속에 숨겨진 불안의 요소들을 털어낼 수 있다는 것이다. 정신과 의사가 환자의 이야기를 들을 자격을 갖추기 전에 먼저 자신이 정신과 치료를 받는 것은 이 때문이다. 정신과 의사나 심리치료사가 먼저 자신의 정신분석을 받으면 자신을 충분히 이해하게 되고, 그렇게 되면 환자의 말로 인해 불안해지는 일은 없다.

자신에게 정신분석이 필요하다는 사실을 모르는 사람들은 자기의 말을 들어 주는 사람에게 말하고 싶어한다. 그들이 누군가에게 말을 하고 싶어하는 것만큼이나 누군가의 말을 들어 주고 싶어하는 다정

한 마음을 가진 사람들을 우연히 만나는 수가 있다. 하지만 이처럼 은폐된 심리 치료에서 희생자가 되는 것은 대개의 경우 자녀들이다.

아이와 마찬가지로 어른들도 무엇이든 다 말하는 것이 위험한 일임을 알게 되면, 또 아이가 입 다무는 법을 배워 가는 훈련에 대해 설명을 듣고 보면 우리는 거짓말을 피하게 될 것이다. 그 점을 생각해 볼 때, 거짓말은 대개 아이가 입 다물고 있는 것을 견디지 못해서 아이에게 말하길 강요하며 참호 속으로 밀어넣는 어른들 때문에 야기된다. 그런데 만일 아이에게 침묵을 지킬 권리를 남겨 준다면 아이가 거짓말하는 것을 피하게 해줄 수 있다. 하지만 어른들은 여전히 침묵이 거짓말보다 더 나쁘다는 생각을 갖고 있음이 분명하다. 그래서 아이는 때로 엄밀한 취조받기를 피하고 평화를 누리기 위해서 말을 지어내도록 강요당한다. 우리는 어린이가 하는 거짓말은 전혀 무용하다는 것을 잘 안다. 늦든 빠르든, 결국 진실이 밝혀지게 마련이니까. 그렇다면 아이들의 거짓말은 어디에 사용된단 말일까? 아마도 시간을 버는 데 사용되는 것 같다.

학교 성적에 관한 거짓말도 이와 같다. 무언의 거짓말, 고의적인 거짓말, 심지어 성적표 위조나 우편물 도둑질, 이 모든 것은 언젠가는 밝혀지게 되어 있고, 아이도 그 사실을 잘 알고 있다. 아이가 거짓말을 한다면, 이는 일종의 마술 같은 거짓말을 통해 자신에게 닥칠 운명을 잠시 피하기 위해서인데, 이런 행동은 결국 눈앞에 있는 현실을 인정하지 않는 것이다.

부모는 아이들의 거짓말을 참아내지 못한다. 심지어 자신이 거짓말을 촉발했을 때조차도 부모는 그것을 상처로 느낀다. 거짓말은 부

모 스스로 만든 자기의 권위의 이미지를 되돌아보게 하기 때문이다. 부모는 아이를 향한 자신의 사랑에서 상처를 입는다. 그런데 절도 행위가 그랬듯이, 거짓말 역시 부모와 자녀의 관계를 다시 생각하게 만든다. 거짓말은 때로 부모와 아이 사이에 놓여 있는, 때로 부서지기 쉬운 경계선이다. 그러나 그 경계선은 당사자를 해할 위험이 있을 때는 부서뜨려야 할 방책이다.

13세인 **로랑**은 몇 주 전부터 거의 매일 아침마다 복통을 호소한다. 의사는 처음엔 만성맹장염이라고 생각했다. 구토를 동반한 복통이었기 때문이다. 그러나 열은 없었고, 피검사도 정상이었다. 그래서 의사는 결장에 염증이 났다고 보고, 엑스레이를 찍게 했다. 그러나 결과는 음성이었다. 그런데 그 복통이 바캉스 동안에 마치 마술처럼 사라져 버렸다. 그래서 의사는 다시 심리적 원인을 생각하게 되었다. 로랑의 부모는 그것을 어떻게 생각해야 좋을지 알 길이 없었다. 로랑은 공부를 열심히 하는 아이였고, 누나와도 사이가 좋았으며, 친구도 많았다. 부모는 부드럽게 질문하여 아이를 안심시키면서, 정신과 의사인 아이의 대부와 이야기를 나눠 보는 게 어떻겠느냐고 제안했다. 로랑은 상냥하게 웃으면서 자기에겐 아무 문제 없다고 자신 있게 말했다. 하지만 로랑과 가장 친한 친구도 로랑의 불안을 느끼고 있었다. 로랑이 예전과 달리 몸을 사리고, 때로는 영화 보러 가자는 것도 거절하며, 가끔 멍한 표정을 짓고 있다는 것이었다. 게다가 얼마 전부터 로랑은 잠도 잘 못 잤다. 로랑이 욕실의 구급약장에서 수면제를 꺼내 먹는 모습을 어머니가 우연히 보고 깜짝 놀란 적도 있었다. 부모는 사춘기와 관련

된 우울증 초기가 아닌가 싶어서 걱정하였지만 로랑은 여전히 상담을 거부했다. 어느 날 아침 로랑의 어머니는 시장을 가기 전에, 남편이 주고 간 수표를 찾다가 끝내 찾지 못했다. 그러고 보니 언제부터인가 분명히 지갑 속에 넣었다고 생각했던 것보다 늘 돈의 액수가 조금씩 적었다는 것을 기억했다. 그녀는 그 사실을 남편에게 이야기했다. 부부는 처음엔 착각이겠거니 했지만, 어느 정도 시간이 지나자 확실히 돈이 없어지고 있음을 깨달았다. 집 안에서 돈이 없어진다면 그 돈을 가져갈 수 있는 사람은 로랑밖에는 없었다. 하지만 그 아이처럼 품행이 단정하고 착한 아이가 그런 짓을 한다는 것은 도저히 믿어지지 않는 일이었다. 부부는 반신반의하다가 어느 날 저녁 아들을 조용히 불렀다. 그리고는 자신들이 염려하는 것을 아들에게 이야기했다. 로랑이 모든 사실을 부인하면서 방을 나가려고 하자, 아버지는 언성을 높여 그를 붙잡았다. 그제야 로랑은 눈물을 펑펑 쏟으면서 모든 것을 고백했다. 몇 달 전, 로랑은 학교 가는 길에 몇 명의 소년들이 말을 걸어오자 불행하게도 그들에게 대답을 했다가 갖고 있던 돈을 모두 빼앗겼다. 처음에 로랑은 그 아이들을 별로 경계하지 않았다. 오히려 자신이 그들의 관심을 끌었다는 데 우쭐해져서, 그들이 내미는 담배까지 받아서 피울 정도였다. 그러다 금지된 것에 유혹을 느껴 그들과 함께 대마초까지 피우기에 이르렀다. 악몽은 그 순간부터 시작되었다. 소년들이 그 사실을 위협하면서 매주 그에게 돈을 요구한 것이다. 한편으로는 부모에게 고백해야 한다는 생각에 속을 끓이고, 다른 한편으로는 자신을 괴롭히는 이들의 협박에 시달려야 했던 로랑은 지옥의 늪 속에 자신을 가두게 되었다. 물론 부모는 아들의 이야기에 마음 아파하면서 그를

용서해 주었다. 그리고는 왜 부모를 믿고 처음부터 고민을 털어놓지 않았는지 물었다. 로랑은 자신이 빠져들었던 잘못된 길에서 스스로 빠져나오고 싶었고, 무엇보다도 부모님을 걱정시킬 것이 두려웠다고 대답했다.

거짓말은 일방적으로 이루어지는 것이 아니다. **부모를 보호하고 싶다든지, 심지어 그들을 지키고 싶다는 생각은 우리의 생각과는 달리그리 드문 것이 아니다.**

줄리는 홀로 자기를 키워낸 어머니와 밀착되어 있는 소녀이다. 그녀는 재혼한 아버지 집에 가는 것을 별로 좋아하지 않는다. 새어머니가 싫기 때문인데, 새어머니 역시 줄리를 그리 달가워하지 않는다. 줄리는 아버지가 더 이상 자기를 사랑하지 않는 것 같아서, 사람들이 그녀에게 아버지에 대한 이야기를 할 때면 자신도 모르게 눈물을 흘리곤한다. 그녀는 아버지가 왜 자기 어머니보다 그 여자를 더 좋아하는지이해할 수가 없다. 아버지 집에 가면, 그녀는 자기 어머니가 새 남자친구와 자주 데이트를 즐기며, 그 남자 친구가 부자인데다 관대해서어머니가 호화로운 여행을 자주 한다고 이야기하여 새어머니가 질투하도록 만든다. 그러나 실은 줄리 어머니의 현실은 사뭇 달랐다. 우울감에 빠져 있는데다가 문제의 남자 친구는 유부남이었던 것이다.

이런 경우에는 거짓말에 대한 처벌을 내리기가 쉽지 않다. 거짓말은 허구란 말과 비슷하다. 허구란 한마디로 '없는 이야기를 지어내

는' 것인데, 우리는 그 필요성을 이해한다. 부모도 이와 비슷한 필요성 때문에 거짓말을 하는 경우가 있다.

예를 들면 자녀를 정신과 의사에게 상담받게 하고 싶었던 부모들이 있다. 부모는 아이에게 그 이유를 말해 줄 수 없어서, 부모를 따라오게 하려고 말을 지어낸다. 어떤 청소년은 부모가 자신에게 진로 테스트를 받는다고 했다 하며, 또 어떤 아이는 예방 접종을 위해 병원에 가는 것이라고 들었다 한다. 아이들은 결국 정신과 의사를 만나고 나면 상황을 알고 나서 때로 웃기도 한다. 그래서 부모의 거짓말은 말하자면 막후공작과 같은 것이지만, 여기에는 자녀를 돕겠다는 순진한 소망이 묻어난다. 아주 재미있는 점은 아이가 부모의 그런 공작에 속지 않는다는 것이다. 아이들이 알면서도 순순히 속아 주는 태도는, 나쁘다기보다는 유치하다고 할 수 있을 부모의 거짓된 태도와는 사뭇 다르다. 소아정신과 의사에게 상담하기로 한 어떤 부모는 진료실 간호사의 말을 슬쩍 빌려서 이렇게 말한다. "의사 선생님이 우리 아이의 생각을 들어 봐야 하니까 부모인 나는 좀 나가 있으라고 간호사가 말씀하시던데, 그게 말이 되는 소린가요?" 아이만 남겨두기를 싫어하는 것은 아이에게서 어떤 진실이 나오게 될지 껄끄럽기 때문이다. 심리치료사에게 상담을 하고 나서 친구에게 이렇게 말하는 사람들도 있다. "아주 좋았어. 그 의사, 사람이 참 좋더군. 그런데 책상 위에 프로이트 책이 달랑 한 권만 놓여 있는 것을 보니 왠지 좀 불안한 기분이 들더군." 의사 앞에서 진실을 말하기가 두렵기 때문에 진실을 말하지 않아도 좋을 핑계를 먼저 대보는 것이다. 이런 말을 하는 이유는, 아이들이 정신과 의사 앞

에서 부모보다 덜 어색해할 뿐 아니라, 부모들처럼 일부러 감추는 것도 없다는 이야기를 하고 싶어서이다. 그만큼 부모들은 자신의 불안에 대해 초조해한다. "우리 아빠 엄마는 나를 정신과 의사에게 데리고 오는 걸 왜 숨겼는지 모르겠어요. 내 친구들도 모두 오는데 말이에요!"

그러나 나는 독자들이 마치 내가 거짓말하는 자녀와 부모를 당장 돌려보내기라도 하는 사람처럼 생각하지 않길 바란다. 물론 거짓말은 징계를 받아야 한다. 하지만 어떤 가정에서는 거짓말이란 것이 존재하지 않는 반면, 어떤 가정에서는 거짓말이 매우 흔하게 통용되고 있음을 알 필요가 있다. 앞에서 보았지만, 부모가 그들이 바라는 결과를 얻기 위해 정반대의 것을 아이에게 요구했던 사례도 있었다. 평소에 아이가 늘 부모의 말에 반대되는 행동을 했기 때문이다! 거짓말은 결코 부추겨져서는 안 되며, 이 점에 있어서는 부모가 본을 보일 필요가 있다!

내가 말하는 것은 실천하되, 내가 하는 대로 따라 하지는 마라

파트릭의 아버지와 조엘의 아버지, 두 사람 모두 이상할 정도로 관대한 이유를 내게 고백했다(7장). 두 사람 다 자녀와 똑같은 행동을 했던 과거를 갖고 있기 때문에(자녀들은 그 사실을 모른다) 자녀를 징벌하려 할 때 거북스러웠던 것이다. 그들이 자녀들의 심각한 잘못 때문에 떠밀리다시피 해서 징벌할 때, 그들은 결국 자기와의 싸움을 하는 것이나 마찬가지였다. 그런 의미에서 그들의 반응을 이해할 필요가 있다.

파트릭은 아버지가 손에 회초리를 들고 방으로 들어오자, 자신의 행동이 한계선을 넘어섰음을 알았다. 물론 아버지는 예전에 절대 잊지 못할 사건 때문에 꼭 한 번 매를 들었을 뿐이지만, 그때의 징벌이 본보기가 되었던 것이다. 아버지는 본래 무서운 성격이 아니었지만, 그날은 평소보다 강경했다. 그는 파트릭의 어떤 행동 앞에서는 그야말로 **극도로 흥분**했다. 이는 모든 것을 부수고 싶었던 욕구를 억제하려고 그가 여지껏 기울여 왔던 엄청난 노력에 따른 것이다. 아들 파트릭이 보여준 것은 그 자신의 이미지, 혹은 그가 부인하고 싶은 이미지였기에 그는 그것을 참을 수 없었다. 파트릭은 이런 전후 상황을 알 리 없지만, 그럼에도 불구하고 아버지를 이해했고 아버지가 옳다고 생각했다. 자녀들에게서 흔히 볼 수 있는 이런 반응은 이 소년이 왜 그런 행동을 했는지를 이해하기 위한 심리치료사의 작업을 더욱 어렵게 만든다.

아버지가 자기 나이였을 때 했던 행동을 사춘기 소년이 자신도 모르게 되풀이하고 있기 때문에, 아버지는 아들이 미처 의식하지 못하는 것을 의식한다. 그래서 아버지에게서 관용과 격분이 뒤섞여 나타나고 있는 것이다. 이런 아버지들이 아들에게 내세우는 구호는 다음과 같다. "지금의 나처럼만 되어라. 내가 예전에 했던 것만은 하면 안 된다." 게다가 그들은 자녀가 자기 말에 순종하지 않을까 봐 두려

워서, 자신이 청소년 때 했던 행동들을 감추려고 한다. 그것을 알고 있는 아내들은 남편이 아이를 엄하게 다룰 권리를 인정하지 않는 경우가 흔하다. 아니면 남편의 격렬한 반응을 무서워하는 것처럼 연극을 한다. 이런 전체적인 상황은 어머니와 아들이 한 팀을 이루어 아버지 모르게 은밀한 의견의 일치를 보도록 몰고 가며, 아버지는 이런 사실에 대해 전혀 모른다. 권위는 사실 어머니로부터 오는데도, 어머니는 곤란한 점들을 피하기 위해서 사춘기 아들과의 대립을 아버지에게로 살짝 미루고 있다. 이런 구도는 조심하지 않으면 아이를 범죄에 이르게 할 수도 있다. 범죄는 훗날 남자로 성장하게 될 아이가 '어머니의 법'을 벗어나 외부의 법, 곧 사회의 법과 대결할 수 있는 유일한 방법이기 때문이다.

  이때 아이 안에서 자신의 모습을 보면서 아이의 눈에 존경스럽게 비치려고 애쓰는 아버지의 태도는 죄책감이라고 설명할 수 있다. 죄책감이 아버지로 하여금 아이를 벌주지 못하게 방해하는 것이다. 하지만 이런 겉모습도 아버지의 실패가 모든 가족의 눈에 환히 드러나고 있는 경우엔 유지되기 어렵다. 그의 열등감은 불행하게도 가족이나 사회로부터 그가 환영받지 못한다는 사실을 확인시켜 줄 뿐이다. 심지어 환영받지 못하는 상황이 우연한 것일 때조차 그렇다. 그런데다 오늘날에는 실직이란 것이 이미 추락할 대로 추락한 아버지의 이미지를 더욱 훼손시키는 데 공헌하고 있다. 우리는 지크문트 프로이트의 아버지가 받았던 모욕을 기억한다. 그는 자신이 어렸을 때 모욕당한 이야기를 아들에게 했다. 어떤 개신교도가 유대인인 자기에게 보도에서 내려서라고 말하면서, 그의 모자를 벗겨 땅바닥에 내던졌

다는 것이다. 프로이트는 그날 이후로 아버지에 대한 존경심이 상당 부분 무너지는 것을 경험했다고 한다. 좀더 운문적으로 이야기한다 면, 만일 아버지가 아들과 함께 저지른 평범한 규칙 위반 때문에 경찰에 체포되기라도 한다면, 아버지라는 존재를 둘러싸고 있던 아우라(후광)가 약해지는 것이다. 오늘날 아버지가 가정에서 갖는 권위는 그가 사회적으로 얼마나 영향력을 미치는 존재이냐에 달려 있는 것 같다. 이것은 아이에게 아버지의 교육법을 초라한 것으로 여기게 만들 위험이 있다. 하지만 이런 생각에 저항하는 아버지들이 있으며, 심지어 아이들 중에도 있다.

14세인 **다미앵**은 학교 성적이 한참 떨어지는 아이이다. 그의 부모는 사이가 좋지 않고, 더욱이 아버지는 실직자이다. 어머니는 자신 소유의 상점에서 다시 지배인 일을 하기로 결심했다. 그녀는 때로 말다툼 끝에 남편이 자신에게 '얹혀서 산다'고 비난하기도 한다. 남편은 필요할 때면 아들을 돌보기 위해 그 곁에서 시간을 보내며, 주말에는 곧잘 낚시에 데리고 간다. 다미앵의 성적이 나쁜 것은 아버지에 대한 무언의 지지와 관련이 있는 것 같다. 즉 성적표를 통해서 어머니에게 이런 말을 하고 있는 것처럼 보인다. "엄마는 실직자를 싫어하니까, 나도 아빠처럼 실직자가 될 거야." 이런 무언의 시위는 자기가 사랑하고 찬미하는 아버지보다 더 나은 사람이 되지 않겠다는 아이의 무의식적인 의지의 표시이다.

아버지가 자기는 담배를 피우면서 자녀에게는 피우지 말라고 하는

것처럼, 자신이 지키지 않는 것을 남에게 지키게 만들기란 어려운 일이다. 이런 충고는 위험하다. 이런 태도를 담배의 차원을 넘어서서 다른 부분에까지 확장시키면 더 나쁜 결과가 일어날 수도 있다. 왜냐하면 그런 태도는 나이 차이를 무시한 것일 뿐 아니라, 교육의 원리를 짓밟는 것이기 때문이다. 만일 민주적인 평등을 앞세우는 가정이라면, 그 가정에는 더 이상 교육이 존재하지 않는다고 봐야 한다. 그런 평등은 경험도 인정하지 않고, 훈련도 인정하지 않으며, 역할 분리도 인정하지 않기 때문이다. 아들에게서 자신의 옛 모습을 보는 아버지는 자신의 과거에 대해 부끄러워해서는 안 된다. 무엇보다도 그들은 그 결점을 극복한 자들이 아닌가! 아이는 아버지의 모습에서 확신에 찬 결정을 보고, 콤플렉스가 없다고 느껴야 한다. 아버지가 회초리를 드는 행동은 이런 결정의 상징이며, 그것도 탁월한 상징이다. 실은 회초리를 들고 있는 것은 아버지가 아니다. 회초리는 하나의 상징으로서, 이미 한 개인에게 속한 것이 아니기 때문이다. 회초리는 한 인간을 넘어서는, 꼭 필요한 명령을 의미하는 것이며, 아이가 순종하는 것도 바로 그 상징이다!

8
교육적인 구속

금지시킨다는 것, 벌을 준다는 것은 다행히도 교육을 제한시키는 것이 아니다. 교육가들 중에 금지가 없는 교육을 설파했던 이들이 있다. 하지만 이제 그들은 환상에서 깨어났다. 위험을 무릅쓰고 그런 교육을 시도했던 부모들도 마찬가지이다. 왜일까? 그 대답은 한마디로 이렇게 요약할 수 있다. 즉 **금지시키지 않는 교육은 세대 차이를 부인하기 때문**이라고. 사실 금지는 어른과 아이에게서 똑같은 의미를 갖지 않는다. 어른에게 금지의 부재는 **자유**의 의미를 갖는다. 그러나 아이에게는 그저 위험 속에 방치하는 것일 뿐이다. 간디도 아이의 생명이 위험에 처해 있을 때에만은 비폭력을 고집할 수 없다고 말했다. 지금 필자는 마치 폭력과 금지가 연관성이 있는 것처럼 대조시켰는데, 이는 어른으로서 추론하고 있기 때문이다. 물론 오직 금지로만 이루어진 교육도 생각해 볼 수 있으나, 매우 난폭할 수밖에 없는 그런 교육은 《홍당무》라는 소설을 떠올리는 것만으로 충분하다. 금지는 또한 인간 형성과 발전에 공헌하는 모든 것들(한편으로는 아동 교육 및 훈련과 정보, 다른 한편으로는 육체적·지적·정서적·도덕적·정신적 발전에 참여하는 모든 것)을 아우르는 교육의 일부가 되어야 한다.

금지, 교육, 그리고 가정에서 물려받는 것

함께 지내고 말하고 사랑하는 것뿐 아니라 먹이고 입히는 것을 총망라하는 교육이라는 사명에 가장 잘 부응하는 것이 바로 가정의 분위기임은 의심의 여지가 없다. 이런 여러 가지 부분은 그 어느것도 한 가지만 뚝 떨어져 나올 수 없으며, 그 중 하나만 결핍되어도 여러 가지 부족 현상을 초래한다. 꼭 필요해서 말로 금지하는 것도 그 중 하나이며, 그것도 다른 부분들과 관련되어 있다. 아이는 주위 사람들이 주는 것들로만 자기를 형성해 가는 것이 아니라, 그들에게 **거절**당한 것들을 통해서도 자기를 세워 간다. 아이는 어떻게든 속히 어른을 흉내내려 하고, 어른처럼 되고 싶어하며, 어른이 소유한 것을 갖고 싶어한다. 그러면서 또 한편으로는 어른과 구분되려고 하고, 자신의 운명을 스스로 만들어 가고 싶어한다. 지크문트 프로이트는 인간에게 불가능한 과제들을 세 그룹으로 나눈 바 있다. 그것은 통치하는 것, 분석하는 것, 교육하는 것이다. 교육이라는 마지막 과제가 너무도 많은 **구속**을 포함하고 있기에, 만일 후손을 통해 '존속'하려는 인간의 본능이 자녀 출산에 대한 망설임을 단번에 날려 버린다는 사실을 모른다면, 아마 인간이 왜 그토록 자녀를 낳으려고 하는지 의아하게 생각할 수도 있을 것이다. 바로 그 존속의 개념을 지배하는 것은 유전자는 물론 사상 같은 것까지 물려 주는 **대물림**의 개념이다. 교육이란 바로 이 대물림의 도구이다. 어떤 가정은 이런 대물림에 온갖 노력을 쏟는데, 그 노력이 성공을 거두자면 교육에 많은 시간과 인내가 필요하다. 이런 노력은 전통주의를 고수하는 가정에서 두드러지며, 그런 가정에서는 아이들이 신앙이나 성공의 불씨를 후세에까지 물려 주도록 최선을 다한다.

자네트는 공산당원 부부의 딸이다. 자네트라는 이름도 당에 대한 충성심에서, 유명한 여성 공산당원의 이름을 따서 지었을 정도이다. 아이가 태어났을 무렵 정치적 상황은 많이 변했다. 하지만 이들 부부는 공산주의 삶이라는 이상에 여전히 충실했다. 따라서 아무리 많은 문제가 있다 하더라도, 딸을 자유주의 이상을 가진 사립학교에 입학시킨다는 것은 생각도 못해 볼 일이었다. 그것은 이들의 원칙에 어긋나는 것이다. 그래서 자네트는 친구들이 모두 바캉스를 떠날 때에도 비영리단체에서 운영하는 하기학교에 참석한다. 부모의 꿈은 그녀가 하루 빨리 청년공산당에 가입하는 것이다.

루이는 가톨릭 집안에서 태어났다. 부모는 매우 독실한 신자들이나, 여러 자녀들 가운데서 오직 루이만이 부모의 이상에 동조했다. 신앙에 대한 루이의 집착은 아주 대단해서 부모가 오히려 그 점을 불안하게 여길 정도이다. 루이는 미사 때 신부를 보조하는 복사이자, 보이 스카우트 리더였고, 성가대에 속해 있었다. 이처럼 다양한 활동을 하는 그는, 특히 할머니와 아주 사이가 좋았는데, 할머니는 집안에서 매우 중요한 인물이었다. 주교의 친구이자 종교 방송의 제작자인 이 젊고 역동적인 할머니는 때때로 자기 부모에게까지 교훈을 주는 손자 안에서 자신의 모습을 찾곤 했다.

그러나 대물림은 많은 문제를 만든다. 가정의 전통을 따르고 싶어 하지 않거나, 혹은 친자 관계를 부인하는 징후를 보여 주는 아이들도 있기 때문이다. 때로 이 두 가지 모습이 뒤섞여 나타나기도 한다. 학교 성적이나 생활 태도에 관련된 장애를 갖고 있는 아이들 중에는 가정의 이상(理想)을 따르고 싶지 않아서 이런 문제를 일으키는 아이들도 있다. 부모들이 스스로 고백하지는 않지만, 자녀의 뒤처지는 학습 문제가 실은 부모가 전해 주는 정신적 혹은 물질적 대물림으로 인한 문제 때문인 경우가 있다. 그래서 아이가 학습 태도에 문제를 갖고 있을 때는 가정에서 전하는 대물림을 무의식적으로 거부하는 경우인지, 아니면 특수한 학습 장애가 있는 것인지를 구별해야 한다. 물론이 작업은 쉽지 않다. 그리고 이때는 감춰진 부모의 바람이 자녀의 미래를 막중한 무게로 짓누르고 있기 십상이다.

집안의 고유한 전통이나 신념을 대물림해야 한다고 생각하는 부모는 집안에 흐르는 무의식의 무게만큼이나 유전자 지도에도 관심을 갖고 있지 않으면 안 된다. 설혹 부모가 의지에 따라 자신의 운명을 바꿀 수 있다는 신념을 갖고 있다 할지라도(이런 일은 드물고 독특하다), 아이들의 운명을 바꾸려고 할 때는 그 의지가 문제를 일으킬 수 있기 때문이다. 부모는 새로운 존재에 생명을 부여하는 순간부터, 자신들의 유전자만 번식시키는 것이 아니라 아직 밖으로 나타나지 않은 조상들의 잠재력까지 번식시킨다. 이는 창조의 기적이다. 창조자들의 의지를 벗어나는 창조인 셈이다. 그때부터 아이와 아이를 낳은 부모 사이에 틈이 생겨나며, 그 틈을 메우고자 애쓰는 것이 교육이다. 그러나 이 노력은 부모가 자신도 모르는 사이에 자녀에게 전한

무의식적인 대물림을 염두에 두지 않으면 안 된다. 부모인 부부는 첫 아이가 태어나자마자 부부의 서로 다른 문화를 직면하게 된다. 이때 부모는 부부 각자가 아이와 맺고 있는 이중의 친자 관계를 인정해야 한다.

8세인 **에브**는 북아프리카 카빌리아 출신으로 프랑스 국적의 변호사가 된 아버지와 유대인 어머니 사이에서 태어났다. 소녀는 여러 가지 심리 요법을 받았으며, 부모와 관계가 무척 나쁘다. 학교 생활이나 학습에 문제가 많은 그녀는 자신의 문제를 친구들의 질투 탓으로 돌리면서, 부모와의 대결 국면을 찾고 있다. 아이를 정신과 의사에게 데려온 어머니는 자신이 딸을 잘 이해한다고 믿고 있었다. 아버지는 당황한 모습이었다. 그는 딸의 문제에 협조적이긴 했지만, 이 영역에 있어서 자신의 무능을 인정했다. 만일 딸이 자기 고향인 알제리에서 카빌리아 출신의 어머니 밑에 태어났더라면, 자기 부모가 가르쳐 준 것들을 활용하여 자신이 원하는 대로 딸을 엄하게 교육시킬 수 있었으리라. 하지만 이국땅인 프랑스에서 그는 당혹스러워하고 있었다. 우선 교육에 관한 한 아내가 그보다 더 잘 알고 있으며, 더욱이 그녀는 심리학자가 아닌가. 그 다음 그는 조국에 있지 않으며, 프랑스에서의 도덕은 고향의 것과 다르다. 아, 그가 카빌리아에 있었더라면, 그의 딸은 확실히 지금과는 다르게 양육되었을 것이다. 하지만 그는 여기서는 자기 식의 교육 방식을 포기했다고 고백한다. 진정으로 원하는 것도 아니면서 가정을 떠나고 싶어하는 에브의 위기감은 부부 사이의 이런 괴리에서 비롯한다고 볼 수 있을 것이다.

설혹 어떤 특별한 가정이 있어서 부모로부터 집안의 전통이나 신앙을 대물림받는 데 아무런 문제가 없었다고 할 때, 즉 흔히 말하듯 자녀들이 부모의 발자취를 잘 따라와 주었다고 할 때도 자녀들 중 한 명만은 예외일 수가 있다. 이 예외가 세대간의 문제를 나타낼 수도 있겠지만, 그런 가설은 신중하게 내려야 한다. 우선 문제가 있더라도 의식적인 것이 아닐 뿐더러 억제하고 있는 것일 수도 있기 때문이며, 또 한편으로는 본래 이런 가설들이 추측에 의한 것이기 때문이다. 어쨌든 잘못된 대물림의 책임을 가정 교육의 질에 돌릴 수 있든 없든 간에, 일단 그것을 바로잡을 수 있는 것은 심리학자들의 판단에 달려 있다. 오늘날 교육적 관점에서 볼 때 심리학의 중요성은 확실히 부인할 수 없다. 그러나 심리학이 개입했을 때의 유익한 측면을 인정한다 해도, 심리학자의 판단 역시 잘못된 대물림과 똑같은 결함을 갖고 있다는 것도 알아야 한다. 심리학자의 판단이 그것을 받아들이는 자의 태도에 따라 뜻이 변하기 때문이다. 그리고 그것이 객관적인 태도를 취하지 않는 한(이것은 필자가 바라 마지않는 것이다), 자녀 교육에 참여하는 부모 중 한쪽에 힘을 실어 주는 논거로 이용될 위험이 있다. 심리치료사 혹은 정신과 의사의 판단이 이런 식으로 이용되는 것, 다시 말해 부모 중 한 사람의 뜻에 맞춰 목소리를 높이는 것은 교육의 영역에서는 최악의 상황이다. 예를 들어 부모가 이혼할 경우, 잘못 이해된 정신분석이 부부 중 한 명을 겨냥하는 찬반의 논쟁 역할을 할 수 있다. 이는 개인의 성장 발전을 목표로 하는 학문이 변질되어 사용된 것이다.

잘 양육된 아이

교육의 성공적인 결과란 쉽게 얻어지는 것이 아니다. 그럼에도 그처럼 어려운 것을 겉모습, 곧 예의범절이라는 것을 통해 쉽게 판단하는 것은 이상한 일이 아닐 수 없긴 하다. 하지만 이런 판단은 생각만큼 역설적인 것은 아니다.

아르튀르는 12.5세이다. 그는 음울한 청소년이 흔히 그렇듯 늘 찌푸린 표정을 하고 있다. 하지만 실제로 우울하지는 않다. 다만 모든 것에 무관심할 뿐이다. 어느것에도 의욕이 없고, 교실에서도 아무것도 하지 않는다. 그가 좋아하는 유일한 과목인 수학 시간에도 집중하지 않는다. 물론 아무것도 하고 싶지 않다는 핑계로 모든 도움조차 거부한다. 그의 부모는 이혼했다. 아버지는 자기 가족(즉 아르튀르의 친가)에 대해서 아는 것이 별로 없는데, 이는 그의 어머니가 아들을 버리고 알제리 전쟁에 참여한 남자를 따라가 버렸기 때문이다. 그러자 조부모(아르튀르의 고조부모)가 그를 데려다 키웠다. 비서인 아르튀르의 어머니는 남편의 말에 따르면 소유욕이 매우 강한 여인이다. 그녀 역시 자기 가족(아르튀르의 외가)과 만나지 않고 산다. 그녀는 자신을 실망시킨 아르튀르에게 늘 불만이다. 그녀는 자기가 원하는 것이라면 아주 작은 것까지도 아르튀르에게 알리는 반면, 아들이 원하는 것이 뭔지, 하고 싶은 것은 무엇인지에 대해서는 단 한번도 물어본 적이 없다. 아들을 위해 계획 같은 것을 세워 본 적도 없다. 아들에 대해서 자신이 아주

잘 알고 있다고 믿는 그녀는 내게 이렇게 알려 줬다. "우리 아이가 '하겠다'고 약속했다고 해도 믿으면 안 돼요. 그 아인 뭐든 끝까지 해내는 법이 없거든요." 아이는 여름이면 하기학교에 가는 것을 거부했고, 겨울이면 어머니를 따라 스키장에 가겠다고 졸랐다. 하지만 스키장에 가서도 스키는 한번도 안 타고 호텔에서 담배를 피우며 지내는 것이 고작이었다. 상담 치료를 받으러 와서도 만날 때나 헤어질 때나 인사를 하는 적이 없고, 지나가는 사람과 부딪쳐도 미안하다는 말 한마디 하지 않았다. 식사를 할 때는 마치 짐승처럼 정신없이 먹는 데만 열중했다. 그러나 그는 개학과 동시에 사랑에 빠졌다. 이후로 꿈꾸는 사람처럼 멍하니 보낼 때가 많아졌고, 자기 방에 틀어박혀서 음악만 들었다. 그에게 전화를 거는 사람은 언제나 여자 친구인 마리이다. 아르튀르는 어쩌면 마리에게 자기 감정을 표현해 보려는 시도 같은 것도 한번 안할 것이다.

아르튀르는 여러 가지 의미에서 잘못 양육되었다. 왕처럼 대접만 받는 그는 언제나 남들이 자기를 위해 모든 것을 다 해줘야 한다고 생각한다. 아마 이런 착각에서 깨어나 현실을 직시하게 되면 매우 고통스러울 것이다. 아들이 너무 쉽게만 살려고 하기 때문에, 아무 일도 못하는 무능력자가 되지 않으면, 틀림없이 범죄에 빠지게 될 거라는 생각이 강박 관념처럼 어머니를 따라다녔다.

이것은 예절 교육이 모두라고 해도 과언이 아님을 **역설적으로** 보여 주는 예이다. 그런데 겉으로 행복해 보이고, 아무 부족함이 없는

것처럼 보이는 아이들이 **예의**를 전혀 모르는 경우가 없지 않다. 이는 한마디로 부모가 가르치지 않았기 때문이다.

사춘기에 들어선 14세 미소녀 **플로랑스**는 유복하고 교양 있는 가정에서 태어났다. 하지만 이 아이의 행동거지는 그런 외적 조건과 전혀 어울리지 않는다. 그녀는 인사도 할 줄 모르고, 집에 손님이 와도 아는 체하지 않고 무시하기 일쑤이다. 이 아이는 처신을 잘못하거나, 아니면 아주 저속하게 행동한다. 이런 점이 어머니의 신경을 몹시 거슬리게 하지만, 아버지는 그런 딸의 모습을 보고 그저 웃을 뿐이다. 아버지 말에 의하면 자기는 딸을 '엄하게 가르치지' 않기로 했다고 한다. 그는 예의란 것은 위선에 불과한 것이라고 생각하고 있었다. 그가 이렇게 생각하게 된 열쇠는 아버지로부터 받은 교육에 있었다. 그의 아버지(플로랑스의 할아버지)는 군인이었는데 식탁에서는 한마디도 하지 못하게 했으며, 무슨 일이든 반드시 부모의 사전 허락을 받도록 했다. 그리고 무엇보다도 시간 약속을 중요하게 여겨서 단 1분을 늦는 것도 용서하지 않았다. 식탁에서는 항상 꼿꼿한 자세를 유지해야 했고, 먹을 때에도 반드시 입을 다물고 씹어야 했으며, 냅킨은 언제나 접시 위에 바로 놓여 있어야 했다. 청소년기의 그는 또래의 소년들이 누려야 할 모든 것을 포기했다. 차라리 주방에서 밥 먹는 것을 속 편하게 여긴 소년은 아버지에 대한 분노로 가득 차 있었다. 아내는 이렇게 자란 남편을 이해하려고 노력했다. 그리고 딸의 태도가 어머니에게 반기를 들면서 아버지와 동일시하려는 것은 아닐까 하는 생각을 하고 있다.

플로랑스의 부모는 지금 한 가지 중요한 점을 모르고 있는데, 그것은 사회에서 받는 교육과는 비교가 안 될 정도로 가정 교육이 중요하다는 사실이다. 사회는 가정이라는 제한된 사회로부터 밖으로 나왔을 때, 알고 있다면 큰 도움이 될 그런 법규들에 따라 행동하는 곳이다. 법규들 중에는 가정에서만 배울 수 있는 법규가 있다. 그리고 그것을 모르면 큰 실수를 하게 될 뿐더러 이유도 모른 채 냉대받을 위험이 있다. 게다가 그 때문에 치러야 할 대가는 그 법규를 배우기 위해 치르는 대가와 비교할 수 없도록 크다. 대중 교통 특히 전철 안에서 우아한 차림의 부모들이 아이들 문제로 공격적인 태도를 보이는 장면이라든지, 자기 자녀가 앞에 앉은 노부인의 발을 밟거나 넥타이까지 맨 남자의 양복에 아이스크림을 묻히는 모습을 보면서도 야단을 치기는커녕 웃고만 있는 장면들을 목격할 때가 드물지 않다. 자녀는 마치 부모에게 죽음도 불사하게 만드는 생명 보험 같은 존재일 수 있는가 하면, 다른 한편으로는 뜻대로 되지 않았던 부모의 운명에 대신 복수를 해주는 존재일 수도 있다. 후자와 같은 부모를 둔 자녀는 결코 행복할 수 없다. 왜냐하면 사실상 그 아이는 부모의 나르시시즘의 표현이기 때문이다. 아이는 자기가 부모에게 웃음을 주어 그들을 즐겁게 해주었다고 믿지만, 실은 부모가 아이들을 통해서 자기 운명에 대한 앙갚음을 하고 있는 것이다.

예절상의 규칙은 사회 생활에 꼭 필요한 법규에 속한다. 우리가 배워야 할 다른 많은 것들과 마찬가지로, 사회 생활에서 배워야 할 것들도 일정 나이가 되면 쉽게 배워지지 않는다는 사실을 많은 부모들이 잊고 있다. 그래서 '자녀를 예절이라는 문제로 귀찮게 하지 않겠다' 는 핑계로 예절 가르치기를 등한시한다. 그러나 사춘기 이전에 익혀 놓으면 타인을 배려하고 예절을 지키는 것, 더 나아가 봉사하는 것 등이 반사 행동처럼 몸에 배게 되는 법이다. 반대로 부모가 극단적으로 예절에 신경을 곤두세우는 것 역시 지나친 행동이다(현 시대에 너무 뒤떨어진 태도이다).

루실은 초등학교 5학년이다. 11.5세인데, 아버지가 회사를 차린 이후로 자기에게 시간을 내주지 않는다고 불평이다. 어머니는 그 말에 동의하여 대신 아이의 요구를 들어 준다. 그녀는 루실이 불만스러워하는 또 다른 이유를 알고 있다. 남편이 최근 들어 업무에 있어 큰 힘이 되어 주는 능력 있는 새 여비서에 대한 이야기밖에 하지 않기 때문이다. 루실은 아버지가 자신을 사랑한다고는 믿지만, 그러나 자기의 복장이나 말투에 대해 지적할 때를 제외하곤 자신에게 주의를 기울이지 않는다고 생각한다. 아이는 울면서 되풀이해 말했다. "난 우아한 소녀가 되어야 해요." 아버지는 두 시간에 걸쳐서 딸의 문제를 놓고 아내와 토론했다. 그리고 사실을 인정하면서 딸에게 이렇게 고백했다. "난 좋은 아빠가 아니란다." 그는 자신이 '독재적인 아빠'라고 말하면서 '다른 사람을 존중하고 자신도 존중받도록 행동해야 하며, 또한 예절이 의미하는 것도 알아야 한다'는 내용의 말을 아이에게 했다. 실은 딸을 귀여워하고 응석도 받아 줄 줄 알지만, 아내가 너무 아이 맘대로 하게 내버려둔다고 생각하고 있었던 것이다.

이 마지막 예는 자녀에게 교육적인 메시지를 전달하려면 부부의

사이가 좋아야 한다는 것을 다시 한번 강조해 준다. 그리고 부모의 가치를 가장 잘 전해 줄 수 있는 환경은 부부가 특히 잘 결속되어 있는 전통적인 환경이다. 이런 환경은 때로 이후에 맞이할 고통이라는 대가를 치르기도 한다. 이런 것을 보면 대물림은 마치 총체적인 것처럼 보인다. 자녀 교육이라는 과제는 자녀를 부모로부터 분리시켜야 할 필요성과 공존하기가 쉽지 않다. 그렇기 때문에 사춘기에는 교육과 그 교육의 상징이랄 수 있는 예절에 대해 다시 검토하게 된다.

비르질은 14세이며, 사이좋은 부모 사이에서 자랐다. 그러나 아버지는 이미 할아버지라고 해도 좋을 만한 나이에 접어든 상태였다. 그는 긴 여행을 많이 한 사람으로 멋지고 화려한 과거의 추억을 갖고 있다. 그래서 비르질의 유년 시절에는 집을 자주 비웠다. 반대로 어머니는 매우 젊다. 그녀는 언제부터인가 아들에게서 나타나는 변화에 당황하고 있다. 그녀는 조금 거리를 두고 객관적으로 보며 양보하려고 하지 않았다. 얼마 전만 해도 그녀는 비르질이 입고 있던 값비싼 티셔츠가 어디서 났는지를 알기 위해 아이를 몇 시간 동안이나 추궁했다. 비르질은 어머니의 이런 간섭을 견딜 수 없어서 집을 나가겠다고 위협했고, 어머니는 그런 아들을 전혀 간섭하지 않는 아버지를 보며 분통을 터뜨렸다. 그런데 비르질은 이상하게도 아버지 앞에서는 태도가 반듯했다. 그는 아버지를 따라 미사에도 참석하고, 함께 테니스에 대한 토론을 벌이기도 한다. 한편 그의 아버지는 많은 아버지들이 그렇듯이, 아이가 어머니에게 함부로 하는 것에 대하여 간섭하지 않고 그대로 내버려둔다. 아마도 아내와의 또 다른 갈등을 피하고 싶어서일 것이다.

예절 교육의 비밀은 부모가 자녀에게 교육하는 **방식**에 있다고 봐야 할 것이다. 그 방식은 순전히 부모의 열성처럼 보여서는 안 되고, 선택된 가치들을 받아들여서 전달하는 것이어야 한다. 특히 구속적인 면은 부모 자신이 부정적으로 체험한 것이어서는 안 된다. 그렇지 않으면 아이는 모든 것을 거부할 것이다. 구속은 사실 유익을 가져오는 것일 때에만 받아들일 수 있다. 예를 들어 부모가 예의를 순수한 구속으로만 소개한다면 자녀들은 당연히 그것을 거부한다. 마찬가지로 지나치게 드러난 부모의 욕망도 그저 자녀를 지배하려는 시도로 여겨질 뿐 순수한 뜻으로 받아들여지지 않는다. 부모가 자기의 자녀 교육이 성공하지 못할지도 모른다는 두려움 때문에 불안해서 자신의 메시지를 제대로 전달하기 힘들어하는 일이 종종 있다. 부모는 보다 자신감을 가질 필요가 있다. 아이는 매우 유연하기 때문에 자신이 사랑하는 부모 혹은 어른들을 닮고 싶어할 뿐 아니라, 부모로부터 사랑받고 있다는 확신을 얻기 위해서 어떤 구속도 받아들일 준비가 되어 있다.

잘못된 교육

잘못된 교육에 대해서 말하기란 쉽지 않다. 왜냐하면 그것은 정의 내리기 어려운 규준을 내포하고 있기 때문이다. 어쨌든 부모의 태도들 중에는 추구하는 목표와 반대로 가는 것들이 있는데, 이 자리에서 그것을 살펴보고자 한다.

뤼도빅은 얄미운 꼬마이다. 물웅덩이 속에서 뒹굴기를 좋아하는가 하면, 어른들의 말을 듣는 법이 절대로 없다. 어머니의 부름에 대답하는 법도 없다. 이런 버릇은 젖먹이 때부터 비롯했다. 어머니가 젖을 먹인 후 방을 나서면, 아이는 그 순간부터 울부짖기 시작하는 것이었다. 좀더 자라 유아원에 가서는 변덕과 심술을 있는 대로 부렸다. 그러다 보니 부모의 친구들도 질려서, 뤼도빅 가족과 함께 휴가 떠나기를 꺼렸다. 12세에 접어들면서부터는 뤼도빅에게 수면에 문제가 생겨서, 잠이 잘 들지 않아 애를 먹었다. 뿐만 아니라 모든 것이 권태로워져 울적해지는 순간도 자주 있었고, 그럴 때면 책을 집어들어도 집중이 되지 않아 무슨 내용인지 전혀 머리에 들어오지 않았다. 세 살 어린 남동생과도 문제가 있었다. 뤼도빅은 슬퍼 보였다. 그러나 주변의 누구도 그 이유를 알 수 없었고, 그 역시 불안의 근원에 대해 딱히 할 이야기가 없었다. 그런데 뤼도빅의 아버지가 자신의 자녀 교육법에 대해 이야기하는 중에 흥미로운 점 몇 가지를 듣게 되었다. 그는 아들에게서 자신과 닮은 점을 하나도 발견하지 못했다고 한다. 명석한 엔지니어인 그는 아이가 경박하고 유치하며 별로 명석하지 못하다고 생각했다. 그는 그 점을 내 앞에서 하기 어려워했다. 아들에 대해 부끄럽게 생각하고 있었기 때문이다. 그는 아이가 어리석다는 것을 아이 스스로 느끼도록, 일부러 아이의 질문에 빗나간 대답을 할 때가 가끔 있었다. 그러나 뤼도빅은 그런 함정을 느끼지 못했다. 더 나아가 아버지는 아이를 끊임없이 테스트했는데, 언제나 당하는 쪽은 아들이었다. "나는 아이의 대답이 바보 같은 대답이라고 생각되면, 그냥 넘어가질 않지요"라고 그는 덧붙였다. 그는 의식적으로 아이에게 도움을 주려 하지 않는다.

내 입장으로서는 아버지의 태도와 뤼도빅이 갖는 문제 사이에 어떤 관계가 있는지 잘 모른다. 하지만 아버지와 이야기를 나눠 본 일과, 뤼도빅이 평균 이상의 지능을 갖고 있음을 보여 준 심리 테스트에 따른 전문가의 소견이 마침내 부자 사이의 악순환을 정지시키고, 아이에게 변화를 가져다 주리라고 믿는다.

뤼도빅의 아버지는 자신도 모르게 가학적인 태도로 아이를 대했다. 후에 그는 뤼도빅이 태어났을 때 갓난아이에게 심한 질투를 느꼈음을 기억해 냈다. 출산 직후부터 아내가 오직 어머니 역할에만 충실했기 때문이다.

사실 그는 아들에 대한 자신의 태도가 석연치 않다는 것을 어렴풋이 의식하고 있었다. 그리고 아이와 이야기를 나눌 때면 늘 짜증 같은 것이 치밀어 오름을 느꼈다. 하지만 그는 그것이 어떤 거부감에 대한 무의식적인 반응일 수 있다는 것은 알지 못했다.

때때로 부모로 하여금 솔직하면서도 악의 없는 가학적 태도를 갖게 만드는 것이 **불안**일 때가 있다(뤼도빅의 아버지에게서는 이것도 나타나고 있었다).

세바스티앙(1장)의 부모는 정신과 의사의 조언을 받아들였다. 그들은 자녀를 키우기 위해 부부가 서로 의논해야 한다는 것과, 자녀에게 내린 명령이 아버지나 어머니 중 어느 한 사람으로부터만 오는 것이 아니라 두 사람의 합의를 통한 것임을 아이가 알게 해줘야 한다는 것을

이해했다. 어느 날 세바스티앙의 아버지가 내게 설명했다. "아주 잘되었어요. 우리 부부는 요즘 아이와 함께 일종의 역할놀이를 하고 있습니다." 내가 무슨 소린가 싶어서 고개를 갸웃거리자 그가 설명했다. "우리 둘 중 한 사람이 아이에게 뭔가를 명령하려고 할 때는, 그것이 아빠 엄마 두 사람이 이미 의논한 것이라는 이야기를 반드시 아이에게 해줬습니다(실제로 그렇지 않을 경우에도). 그랬더니 세바스티앙이 말을 듣더군요."

하지만 세바스티앙은 아버지가 자신에게 '허풍을 떠는 것'이라고 불평했는데, 이렇게 말하는 그의 부루퉁한 목소리에는 불안과 분노가 뒤섞여 있었다. 세바스티앙은 분리에 대한 불안으로 고통받고 있었고, 버려졌다는 생각으로 공포에 싸여 있었다. 그는 부모가 자신을 홀로, 심지어 자동차 안에 아주 잠깐 내버려두는 것조차 견딜 수 없어했다. 그래서 아버지는 세바스티앙의 반응을 보기 위해 자동차 뒤에 숨은 때도 있었다. 이런 방법으로 아들을 단련시키고자 애썼던 것이다. 왜냐하면 세바스티앙의 불안으로 인해 아버지 자신이 불안을 느꼈기 때문이다. 그는 아이가 불안하다는 사실을 이해하지 못했다. 그것은 합리적인 설명을 넘어서는 것이어서, 자기 아들이 무엇 때문에 불안을 느끼는지 궁금해했다. 그의 반응은 그 자신이 자기의 불안을 해결할 수 없는 데서 오는 것이었다. "왜 아빠는 날 겁먹게 만들까요?" 하고 세바스티앙은 물었다.

부모는 이처럼 자기의 뜻과 상관없이 자기가 자녀의 불안에 원인을 제공할 수도 있다는 점을 염두에 둘 필요가 있다. 그래서 자녀를 대할 때만큼은 자기 자신을 반드시 극복하도록 해야 한다. 그래서 아이들을 테스트하려고 애쓰기보다는, '아이에게 주사를 놓는 것이 아니라 말을 거는 의사'의 견해를 물어보는 것이 낫다. 마찬가지로 아이에게 거짓말을 하지 않는 것이 중요하다. 만일 부모가 거짓말을 했다는 사실을 이미 아이가 알고 있다면 어떻게 신뢰를 얻을 수 있겠는가? 아이는 부모가 거짓말을 했다는 사실을 반드시 알게 될 것이고, 그것은 모든 교육 과정을 역행하는 것이다. **우리는 자녀에게 모든 것을 말하지 않을 수 있고, 또 그래야만 한다. 게다가 아이의 질문에 아주 단순하게 대답할 수도 있어야 한다.** 여기서 우리는 끝없이 되풀이되는 아이의 질문들과 새로운 질문을 제기하는 대답이, 실은 아이가 부모에게 더 이상 직접적으로 던지지 않는 숨겨진 진짜 질문을 하고 있는 것임을 염두에 두어야 한다.

만일 징벌 때문에 건강하지 못한 결과가 오는 것을 피하려면, 징벌 자체가 거짓말이나 옳지 못한 계략으로 얼룩진 것이 되어서는 안 된다.

3세인 **미셸**은 참아 주기 어려운 아이이다. 엉덩이를 아무리 때려도 소용이 없고, 위협하는 것도 효과가 없다. 그래서 아버지가 꾀를 하나 낸 것이 있었다. 아버지는 아이에게 그렇게 말을 안 들으면 아주 무서운 호랑이를 불러오겠다고 엄포를 놓고서는 옆방으로 건너갔다. 그리고 마분지로 만든 호랑이 가면을 쓴 채 네 발로 기어서 돌아왔다. 가면 뒤에 아버지가 있다는 것을 눈치채지 못한 미셸은 미친 듯이 울부짖기 시작했다. 잠시 후에 진정될 수 있었던 것은, 호랑이가 마스크를 벗자

괴물 대신 웃고 있는 아버지가 눈에 들어왔기 때문이다.

이 에피소드는 권위란 것이 늘 다른 곳에서 온다는 사실을 보여 준다. 이 '다른 곳'이 어머니에게는 남편이 될 수도 있다. 여기서는 미셸의 아버지가 자신의 권위를 내세워도 소용이 없자(아들에게일까? 아내에게일까?) 아이들이 무서워하는 호랑이를 입에 올리게 되었고, 그것도 모자라 호랑이처럼 연기해야 했음을 보게 된다. 다시 한번 확인하는 것이지만, 부모가 자녀 앞에서 느끼는 무력감은 부모를 굉장히 불안하게 만든다. 특히 불안에는 전염성이 있어서 모든 가족에게 영향을 미친다. 그 사이클을 정지시키는 역할을 맡아야 될 아버지가 나서지 않는 한, 그 불안은 계속 온 가족에게 영향력을 행사할 것이다. 아버지가 자녀 문제를 객관적으로 바라볼 수 있을 때 비로소 가족이 기대하는 역할을 제대로 해내고, 가정의 문제들을 해결할 수 있다. 아버지가 그런 충분한 거리를 유지하지 못하는 것은 아이들 옆에 있는 시간이 충분하지 못해서가 아니다. 오히려 아이들 문제에 지나치게 개입하기 때문이다.

일상 생활

필자가 아버지 역할에 주목하는 것은 어쩌면 시대를 역행하는 것처럼 보일지도 모른다. 그러나 그것은 적어도 실제적인 측면에서는 사실이다. 불안은 가능한 출구가 없을 때, 혹은 가능한 출구가 **보이**

지 않을 때, 다시 말해 자신을 스스로 가두고 있을 때 우리 내부의 밑바닥에서부터 스멀스멀 올라온다. 그렇기 때문에 자녀를 키우는 데는 부모 두 사람도 결코 많은 숫자가 아니다. 부부는 각자의 판단에 따라 불안해하는 배우자를 서로 안심시킬 수 있어야 한다. 불안은 예를 들면 어떤 질병에 대한 두려움에서부터 나올 수도 있는데, 부모가 그 불안에 휩쓸려 버렸을 경우 그 불안을 없애는 것은 의사의 몫이 된다. 심리적으로 갇혀 있는 상태는 때로 타인에게도 느껴질 수 있다. 언젠가 교외의 한 병원에서 일요일 당번의 일반의로 근무하고 있을 때이다. 할머니를 포함한 온 가족이, 평범한 설사병 때문에 고통스러워 울고 있는 젖먹이의 침대 곁에 불안한 모습으로 모여 있던 모습이 기억난다. 의사의 역할은 우선 객관적인 태도를 갖는 것이므로, 때때로 객관성을 지키기 위해 주위 환경에 초연해야 할 필요가 있다. 그 다음의 역할은 권위에 있기 때문에, 일단 진단을 하고 나면 환자 가족이 그것을 받아들이도록 만들어야 한다. 그런데 이 역할이 의사의 능력 밖인 것처럼 보이는 것은, 무조건 심리 전문의에게 떠맡기는 요즘 세태 때문으로, 그런 기술이 차츰 병원에서 사라지는 경향이 있다. 소견을 의뢰받은 심리학자 역시 객관성을 지니기 위해 일정한 거리를 유지해야 함은 물론이지만, 그렇다고 '냉정한' 태도를 가져서는 안 된다.

부부 사이에도 마찬가지여서 한 사람이 그런 관찰 거리를 갖게 되면, 지나치게 밀착된 관계로 인해 생기는 불안을 배우자에게 전달해 주지 않을 수 있다. 역사적으로 볼 때 현재까지 그것은 아버지의 몫이 되어 왔다. 이유는 많다. 우선 원칙적으로 아버지는 어머니만큼 계

속적으로 자녀 옆에 있지 않기 때문에 이론적으로 좀더 멀리까지 사물을 바라볼 수 있다. 그 다음엔 긴 유년 기간 동안 육체적으로 돌봐주고, 밥을 먹이는 일에 물리적으로 덜 참여했던 만큼 필요한 거리를 유지할 수 있다. 그러나 우리가 알고 있듯이 현대에 나타난 새로운 유형의 가정에서는 이런 거리가 지켜진다고 보기 어렵다.

마지막으로 성의 차이가 남아 있다. 성의 차이란 요즘 말하는 **남성우월주의**를 되짚어 본 몇몇 페미니스트 논쟁들을 통해 복잡해진 주제인데, 요즘 미국에서 선풍적인 인기를 끌고 있는 개념이다. 그 골자는 무엇인가? 만일 성적인 구조에 의거하여 남성에게 어떤 우월권을 부여한다고 하면, 그것은 엄밀히 말해 남성우월주의의 속성이 아니다. 남성우월주의는 남성의 생식기와 관련된 것이 아니라 **상징**에 관련된 것이기 때문이다. 그런데 이와는 반대로 권력은 이제껏 남자와 동일시되어 왔다는 점에서 남근과 연결될 수 있었다. 때문에 전통적으로 남성우월주의는 페미니스트 운동에 의해 남성의 권력 탓으로 돌려졌다. 그러나 실제로 상황은 더 단순하고, 동시에 보다 복잡하다. 한편에는 성적인 차이가 있고, 다른 한편에는 부부 중 한 명이 다른 배우자에게 행사하는 지배력이 있다. 이 두 가지는 완전히 분리될 수 있으며, 또 연합될 수도 있다. 전통적으로 영향력은 상당 부분 남자 쪽에 있었고, 지금도 그렇다. 그러나 우리 시대에는 이렇게 말하기가 매우 거북스럽게 되었다. 이것이 구체적인 경우에 어떻게 일어나는지 보기로 하자.

오펠리는 18세로, 학습 장애가 있다. 왜냐하면 고3 졸업반인데, 대

학입학자격시험 준비를 다 해놓고도 시험 보기를 거부했기 때문이다. 그녀는 침대에 누워 등교를 거부했다. 시험 생각에 완전히 억눌려 있는 상태이다. 그녀는 자신을 지지해 주는 아버지와 지적으로 매우 밀착되어 있다. 아버지는 딸을 '완벽주의자'로 보고 있고, 그녀의 시험 거부나 등교 거부는 다 이런 완벽주의에서 나온 결과라고 생각한다. 어머니는 딸의 태도 때문에 초조하지만 감히 남편에게 반박하지 못한다. 가라데를 하는 오펠리는 남성적이며, 언제나 최고가 되고 싶어한다. 또 몸매 걱정을 많이 해서 거의 먹지 않는다. 사실 그녀는 불안할 정도로 말랐고, 이에 대해 부모는 서로 다르게 반응한다. 어머니가 불안해하는 데 반해, 아버지는 딸에 관한 한 완전히 눈과 귀가 멀었다고 해야 할 것 같다. 어머니는 그런 남편의 태도에 불만이다. "내가 무슨 말을 하기만 하면 아이는 쌀쌀맞게 거절을 하는데, 남편은 아이의 그런 태도에 대해 아무 말도 안해요. 반대로 딸아이가 원하는 거라면 뭐든지 다해 주죠." 오펠리는 아주 어린아이였을 때부터 자신이 사내아이이길 바랐으며, 십대로 접어들면서는 스커트를 전혀 입지 않았다.

이 소녀는 아버지와 강하게 밀착되어 있다. 그러나 아버지는 남자로서, 혹은 가정의 강력한 인물로서 느껴지지 않는다. 사실 그는 아내에게 대립하되 직접적으로 대립하지 않고, 아내가 말하는 모든 것에 딸이 반기를 들게 내버려둠으로써 딸을 통해 간접적으로 대립하고 있다. 어머니는 두 가지 역할을 모두 하지 않으면 안 된다. 이것이 오펠리의 정서적 발달에 문제를 일으키지 않을 수 없다.

프랑수아는 13세로 중학교 1학년이다. 그는 한 학기 내내 아무것도 하지 않았으며, 부모가 상담을 한 이후로는 평균 정도의 성적을 받았다. 부모는 여러 가지 위기를 한꺼번에 맞았다. 자녀들의 행복을 위해 교외에 빌라를 산 것이 빚더미 위에 올라앉는 계기가 되었고, 그 때문에 끊임없이 싸우게 되었다. 부인은 남편이 시댁의 입김에 끌려다니면서 자신에게 그의 사고 방식과 선택을 강요한다고 비난했다. 프랑수아는 아버지가 고쳐야 할 점들을 혼자 목록으로 만들어 내게 건네 주었다. 그가 보는 아버지는 식탁에서 자세가 바르지 않고, 거친 말을 사용하며, 텔레비전 앞에서 몇 시간씩 보내고, 약속을 지키지 않는 사람이다. 그 내용을 보고 있자니, 마치 어머니가 사춘기 아들에게 하는 잔소리를 듣고 있는 기분이었다. 프랑수아는 실제로 어머니가 아버지에게 하는 비난들을 그대로 적어 놓았다. 하지만 그가 어머니와 짝짜꿍이 맞는 것은, 오펠리와 그녀의 아버지의 관계와는 반대로 피상적인 것에 그치고 있었다. 게다가 프랑수아는 아버지와 대립하고 있어서, 아버지로서는 아들이 자신의 심사를 긁어서 따귀 맞을 일을 일부러 찾고 있다는 느낌이 들 정도였다. 그의 형은 이런 갈등에 끼어들지 않는다. 프랑수아는 유머 감각이 있는 아이여서, 그와 나는 희화적인 오이디푸스 콤플렉스를 발견하고는 함께 웃었다. 프랑수아에게는 확실히 이 콤플렉스가 작용하고 있다. 그는 마치 암탉을 지키려는 수탉처럼 어머니를 보호한다. 그래서 어머니조차 때로 그가 너무 지나칠 정도라고 생각한다.

내 생각에 이 두 가지 경우는, 딸이든 아들이든 자녀가 동일시해야 할 모델의 기준을 부모에게서 찾아야 할 필요성을 보여 준다. 그 모

델이 사회적 환경과 연결되어 있고 견고할 때는 아무 문제가 없다. 그런데 이 환경이 바뀌지 않는 한(다행히도 우리는 변동하는 사회 속에 있다!) 모델인 부모가 주변 세상과 잘 어울리지 못하면 아이와 청소년에게 문제를 일으키는 원인이 된다. 이런 모델이 모범의 기능을 잘 담당하지 못할 경우 특히 그렇다.

9

언제부터 '그건 안 돼' 라고
말할 것인가?

원칙이 시간을 초월하는 것이라면 '언제부터 그건 안 된다고 말해
야 할까' 라는 질문은 별 의미가 없다. '그건 안 돼' 라고 말하는 것은
언어로 하는 작업이다. 사실 우리가 보았듯이 부모에게 충분한 권위
가 있다면, 말은 거의 불필요한 중복일 뿐이다. 하지만 안 된다고 **말
로 하는** 것이 아무런 효과가 없는 경우도 있다. 특히 신체에 관한 문
제일 때 그렇다. 병적인 허기증에 걸린 젊은 아가씨는 자신에게 무엇
이 문제인지를 잘 알고 있다. 그것은 말로 '안하겠다' 고 되뇌면 되뇔
수록, '안 돼, 냉장고 문을 열지 않을 거야' 라고 생각하면 할수록, 이
'안 돼' 라는 말 속에는 피하려 해도 소용없고 결국 위반하게 만들고
마는 달콤한 유혹이 숨어 있다는 것이다. 담배를 끊으려는 자에게도
마찬가지여서, 단지 영화관에서의 금연만이 효과가 있을 뿐이다.
'안 돼' 가 신체에 현저하게 효력을 발생하는 것은 아주 어린아이일
때이다. 아기의 삶의 중요한 시기인 약 8-10개월까지 신생아는 '안
돼' 가 무슨 뜻인지를 모른다. 그리고 4개월 후인 1세부터 2세까지는
'안 돼' 라는 것에 철저하게 저항한다. 이것이 아이가 자신의 존재를

나타내는 방법이기 때문이다. 아이들이 말을 하기 시작하는 것도 바로 이 무렵이다(우연일까?).

그 이전에는 아기의 신체가 스스로 '안 돼'라고 말한다. 아마도 정신·신체상의 어떤 질병들에서 이런 현상이 나타나는 것 같다('아마도'라고 한 까닭은 이 분야에서 공식적으로 '증명'할 수 있는 것이 없기 때문이다). 반복되는 비후두염 종류의 몇몇 질환은 원인을 설명하기 힘든 심리적 배경에서 발생하는 일 같은 것은 없다. 그러나 반복적으로 나타나는 몇 가지 이염은 프랑수아즈 돌토가 선포했던 경험의 법칙에 따르는 것처럼 보인다. 그녀의 해석에 의하면, 어린이들이 귀 때문에 고통을 당하는 것은 부모가 '의견의 일치를 보지 않았기' 때문일 경우가 많다. 아닌 게 아니라 이염에 속하는 몇 가지 질환의 경우, 부부가 끊임없이 다툴 때 빈번히 발생한다는 사실이 임상학적으로 밝혀졌다. 그것은 아마 귀가 다른 감각 기관들과는 달리 스스로 닫힐 수 없고, 주변 환경을 거부할 수 없기 때문일 것이다.

아이는 점진적으로 자란다

교육은 인간의 본질적인 특징들을 고려해서 적용해야 한다.

첫번째 특징은 **아기가 너무 이르게 태어난다**는 것이다. 분명한 예를 하나 들자면, 아기는 생후 2년 정도에 이르러야 비로소 뇌조직이 완전히 성숙하고, 성인과 같은 작용을 한다. 이것은 지나치게 일찍이 엄격한 훈련을 시작해야 한다는 주장을 다시 한번 생각하게 만든다.

그러나 엄격한 훈련은 바람직하지는 않지만 언어가 숙달되기 전에도 가능하다. 그래서 예를 들면 청결 교육은 사회적 배경에 따라 매우 큰 차이가 있다.

C. 뒤부아는 알로르 섬 주민들에 대한 연구에서, 어머니들이 아기를 낳은 후 **청결 문제**에 아주 빨리 무관심해진다는 점에 주목했다. 그녀들은 아이가 걷고, 말하고, 대소변 가리는 법을 굳이 가르치려고 애쓰지 않는다. 그러나 전체적으로 볼 때 아이들은 3세 때부터 대소변을 깨끗이 가리게 되며, 자기의 대변을 갖고 노는 일도 없다. 그리고 변비 현상도 없다.

나바로 인디언 사회에서는 청결 교육을 아주 천천히 진행시킨다. 어머니는 아이가 말을 할 줄 알게 될 때 비로소 청결에 대해 설명하고 가르친다……

반대로 아미로테 섬의 마누 부족은 아이가 일찍이 대소변을 가리도록 훈련시킨다. 그리고 부끄러운 것이라고 생각하는 배설의 모든 기능을 강조하여 가르친다. 훗날 성적인 기능에 대해서도 마찬가지이다.

E. J. 안소니는 어머니의 압력이 심한가, 가벼운가, 아니면 거의 없는가에 따라 세 가지 유형의 사회로 구분하고 있다. 미국과 영국의 어머니들은 '엄격한' 범주에 속할 것이다.[1]

---

1) J. 드 아주리아게라, 《아동정신의학 개론》, 마송 출판사.

두번째 특징은 말이다. 언어는 18개월쯤에 기본적인 형태로 나타나지만, 어머니는 신생아가 태어나는 순간부터 말을 걸어 줄 필요가 있다. 그러나 다시 한번 말하지만, 말이 나타나기 **이전에** 학습이 이루어지는 경우는 잘 볼 수 없다.

학습은 어떻게 이루어질까?

학습은 선천적으로 주어진 것들이 꽃피는 **성숙**과, 후천적 습득을 가능케 해주는 **환경에 따른 활동**을 통해 이루어진다. 독자들이 알고 있듯이(요즘은 유아 연구가 유행이므로) 이 시대의 연구자들은 신생아의 능력에 관심을 갖고 있는데, 연구를 하면 할수록 이런 능력들이 오래되었음을 발견한다. 그런 능력들을 아는 것은 유용하다. 부모가 신생아를 자극하고 관찰하도록 유도하기 때문이다. 새로운 능력을 취득하는 것인 학습은 실제적·체질적으로 주어진 것들에 의존한다. 다시 말해 무엇보다도 신생아가 소위 시원적[2]인 반사 행동을 지니고 태어난다는 사실에 근거하는 것이다. 이런 반사 행동들은 파블로프의 반사 행동과는 상관없고, 그보다는 자연과학 시간에 배웠던 개구리의 넓적다리 자극과 상관이 있다. **척수에만** 연관이 있고, 피질까지는 올라오지 않는 골수의 반사 작용이다. 예를 들면 손바닥 자극은 완전히 무의지적인 **포착 능력**을 유도한다. 그런데 이 반사 작용은 조금씩 적극적인 반사 행동에 자리를 물려 주면서 사라진다.

---

2) 인격 형성의 초기 단계를 가리킨다. (역주)

　매우 공들여 이루어지는 또 다른 유형의 학습은 언어를 전혀 필요로 하지 않는다. 소위 조건 반사를 사용하는 것이다. 그 한 예가 미소이다. 신생아들에게는 잠들 무렵 입 주변을 삐죽거리는 움직임인 미소가 갑자기 나타나곤 하는데, 이는 틀림없이 내적 감각과 관련된 것이다. 그것은 생후 3주일경에 여자의 음성에 의해, 그 다음 6주경엔 인간의 얼굴에 의해 일어나는 현상이다. 좀더 후에는 어머니의 모습만 봐도 배고픔을 일시적으로 진정시킬 수 있으며, 이때부터 미소는 주고받는 관계를 분명하게 나타내는 표시가 된다.

생후 약 8개월까지의 학습은 말에 의한 것이 아니라서 금지 명령에 따를 수 없다.

　당연히 독자는 갓난아이에게 금지할 것이 뭐가 있느냐고 물을 것이다. 여기서 우리가 알아야 할 것이 있으니, 우선 젖먹이에게 금지령이 소용없다고 해서 말을 걸 필요도 없다는 뜻이 아니라는 사실이다. 오히려 처음부터 몸짓과 손짓에 말을 연결시킬 필요가 있다. 게다가 아이는 말은 이해하지 못해도 음악은 듣는다. 그 다음은 어머니가 전적으로 아이 돌보는 일에 전념하고, 또 그것이 당연시되었다고 해서 어머니가 아버지를 비롯한 타인의 도움이나 의견을 구하지 않아도 된다는 말이 아니다. 정신분석에 능통한 젊은 부부들 중에는 딸이 갓난아기 때부터, 남편이 퇴근해 돌아오면 고개를 아버지 쪽으로 돌려 주었다는 사람들도 있다. 그래도 젖먹이가 어머니에 의해 완전히 채워졌다는 기분을 느끼는 것이 이상적이다(아기의 필요가 즉각 만

족됨으로써). 또한 주변 사람들이 아이에게 부여하는 리듬, 혹은 어머니가 자신의 뜻에 상관없이 부여하는 리듬을 차츰차츰 느껴 가야 한다. **이 첫 단계에 금지 사항이 있다고 해도, 그것은 아기에게보다는 어머니를 향한 금지 사항이다.** 이때 어머니가 도움과 의견을 구하는 대상은 누구보다도 남편이며, 두 사람은 (특히 첫아이의 경우) 젖먹이의 발달 특성에 관한 모든 책들을 섭렵하는 것이 보통이다. 이 단계에서 소아과 의사들의 의견이 부모의 지식에 직접적인 영향력을 미치게 된다. 다시 반복하는 것인지 모르겠지만, 비정상적인 모자 관계는 아주 초기에 나타난 것일지라도 '세월과 함께 저절로 사라지는 것이 아님'을 잊지 말아야 한다. 또한 의사의 도움으로 이런 유형의 의문을 갖게 될 경우, 자칫 심각한 것이 될 수도 있는 자폐증을 미리 예방할 수 있다. 따라서 아버지는 아기의 발달에 관심을 가질 수 있어야 한다. 하기야 그 점에 있어서 오늘날의 아버지들은 과거와 달리 훨씬 유연해진 것이 사실이다.

'안 돼'는 출산 전부터 시작해야 한다

여기서 '안 돼'는 말하는 방식의 한 가지로, 임신하는 순간에 아버지의 자리를 축소시키는 표현이다. 분명한 것은 아버지의 자리가 다양하게 변할 수 있다는 것이다.

R양은 진짜 아마존의 여전사처럼 행동했다. 함께 사는 여자 친구가

아기를 갖고 싶다고 하자, 아기를 낳아서 그녀에게 '선물'하고 싶다는 생각에 임신을 한 것이다. 그녀는 이민자 숙소에 가서 하룻밤을 보내 임신한 뒤, 아기를 갖고 싶어했던 친구의 성을 딴 아이를 출산했다. 그러나 여자 친구는 기겁해서 도망치고 말았고, 결국 R양의 꿈은…… 깨어지고 말았다. 그녀 자신은 아이를 원하지 않았을 뿐더러, 아이도 법적으로 그녀의 아이가 아니어서 포기할 수밖에 없었다. 주위 사람들은 정신병에 걸릴 위험이 다분한 그 아기의 장래가 불안하지 않을 수 없었다. 아버지 없이 태어난, 즉 아버지가 누군지도 모르는 아기를 낳기로 결심한 여성들이 출산한 아이들의 경우가 대부분 그렇다. 이런 아이들은 성인의 나이에 이르면 정신병에 걸릴 수도 있다.

아이에게는 임신한 순간부터 서로의 욕구를 책임져 주는 두 사람의 부모가 있다는 것이 얼마나 중요한지 모른다. 부모 각자의 욕구의 미묘한 차이점은 어두운 부분을 형성하게 되는데, 부모는 그것을 잊어버리지만 자녀는 어린아이 때나 혹은 성인이 되어서도 끊임없이 그것에 대해서 의문을 갖는다. 부모가 원해서 태어난 아이인가? 이것은 수십 년 전만 해도 정신과 의사들이 늘 했던 질문이다. 이제는 의사가 묻기도 전에 부모들이 먼저 분명하게 밝힌다. 그러나 의식적으로 아이 낳을 뜻을 가졌다고 해서 그것이 곧 진실은 아니다. 오히려 무의식적인 반응들이 더 큰 의미를 지닌다. 부모가 원치 않았던 아이, 즉 피임이 잘못되어 임신했거나, 없애려고 했는데 어찌어찌해서 살아남게 된 아이들 중에도 부모의 사랑을 극진히 받고 자라는 아이들이 있다. 그런가 하면 부모의 학업이 끝날 때를 맞추어, 혹은 내

집 마련이나 대출금 상환이라는 계획에 맞추어 출산된 아이인데도 부모의 사랑을 받지 못한다고 느낄 수 있다. 또 특별히 비극적인 환경도 있을 수 있다.

아를레트는 강간당해 태어난 소녀인데, 그녀도 그 사실을 알고 있다. 어머니는 아이가 2세 무렵에 결혼을 했고, 남편은 이 아이에게 자기의 성을 붙여 주고 친딸처럼 키웠다. 아를레트가 사춘기에 들어서 눈에 띄게 학교 성적이 떨어지자, 주변 사람들은 혹시 '그녀의 비극적인 출생'으로 인한 충격의 결과는 아닐까 염려하게 되었다. 아를레트는 정신과 의사에게 자신이 안고 있는 문제를 쉽게 이야기했고, 자신이 강간에 의해 임신되었다는 것도 고백했다. 소녀는 어머니를 공격한 자들이 무거운 형량을 선고받고 아직 감옥에 있다는 사실도 알고 있다. 그러나 소녀는 그 중 누가 자신의 '아버지'인지를 모르고 있다는 점이 이상하다고 했다. 그런데 최근 텔레비전 방송에서 인공수정하는 장면을 보고 난 뒤 그녀는 이렇게 외쳤다. "아, 말하자면 난 실험관 아기나 마찬가지로구나!" 소녀는 자신이 풀 수 없다고 생각한 문제를 이런 식으로 극복할 수 있었다.

이 문제는 시험관 아기일 때도 제기된다. 생물학적으로는 아버지 없이도 임신이 가능하지만, 정의상 **두 사람**의 동의를 내포하는 이 계획에 한 사람이 미리 거부를 하고 나설 경우엔 어려운 일이기 때문이다. 사고로 인한 임신이 아닌 한, 두 사람의 동의란 것은 '기준이 되어 줄 두 사람'을 꼭 필요로 하는 아이의 교육에까지 연장된다(이는

내가 계속 되풀이하여 주장하는 것이다). **그렇기 때문에 아버지 혹은 어머니가 배우자에게 선언하는 '안 돼'는 금지 사항 자체에 대한 '안 돼'가 아니라, 상대 배우자의 권한에 선을 긋는 것이다.** 만일 페미니스트들이 비난하는 것이 전능하고 근친상간적이고 폭력적인 가부장의 권력이라면, 필자는 그들의 투쟁을 전적으로 이해한다. 그러나 근친상간의 문제들을 볼 때 어머니가 암암리에 묵인하거나, 남편이 그런 행위를 하지 못하도록 분명하게 한계선을 세우지 못한 경우가 매우 빈번하다는 사실에 주목할 필요가 있다.

배우자의 권력에 한계선을 긋는 것은 아이의 정신 건강과 교육에 매우 중요한 일이다. 이것은 부부가 매순간 논쟁을 해야 된다는 뜻이 아니다. 그와 반대로 차이를 받아들이는 두 사람 사이의 깊은 이해와 신뢰가 있어야 함을 뜻한다. 예를 들면 아버지가 내릴 벌이 두려운 아들과 어머니가 갖는 묵계는 상대적인 것이어야 하며, 두려워서 아버지에게 숨기고 있긴 하지만 실은 아버지에게 알리고 싶은 소년의 욕구를 고려할 수 있어야 한다. 또한 부모 각자는 자신의 성격과 기질에 따라 자녀를 이해하는 동시에 배우자를 염두에 둘 필요가 있다. 즉 어머니는 아버지의 권위와 분리되지 않으면서도, 벌받은 후에 어머니 뒤로 숨는 아이를 위로할 수 있어야 한다. 아이는 부모의 임무에 관해, 또 부모가 자기를 얼마나 낳고 싶었는지에 관해 부모에게 직접 대놓고 묻지는 않지만 빙 돌려서라도 늘 질문하곤 한다. 대개의 경우 가장 좋은 대답은, 어떤 설명보다도 부모로 **존재하는 그 자체**이다. 그런데 이 '존재하기'는 아이가 태어나기 전에 이미 한 남자와 한 여자가 이 땅에서 자신들의 대를 잇게 될 다른 남자와 여자에게 존재

할 자리를 만들어 주는 그 순간부터 시작한다. 프로이트는 이것을 '승화' 라고 불렀다.

출생에서 2세까지

유아의 삶의 기간을 단편적으로 떼어서 구분하기란 어려운 일이다. 따라서 발달 특성의 기준을 세우기보다는 발달 과정으로 설명하는 것으로 충분하다. 몇 개월에 어떤 특성을 보이고, 몇 살에 어떤 행동을 한다는 식의 기준은 개인차로 인한 논쟁의 여지를 낳을 수 있기 때문이다. 한 예로 5세까지 말을 못하여 부모가 이 의사 저 의사를 찾아다니며 상담 치료를 받게 했던 아이가 지금은 뛰어난 의사가 된 사례도 있다. 게다가 유아 전문의들이 제시한 발달 기간의 정보도 신빙성이 없는 경우가 많다. 위대한 미국인 정신분석가 르네 스피츠가 발견한 '8개월의 고비' 도 그 일례이다. 그의 주장에 따르면 젖먹이는 생후 8개월부터 자기와 가까운 사람에게 미소를 짓고, 울음소리로 시위를 하며, 낯선 얼굴 앞에서는 고개를 돌린다. 낯선 사람에 대한 불안은 아이가 자신과 진정한 관계를 맺고 있는 어머니를 볼 수 없을 때 느끼는 불만에 해당한다. 그러나 모든 아이들이 이 '8개월의 불안' 을 느끼는 것은 아니다(프랑수아즈 돌토는 어머니가 충분히 말을 걸어서 어머니에게 신뢰감을 갖고 있는 아이들일 경우에만 느낀다고 했다). 아무튼 젖먹이가 **금지**를 정확하게 배우기 시작하는 시기는 대략 8개월쯤이라고 볼 수 있다.

8개월 이전

 젖먹이는 이 시기 이전에도 의사소통이 가능하지만, 말의 의미는 아직 이해하지 못한다. 그렇다고 해서 아이에게 말을 걸 필요가 없다는 뜻이 아니다. 오히려 그 반대이다. 아기가 주변의 세계를 이해하고 경험과 지식 습득에 자극받도록 하기 위해서는, 아이가 어떤 것을 시도하든지 거기에 관련된 말을 걸어 주어야 한다. 이 시기에 아이는 고개를 들기 시작하고, 돌리기도 하며, 앉기도 한다. 이 시기가 끝날 무렵에는 기어다니기 시작하고, 6개월부터는 거울 속의 자기 모습을 알아본다. 어머니는 젖먹이에게 **어떤 것도 거부하지 않아야 한다.** 아기가 울면, 철학자 알랭이 말한 것처럼 제일 먼저 혹시라도 옷핀 같은 것이 아이를 찌른 것은 아닌지 살펴보아야 한다. 아기가 우는 이유는 다양하다. 기저귀가 젖었거나 설사를 했는지도 모른다. 이런 모든 요구에 응답해 줘야 하며, 다 살펴보았는데도 울 이유가 없다면 그때 비로소 아이를 안아 주거나 젖꼭지를 물려 주도록 한다. 이 시기에 어머니의 보살핌은 어느 때보다도 중요하다. 초산부일 경우엔 어머니의 임무가 처음인 만큼 더 어렵기 마련이므로, 그 임무를 잘 감당할 수 있도록 주변에서 많이 도와 주어야 한다. 산모가 혼자라는 느낌을 갖게 해서는 안 된다. 어머니들 중에는, 남편이 고통을 겪고 있는 산모와 갓난아기를 보는 것이 두려워서 찾아오지 않을 때 느꼈던 출산의 고독을 더할 수 없이 끔찍한 것으로 기억하는 이들도 있다. 남편 없이 출산한 것에 대한 섭섭한 마음은 있겠지만, 다음의 에피소드에서

볼 수 있는 것처럼 아무리 그렇다 하더라도 그 때문에 아기의 '이름 짓기' 처럼 중요한 결정을 아내 혼자 내리는 것은 좋지 않다.

프레데릭은 생후 사흘 동안 클로드라는 이름으로 불렸다. 간혹 그런 남편들이 있는데, 프레데릭의 아버지도 아내의 출산 소식에 당황하여 도망치는 반응을 보였고, 그 사흘은 바로 '버림받은' 아기와 어머니 단 둘만이 남겨졌던 기간이다. 이렇게 도피하는 남편의 태도는 '의만(擬娩)'[3]의 변이형이든지, 아니면 병적인 태도이다. 어쨌든 아이의 아버지는 돌아왔고, 그때 그는 아들의 이름이 클로드로 바뀌었음을 알게 되었다. 그는 곧 구청으로 달려가서, 이전에 아내와 함께 지었던 이름인 프레데릭으로 변경했다. 아내는 버림받았다는 불안감 속에서, 미처 그 이름을 생각해 내지 못한 채 혼자서 클로드라는 이름을 지었던 것 같다.

출산 후의 산모들은 우리가 잘 알고 있듯이 일시적 우울증을 보일 수 있다. 물론 아기가 기형이거나 비정상일 경우엔 슬픔에 젖는 것이 당연하겠지만, 아기가 건강하고 예쁜 모습을 가졌을 경우에도 우울함을 느끼는 것은 충분히 이해되는 일이다. 이는 실제 태어난 아기가 10개월의 임신 기간 동안 상상해 온 이상적인 아기의 모습과 전혀 다르기 때문이다. 혹은 비록 품에 안겨진 현실의 아기가 이상적인 아이의 모습과 닮았다고 해도, 아기의 탄생은 곧 꿈의 종말을 의미하기

---

3) 의만(擬娩, couvade): 아내의 출산 전후에 남편이 출산에 부수되는 일을 행하거나 흉내내는 미개인의 풍습. 〔역주〕

때문이다. 그런가 하면 좀더 심각한 불안을 경험하는 어머니들도 있다. 가능하면 그런 불안은 그 원인을 제공한 아기와 떼어 놓지 않고 다루어야 한다. 한 아이의 출생은 어머니에게 있어서 육체적 차원에서의 시련만이 아니라 정신 노동까지 동반한다. 일반적으로 아기를 통해 얻게 되는 만족감과 어머니로서 해야 할 많은 일거리는, 꿈꿔 왔던 이상적인 아기가 아니라는 데서 오는 상실감을 크게 채워 준다. 실제의 아기와 어머니는 진정하고 유일한 관계를 형성하지만, 그러나 그 관계의 한계선은 분리이다. 그리고 아버지는 어머니와 아이에게 그 점을 상기시켜 주기 위해 그 자리에 있는 것이다. 어머니가 아기의 성장에 반응을 보이면, 아기 또한 마음에서 우러나오는 어머니의 태도를 느낀다. 다만 아이에게는 표현의 도구가 신체뿐이기 때문에 다음과 같은 징후들을 보여 줄 수 있다. 즉 필자의 스승인 앙드레 에느케가 설명한 대로, 생후 4개월 이전에 하는 설사는 정상적인 아기들일 경우엔 생후 1주에서 열흘 후, 즉 어머니가 병원에서 집으로 돌아온 후에 나타나기 시작한다. 우유나 젖을 먹고 난 지 5,6분 지났을 때, 특히 오후의 식사 시간이 끝날 때마다 규칙적으로 울음을 동반하는 설사라는 점이 특징이다. 검사를 해보면 결장 내의 가스 과다증만 제외하곤 모든 것이 정상이다. 이런 설사를 하는 이유에 대해 다양한 가설들이 나와 있다. 한 가지 확실한 것은 젖꼭지를 물리거나, 아기를 안고 가볍게 토닥거려 주는 것 외의 대부분의 치료법이 비효과적이라는 점이다. 바로 이런 경우가 어머니의 불안이 아이에게 전해진 것일 수 있다. 3개월 정도가 지나서 아기가 의도적이고 적극적인 태도를 갖기 시작하면, 이 설사는 마치 마술처럼 멈춘다.

8개월부터

아이는 네 발로 기어다니면서 주변 세계를 탐험하기 시작하는데, 이때는 항상 아이의 뒤를 따라다녀야 한다. 이것은 생후 3년까지 계속된다. 아이는 금지하는 것을 알아듣고, 심지어 그 명령을 따를 수는 있지만 계속 기억하지는 못한다. 때문에 아이가 대변으로 장난을 치고 있거나, 층계의 계단을 기어 올라가고 있는 것을 보더라도 벌을 줄 일은 아니다. 이런 행동은 모두 정상적인 것에 속한다. 아이가 처음으로 고집을 부리기 시작하면서 아주 뚜렷한 저항의 태도(7장의 플로랑의 경우를 참조할 것)를 갖는 것은 이 시기의 끝 무렵에 이르러 아이가 말을 하기 시작할 때, 즉 두 개의 단어를 연결시키기 시작할 때이다. 이때 부모의 태도는 유연해야 한다. 그래서 어떤 부모들은 아이의 주의력을 돌리려고 유도한다. 그런가 하면 아이를 반드시 제압하려고 애쓰는 부모들도 있는데, 그것은 이상적인 해결책 같지 않다. 아이의 분노에 대해서도 부모의 반응은 매우 다양하다. 어떤 부모들은 아이의 분노가 저절로 수그러질 때까지 내버려두는가 하면, 또 어떤 부모들은 그 분노를 너그럽게 봐주지 못한다. 어쨌든 이 시기부터는 금지를 말로 표현할 수 있을 뿐 아니라, 또 반드시 그래야 한다. 이 시기는 아이가 지속성을 보여 주는 시기이기도 하다. 그래서 아이는 어른의 눈치를 보면서, 자기 입으로는 '이거 하면 안 돼'라고 반복하면서도 슬며시 플러그에 손을 갖다댄다. 이미 말했지만 이때 부모는 부모로서의 권위를 잃지 않도록 해야 한다. 금지한 것을 아이가 위

반했는데도 약속대로 벌을 내리지 않으면(18개월에서 2세까지는, 말의 권위만으로 충분치 않다고 생각되면 경우에 따라 가볍게 뺨을 때리는 것이 효과적일 수 있다), 아이가 계속 부모의 말을 어기게 만드는 길을 열어 주게 된다. 그것은 아이에게도 부모에게도 바람직하지 못하다. 그런데 이 첫번째 학습은 모든 첫번째가 그러하듯 미래를 위해 절대적으로 중요한 것이다. 만약 이 시기에 실패한 학습이 있다면, **이 시기부터** 소아정신과 의사나 혹은 정신분석학자의 도움을 받아 교정할 수 있다. 다음에 보여 주는 도미티유의 사례가 그러하다.

9개월인 **도미티유**는 불면증으로 고생했다. 이 아이는 2개월부터 정상적인 수면 습관을 들였으나, 웬일인지 6개월부터는 매시간 깨서 울었다. 부모는 도미티유가 수년 동안 기다리다 낳은 아이인 터라, 곧 소아정신과 의사에게 상담을 했다. 의사는 무엇이 문제인지 알기 위해 부부의 말을 주의 깊게 들었다. 도미티유의 어머니는 출산 후 2개월 반쯤에 복부 벽에 종기가 나서, 아이를 더 이상 안아 줄 수 없었다고 한다. 그때 도미티유는 무려 1개월 동안 끊임없이 울어댔다. 그러다가 어머니가 다시 아이를 안아 주기 시작하자 그 울음을 그쳤다. 그래서 어머니는 어쩌면 이번에도 같은 원리가 아닐까 추측했다. 그럴 수도 있었지만, 어쨌든 약으로도 치료하지 못하는 이 증상을 고칠 방법을 찾아야만 했다. 그런데 출산 후 6개월쯤에 아기의 외할머니가 딸네 집 가까이로 이사 와서 이 갓난 손녀딸을 돌봐 주었다는 말을 우연히 듣게 되었다. 또 도미티유의 어머니가 자기 딸이 할머니를 많이 닮았다는 생각을 하고 있다는 것도 알게 되었다. 두 사람 모두 주위 사람을 성가시

게 구는 성격이었고, 목소리도 똑같다고 했다! 요컨대 나는 이 불면증이 어머니의 생각처럼 누군가가 옆에 없어서가 아니라, 오히려 너무 붙어 있기 때문임을 깨달았다. 부모는 더 이상 이런 상황을 견딜 수 없어 하던 때였다. 아버지는 잠을 못 자는 바람에 신경이 날카로워져 있어서, 잠을 자러 여관으로 가려고 한 적도 있었다고 했다. 불안한데다 죄책감마저 느끼는 어머니는 아기의 울음소리를 듣지 않으려고, 밤새도록 딸아이를 품에 안고서 선 채로 밤을 지새야 했다. 이것이 이 가족의 유일한 해결책이었다. 나는 부모에게 이 악순환의 고리를 과감하게 끊으려면 아이가 울도록 그냥 내버려둬야 한다고 선언했다. 얼마 후 나는 그 부부로부터 좋은 소식을 들을 수 있었다. 바로 그날 주변의 이웃들에게 미리 양해를 구한 뒤 아이를 마냥 울게 내버려두었다고 한다. 사흘 후에 도미티유는 다시 밤에 잘 자기 시작했다.

2세 이하의 아이를 '양육'하는 일은 그야말로 '엄격한 훈련'으로 하되, **항상 말을 동반**해야만 한다. 신생아의 울음을 존중해 주는 것만큼이나 자라는 아이에게 규칙을 부과하는 것도 필수적이다. 만일 한 단계에서 실패하면, 주변 사람을 못 견디게 만드는 아이의 태도에 줄곧 끌려다니게 되기 쉽다. 예를 들어 도미티유 어머니는 자신도 모르게 출산 후에 곧 이중적인 태도를 갖게 되었다. 다시 말해서 같은 무게를 지닌 상반된 두 개의 감정, 즉 연민과 분노를 동시에 느끼고 있었다. 이 두 가지 감정은 그녀가 아이를 가슴에 안을 때에도 공존하고 있었으며, 말이 없어도 무의식적인 동작을 통해 아이에게 전달되었다. 그 동작은 갓난아기를 진정시키는 동시에 불안하게 만들었고, 그 때문에 아이는 잠을 푹 잘 수 없었으며, 결국 악순환이 일어난 것이었다.

부산스러운 아기

18개월쯤 되어서 매우 불안하고 부산한 행동을 보이는 아기는 솔직히 부모도 돌보기 힘들다. 이런 아기는 그 어떤 것으로도 만족시킬 수 없을 것처럼 보인다. 왜냐하면 아기의 부산한 태도가 상반되는 태도와 함께 나타나기 때문이다. 이것은 소위 정신 운동 발작(혹은 운동 과잉증이라고도 부른다)이라고 하는 불안정과 관계 있는데, 신경소아과 의사들 중에는 불행하게도 이것을 약물로 치료하는 이들도 있다. 그런데 이 불안정은 때로 **언어 습득**이 이뤄짐과 동시에 차츰 사라지기도 한다. 이때 아이의 부산한 태도는 마치 자신을 제대로 표현하지 못해서 비롯된 주변의 몰이해에 대한 아이의 반응인 것처럼 보인다.

2세 이후

2세부터는 '말'이 부모-자식 간의 관계를 상당히 변화시킨다. 단, 거의 절망적이었던 부모-자식 간의 상황을 다시 회복시킬 수 있는 이 의사소통의 도구(물론 부모와 자식 사이에 평등하지 않은 도구이다)를 제대로 사용할 수 있을 때에 한해서이다.

우리는 몇몇 부족 안에서 부모의 금지를 받지 않는 아이들도 3세에 이르러 청결 습관을 스스로 습득하는 것을 보았다(p.191). 그러나 어쨌든 언어(말로 표현된 것과 표현되지 않은 것)가 엄격한 훈련으로 이어지는 학습을 상당히 변화시키는 것만은 분명하다. 말을 통한 학습은 만족감의 원천이고, 그것이 발전을 자극한다. 발전이란 무엇인가? 새로운 태도, 즉 좀더 흥미롭긴 하지만 좋다고 느끼기엔 시간이 조금 걸리는 그런 태도를 습득하기 위해서, 이제까지 해온 퇴행적이고 향락적인 태도들을 버리는 것이 아닌가? 아이들은 대변을 갖고 놀거나 옷을 더럽히는 것이 재미있는 일이긴 하지만, 청결함을 유지하는 것 역시 매력 있는 일임을 터득하게 된다! 그런데 꼭 알아야 할 중요한 것은 '각 연령마다 그 연령에 적합한 기쁨들이 있다' 는 사실이다. 다음 단계로 넘어가기 위해서 꼭 필요한 만큼의 시간을 지켜 주지 않으면, 다음 단계로 넘어갔다고 해도 그것을 제대로 소화하기 어렵다. 전단계에 대한 애착과 미련으로 인한 고통이 따르기 때문이다. 낮에 대소변을 가리고, 이어서 밤에 소변을 가리는 습관이 좋은 예이다. 아이를 너무 빨리, 그러니까 걷기도 전에 유아용 변기에 앉히면 이후에 수동적인 태도를 가져오기 쉬울 뿐더러, 대변을 자발적으로 가리는 단계를 뛰어넘게 된다는 것은 잘 알려진 사실이다. 그래서 좀더 크면, 리비오(4장에 등장한다)가 보여 준 것 같은 문제들을 만나게 된다.

리비오는 아주 귀엽게 생긴 3세의 소년인데, '화장실에서 응가를' 하려고 하지 않는다. 기저귀를 달라고 조르고, 화장실에 데려가려고 하면 갑자기 아기처럼 행동한다. 당연히 저항의 시기가 길어졌다. 아버

지는 이 아들에게 흠뻑 빠져 있었다. 권위를 내세우려 하지 않아도 권위를 풍겼던 자기 아버지(리비오의 할아버지)를 아들이 쏙 빼닮았기 때문이다. 어머니는 아이를 엄하게 키우지 않는다고 남편을 비난했다. 그러자 남편은 내게 이렇게 말했다. "이 녀석은 뭐든 제멋대로 하는 성격입니다, 저도 꼭 그랬거든요." 그리고는 재미있는 말을 덧붙였다. "애가 그런 성격을 가져서 다행이에요." 리비오의 태도에는 약간 염려스러운 데가 있었다. 아이는 진료실에서도 자기가 원할 때면 아무 때라도 들어오고 나갔으며, 무엇이든 기분 내키는 대로 행동했다. 그래도 아이의 아버지는 '아들의 기를 꺾고' 싶어하지 않았다. 그런데 집에서는 아무리 변기에 앉히려고 해도 방법이 없었지만, 신기하게도 유아원에서는 아무 문제가 없다고 했다. 아버지는 밤에 집을 비울 때가 자주 있었다. 직장에서 근무 외의 모임이 잦았기 때문이다. 리비오는 그 점을 이용해 밤에 안 자고 일어나서, '할 이야기가 있다'는 핑계로 어머니의 방을 찾아오곤 했다! 어머니는 자신의 가족사를 쉽게 이야기했다. 그녀는 남편의 권위주의를 원망하는 것은 아니었지만, 그래도 자신은 '친정어머니 같은 삶을 살고 싶지 않다'고 했다. 그런데 이처럼 어머니가 의사를 찾아와서 모든 상황을 이야기한 단순한 사건이 리비오의 성격을 개선시켰다. 얼마 후 진료실에서 아이가 혼자 오줌을 누겠다고 말한 것이다. 하지만 집에서 화장실이 무섭다고 고집을 피우면서 '그 안에 빠질까 봐 무섭다' 하는 것은 여전했다. 유아원에서 혼자 화장실에 갈 수 있는 것은 그곳의 변기들이 '더 작기 때문'이라면서. 또 리비오는 화를 잘 냈다. 지난번 상담 때 자신이 놓고 갔던 것을 찾지 못했다고 화를 내며 문을 쾅 닫았다. 그러자 아버지는 자기가 리비

오 나이였을 때는 어느 정도 시간이 지나면 양보를 하곤 했는데, 리비오는 절대로 양보하는 법이 없다고 털어놓았다. 게다가 리비오는 부모가 낯선 사람을 찾아와서 자기 이야기를 한다고 화를 내면서, 나와 말하길 거부했다.

리비오의 부모는 아들이 마치 무슨 질병에라도 걸려 치료받아야 할 것처럼 도움을 청하러 왔다. 그들은 자기들의 태도를 되돌아볼 생각은 미처 하지 못했다. 모든 문제가 아이에게 있다고 여기는 표정으로, 부모로서 어떻게 하면 되는지 도와 달라고 부탁했다. 아이는 우리의 대화 도중에도 계속 왔다갔다하고 있었다. 그러나 부모는 이야기를 나누는 중에 자신들이 모든 문제를 아이에게로만 돌렸음을 깨달았다. 그리고 앞으로는 두 사람 모두 스스로를 들여다보려고 애써야 한다는 것도 알게 되었다.

모든 상황이 이처럼 쉽게 해결된다고 생각해서는 안 된다. 또 아버지가 엄해지기만 하면 모든 것이 정상으로 돌아간다고 믿어서도 안 된다. 리비오의 경우엔 다음과 같은 일이 생기고 말았다. 아버지가 아이와의 논쟁 끝에 아이의 엉덩이를 때리게 되었는데, 부모가 화를 내고 큰소리를 치자 이번엔 아이에게 틱 증상이 나타난 것이다. 휴지 조각을 손가락 사이에 끼고서 돌리는 버릇이었다. 이 악순환을 끊기 위해서 수면제를 투여하고, 밤에는 아무리 야단칠 일이 있어도 아이의 볼기를 때리는 것만은 하지 않았다. 최근 들어 리비오는 웅덩이의 물을 마시고, 모래를 집어먹기 시작했다. 하지만 나와의 상담은 수락했는데,

어느 날 내가 보는 앞에서 커다란 뱀 한 마리를 그렸다.

　그러나 리비오는 점차 좋아졌다. 아버지는 아이 곁에 있는 시간을 늘려야 한다는 것을 깨달았다. 아이는 아버지를 기쁘게 맞이했고, 이틀 반 동안 변비가 있은 후에 처음으로 화장실에서 변을 보았다. 그러나 사람들에게 대드는 버릇은 여전했다. 며칠 전에는 세 살 터울인 형과 목욕탕에서 목욕하는 동안, 물속에서 오줌을 누겠다고 협박했지만 결국 변기 위에서 일을 보았다고 한다. 동시에 아이는 어머니의 성에 대한 질문을 많이 했다. 예를 들면 "엄마는 엉덩이에서 오줌이 나와, 아니면 잠지에서 오줌이 나와?" 하고 묻는 것이다. 이제 리비오는 변기 위에서 일을 볼 때 스스로를 자랑스럽게 생각한다. 예전보다 훨씬 안정되었고, 잠도 잘 잔다. 더군다나 어머니와 아버지에게 안아 달라거나 뽀뽀해 달라고 요구하기도 하는데, 이것은 전에 하지 않던 행동이다. 아이를 변기에 앉히고, 일을 본 후에 뒤를 닦아 주는 사람은 아버지이다. 리비오는 가끔 퇴행의 태도를 보이면서 밤에 기저귀를 채워 달라고 요구할 때도 있지만, 화장실에 가는 횟수를 세어 보면서 흐뭇해하기도 한다! 협박도 상당한 효과가 있었다. 화장실에 가지 않고 옷에다 똥을 누면 벌을 주겠다고 한 것이다. 이것은 정신분석학자들의 견해, 특히 프로이트의 견해와 완전히 일치한다. 그에게 있어서 대변은 어머니에게 주는 선물이기도 한 것이다! 어머니가 밤에 "이제 너는 아기가 아니고 의젓한 형이야!"라고 말하면서 기저귀를 빼는 그날까지.

너무 이르지도 늦지도 않게

학습과 엄한 훈련 사이의 자녀 교육은 부모의 권위에 힘입어야 하지만, 권위가 일방적인 방식으로 나타나서는 안 된다. 첫번째 단계가 부부의 만남이라면, 아이의 탄생은 두번째 단계인 셈이다. 어머니가 아이의 성격을 알아 가고, 그 성격에 반응하는 방법은 어머니가 아이와의 관계를 만들어 가는 신비들 중의 하나이다. 아버지는 특히 아이 곁에 있어 줌으로써, 그리고 때로 아이를 관찰함으로써 모자 관계가 폐쇄적이 되지 않고 외부로 향할 수 있도록 도와 주는 중요한 존재이다. 하지만 이 관계의 초기에는 **아기의 신체**가 곧 법이다! 또 이때는 어머니가 **제스처**를 통해 반응해야 한다. 그래서 아이가 금지를 이해한다고 해도, 가볍게 때린다거나 잡아당기는 식으로 손을 사용할 필요가 있다. 말은 말을 통해서 점점 더 배워 가게 된다. 말로 하는 교육은 손짓이나 몸짓으로 안 된다는 것을 알려 주는 학습과 교육보다 상위 수준에 있는 것이지만, 그래도 말은 참으로 많은 경우에 '손으로 가하는 제재'에 밀려 뒷전으로 돌려지기 쉽다. 어쨌든 말로 하는 교육으로 넘어가는 것은 다음과 같은 중요한 점 두 가지를 가르쳐 준다.

- 말로 하는 교육은 일찍부터 이루어져야 한다. 어떤 점에서는 2세 때 이미 모든 것이 결정된다고 할 수 있다.

- 금지는 적당한 시기부터 있어야 한다. 너무 일러서도, 너무 늦어서도 안 된다.

10

학교 교육

아이의 교육은 학교로 이어진다. 이것은 한편으로는 학교의 역할이 교과 지식의 전달로만 그치지 않는다는 것을 의미하고, 다른 한편으로는 교육 역시 하나의 학습임을 의미한다. 여기에다 조기 교육은 교과 학습과 관계가 있으며, 모든 계층을 위한 학교가 만들어진 것이 최근이라는 점을 염두에 둘 필요가 있다. 왜냐하면 프랑스의 경우 초등학교는 1881년 6월에야 무상 교육을 실시하게 되었고, 1882년에 비로소 의무 교육이 되었기 때문이다. 이것은 금지와 법의 깃발 아래, 부모와 교사와 어린이 사이에서 제기되는 문제들이 얼마나 복합적인 것인지를 대충 짐작하게 해준다. 부모는 자녀에게 규칙을 제시하는 유일한 존재가 아니며, 학교 역시 규칙을 내세운다. 그런데 때로 이 규칙들이 서로 모순이 될 때가 있다.

의무 교육: 국가와 법

의무 교육에 관한 이야기부터 시작할까 한다. 의무 교육이라는 말

자체가 이미 부모가 원하는 자녀 교육에 대한 부모의 권한을 제한하고 있다. 아이들은 의무 교육을 받게 되면서부터 부모, 특히 어머니와의 분리가 어쩔 수 없다는 것을 일찌감치 이해하게 된다. 그것은 어머니들도 마찬가지이다. 정규 교육에 속한 유아원에 보내는 첫날 어머니들이 흘리는 눈물이 그것을 증명한다. 눈물은 아이들만의 것이 아니다!

정규 유아원에 가는 첫날에 아이들이 보여 주는 태도는 그 이전에 어머니가 아이를 **분리**시켜 보았던 능력에 달려 있다. 일반적으로 어머니에게서 잘 떨어지지 않는 아이는 다른 누군가에게 아이를 맡기는 것에 대하여 불안해하는 **어머니의 무의식을 나타내 준다.**

한 어머니가 학교 생활에 어려움을 겪고 있는 초등학교 3학년의 9세 된 딸을 데리고 왔다. **그라지엘라**(6장)라는 이름의 소녀는 내게 매우 심한 거부 반응을 나타냈다. "딸아이 때문에 아내가 얼마나 걱정을 많이 하는지 모릅니다"라고 아버지가 말했다. 그리고 이런 말을 덧붙였다. "아내는 아이와 너무 밀착되어 있어요. 아직 탯줄이 안 끊어졌다고 할까요." 그런데 그라지엘라는 개별심리극 치료를 시작하고부터는 학교에 가지 않겠다고 우는 일이 없어졌다. 학교 가기 전에 배 아픈 증세도, 어머니에게 매달리며 칭얼대는 버릇도 사라졌다. 어머니 자신도 "그라지엘라에게 상처를 주지 않으면서, 내게서 분리시켜야겠어요"라고 말할 수 있게 되었다. 그러면서 불쑥 이런 말을 했다. "난 학교에서 사람들에게 **상처를 입을까** 두려워요." 이 어머니가 무려 25년 동안 학교 교사로 근무했던 사람임을 덧붙이고 싶다!

어머니에게는 이 두려움을 표현한 것이 아주 잘한 일이었다. 그 두려움은 자녀를 학교에 보내길 주저하는 부모들의 심정을 설명해 준다. 심지어(몇 가지 조건이 주어질 경우) 아이를 학교에 보내지 않고 집에서 공부를 가르치는 일도 있다.

폴의 어머니는 초등학교 교사이다. 남편은 파리에 있는 대규모 교향악단의 바이올린 주자이다. 그녀는 자신에게 능력이 있다는 것과 학교가 너무 멀다는 것을 이유로 들어서, 자녀들을 집에서 자신이 직접 가르치기로 결심하고는 마침내 교육청으로부터 권한을 얻어냈다. 폴은어머니의 가르침에 완전히 무반응이었고, 난독 증세까지 보였다. 그는음절과 철자들을 거꾸로 볼 뿐 아니라, 단어를 귀에 들려 오는 대로 한음절씩 끊어서 쓰지 못했다. 그러나 어머니는 아이에게 늘 받아쓰기를강요했고, 그때마다 받아쓰기는 아이의 울음으로 끝나곤 했다. 하지만그것은 복잡하고 이해할 수 없는 메커니즘으로 인한 것일 뿐, 폴이 어머니에게 진심으로 반항을 한 것은 아니었다. 오히려 잘 해보려고 애썼을 뿐 아니라, 자신의 실패에 대해서 죄책감마저 느꼈다. 후에 그는자신이 다른 아이들처럼 공립학교에 남을 수 없었던 것에 대한 분노를털어놓았다.

폴의 경우는 부모가 의무 교육을 왜곡시켰다고 볼 수 있는데, 불행히도 여기에 어머니의 강한 독점욕까지 보태졌다. 폴에게 일어나지않았을 수도 있는 문제들이 발생한 것은 바로 이 때문이다. **의무 교육**은 맹목적인 평등주의를 동반할 때 감춰진 폭력을 내포하고 있다

는 점에서, 그 유명한 인과 관계의 전도(顛倒)를 야기할 수 있다. 모든 것을 교사의 '탓'으로 돌리는 것이다. 즉 학생이 공부를 하려고 하지 않는 것이 아니라, 교사들의 능력이 없다는 것이다. 이럴 때 교사는 한낱 문교부의 '직원'으로, 또 교육 실패의 요인으로 여겨진다.

10.5세인 **마티외**는 중학교 1학년이며, 평균 이상의 지능을 가졌다. 그는 모르는 것이 있을 때는 무조건 교사가 **고의적으로** 자기를 궁지에 빠뜨리고 있다고 생각한다. 받아쓰기 시험을 잘못 본 것도 교사가 너무 빠르게 불러서 어쩔 수 없었다는 식이다. 높은 IQ에도 불구하고 낙제를 한 그는 작문 시간에도 공공연히 이렇게 쓴다. "난 학교가 싫다, 목공 시간이나 친구들과 노는 시간을 빼고는." 이런 아들에 대해 아버지는 매우 긍정적이며, 아들의 목공 실력을 높이 평가하고 있다. 어머니는 아들이 게으르고 의지가 약하다고 불평한다. 그녀는 문제의 원인이 9개월 때 시작되었다고 보았다. 그 무렵 아이는 매우 부산스러운데다 밤마다 울부짖었다고 한다. 또 유아원에 다닐 때에도 엄마와 떨어지는 것을 견디지 못했다. 어머니는 아버지가 아이를 발로 차고 주먹으로 때린다고 비난했다. 그리고 아이가 학교에서 어떻게 지낼지를 생각하면 불안하고 화가 난다는 말도 했다. "학교에서 도대체 어떤 일이 일어나고 있는지 너무 궁금해요."

부모들 중에는 이처럼 아이가 학교에서 학대받을 것이라고 상상하는 이들이 있다. 그리고 마티외의 예에서 볼 수 있듯이 아이의 문제는 가정에서부터 시작되며, 의무적인 **분리**를 받아들이지 않는 것도

가족인 경우가 대부분이다. 하지만 아이가 학대를 당하는 것이 항상 상상으로 그치는 것만은 아니다. 학대를 실제로 유발하는 현실적인 요인들도 없지 않다.

중학교 1학년인 13세 **사뮈엘**의 어머니가 들려 준 이야기가 그렇다. 그녀 역시 교사인데, 몇몇 중등학교 교사들에게서 일어나고 있는 일을 전해 주었다. 그녀의 말에 의하면 중등학교 교사들은 1년 동안 학생들이 얼마나 진보했느냐에 따라 평가를 받는데, 학생의 진보라는 것이 성적 향상으로 측정된다고 한다. 그래서 어떤 교사들은 아예 연초에 학생들의 성적을 나쁘게 매기는 경향이 있다. 이후에 아이들의 성적을 차츰 올리려는 생각에서 그렇게 하는 것이다. 이 방법은 매우 유감스러운 것일 수밖에 없는데, 연초에 나쁜 성적을 받은 학생들이 너무 실망해서 학교 공부를 포기하다시피 하는 일이 종종 생기기 때문이다. 다행히 사뮈엘의 어머니는 예외였다. 게다가 내가 알고 있기로 대부분의 교사들은 오히려 학생들을 무척 사랑하여, 아이들이 시험을 볼 때면 아이들만큼이나 초조해하는 사람들이다.

모두를 위한 학교,
또는 '금지를 없애 보라, 순식간에 다시 등장하리라'

무상으로 의무 교육을 하는 비종교 초등학교는 민주주의가 얻어 낸 산물이다. 요즘의 초등학교에는 '무상의' '의무 교육의' '비종교

적인' 이라는 세 가지 형용사가 동시에 따라다닌다. **의무** 교육은 종교색을 띠지 않아야 하고, 무상일 수밖에 없기 때문이다. 그러나 이렇게 표방된 속성들은 사실상 모순적이다. 초등학교가 비종교적임을 선언하는 것은 실은 가르친다는 직업이 성직이기 때문이 아닐까? 그리고 초등학교가 의무 교육이라는 것은 배움이란 것이 즐거운 일이 아니기 때문이리라. 끝으로 무상이라는 것은 아마 모든 학생들이 교사들에게 빚지고 있음을 부인하려는 것 같다. 게다가 공립학교는 모두에게 열려 있지만, 그 기능 자체는 본래 차별화에 있다. 실제로 모든 교사는 가능한 학생들의 학력이 가장 고른 학급을 맡고 싶어한다. 우수한 학생들의 성적을 떨어뜨리지 않기 위해서이다. 그래서 초등학교는 끝없는 차별 혹은 선별에 기반을 두고 있다. 하지만 사실 초등학교는 입학 당시엔 차별적이 아니다. 설령 차별이 있다고 해도, 교육적인 기준에서이지 사회적인 기준에서 그런 것은 아니다. 그렇지만 역시 통계상으로 볼 때 몇 가지 차별이 동시에 일어나는 경우가 흔해서, 예를 들어 성적이 나쁜 아이들이 가장 빈곤한 아이들일 경우가 대부분이라는 것이 연구에 의해 밝혀졌다.[1] 게다가 같은 연구에서 보여주고 있듯이, 아이들의 **절반** 가량이 5년간의 초등 교육 과정을 제대로 따라가지 못하고, 적어도 한 번 이상 낙제를 한다.

---

1) M. 비알, M. 스탕박, E. 뷔르기에르, 〈저학년에서 일어나는 성적 실패의 이유는 무엇인가?〉, 《교육학 연구》 중에서, n° 68.

학교 성적의 결과에 대해 벌을 주어야 할까?

그렇기도 하고 아니기도 하다. 학교 성적은 그 자체로 충분하다고 생각할 수도 있다. 그것은 성적 결과에 따라 상벌을 주는 역할을 맡은 교사들에게 부모가 신뢰를 보낸다는 의미이다. 사실상 학교 성적은 지표로서 참고할 뿐, 그것만 믿어서는 안 된다. 상벌은 오히려 학교 생활 전체 속에서 고려되어야만 한다.

상은 아이들을 공부하게 만드는 동력이 될 수 있다. 그렇다 해도 상을 받고 싶다는 기대감이 반드시 아이를 발전시키는 것은 아니다. 그러나 학습의 문제를 극복시켜 주는 것이 징벌이 아닌 것만은 분명하다.

이처럼 낙제를 할 정도로 학교 생활에 적응하지 못하는 태도는 초등학교 저학년에서뿐만 아니라 **유아원**에서도 이미 드러날 수 있다. 필자는 처음 학교 생활을 접한 후 충격에 빠지는 아이들이 있다는 점을 자주 언급했다. 왜 그럴까? 그것은 학습이 **경쟁심**과 시험이라는 **검사**의 각도에서 행해지기 때문이다. **심리적인** 이유들 때문에 경쟁심도, 시험도 견디지 못하는 아이들은 일찌감치(심지어는 학교에 들어가자마자) 학습을 거부하게 된다.

– **경쟁심**은 순식간에 형제에 대한 적대심과 질투로 이어진다. 이런 감정으로 고통을 겪는 아이는(이런 아이들의 숫자가 의외로 많다) 가족들 가운데서 어떤 삶을 사느냐에 따라 달리 반응하게 된다.

– **검사**는 어른이 아주 쉽게 해볼 수 있다. 예를 들어 방금 손에서 만화책을 내려놓은 아이에게 무슨 내용이었느냐고 물어보는 것이다. 순순히 대답을 잘하는 아이가 있는가 하면, 대답을 하지 않고 즉시 벽에 부딪친 듯한 반응을 보이는 아이들이 있다.

그런데 이런 문제를 피하기 위해 학교는 무엇을 하는가? 학교는 이런 문제에 대해서 모두 부인하는 것으로 반응한다. 문교부에서 보내는 공문들만 읽어봐도 충분히 알 수 있다. 학교가 그 문제를 부정하는 까닭은 우선 처음에 그 문제를 일으킨 것이 학교이기 때문이다. 그 다음엔 학교가 교육적인 방법에 따라, 즉 **무의식**적인 심리적 차원을 무시한 채 그 문제들을 수정해 보려고 하기 때문이다. 그때부터 교사와 학생들 사이에 사도마조히즘의 관계가 성립된다. 그래서 한쪽은 적극적이고 자발적이며, 다른 한쪽은 점점 더 수동적이 되어간다. 그렇게 되면 상황의 흐름을 뒤집는 것이 매우 어렵다. 자녀를 심리치료사나 정신과 의사에게 데리고 오는 시기가 늦으면 늦을수록 그만큼 치료가 더 힘든 법이다. 부모들과 어떤 교사들은 아이들이 가정에서 보여 주는 문제와 학교에서 겪는 문제가 같은 차원의 것이라고 지레 걱정하면서 두 가지 문제를 똑같이 다루려고 한다.

장 샤를은 8세이다. 이 아이는 정상 학급에 들어갈 수 없어서 적응 반에 들어가 있다. 그런데 이런 부적응의 문제는 실은 입학한 첫날부터 시작된 것이다. 그날 아이는 여자 담임 교사를 보자마자 금방 태도가 굳어지고 말았다. 그 무렵부터 아이가 밤마다 공포를 느꼈는데, 가족들 중 누구도 그 공포심을 학교 문제와 연결지을 생각을 하지 못했

다. 더 거슬러 올라가 보면 장 샤를은 유아원에 들어간 첫날에도 몹시 울었고, 초기에 불면증을 겪었다. 아이는 처음에는 정신과 의사도 만나려고 하지 않았다. 아이의 말에 의하면 자신의 유일한 걱정거리는 먹을 것을 꺼내려고 냉장고 문을 여는 습관을 끊는 것이었다. 그는 담임 교사나 치과 의사가 충분히 자신을 도울 수 있을 것이라고 생각했다. 많은 시간이 지난 후에야 비로소 나와 말을 하기 시작했지만, 어머니 말에 따르면 상담 날짜가 잡힌 날 아침이면 여전히 소리를 지르면서 거부했다. 심지어 어머니에게 이렇게 말했다고 한다. "엄마, 나 혼자서 해결할 수 있단 말이야." 심리 요법이 실패하자, 나는 아이에게 개별심리극을 제안했다. 그리고 다른 의사들이 아이가 제안하는 장면들을 연기했다. 결국 우리는 이 아이에게 성별 차이에 대한 개념이 전혀 없다는 것과, 부모가 그에게 엄격하게 대하지 않는데도 자신의 공격성에 대해 엄청난 죄책감을 갖고 있음을 알게 되었다. 학교 생활을 보여 주는 장면에서 아이는 먼저 교사의 역할을 하고 뒤이어 학생의 역을 했는데, 학생의 역을 할 때 아이는 매맞는 것에 대한 공포를 보여 주었다. 그리고 교사의 역할을 할 때는 학생의 엉덩이를 때리고, 구석으로 몰아넣고, 또 부당하게 벌을 주면서 가학적 기쁨을 느끼고 있음을 보여 주었다. 그는 지도자로서의 교사와 교과를 가르치는 교사 사이의 관계에 대해 이원론적 시각을 갖고 있었다. 그리고 학교에서는 교사가 모든 권한을 갖고 있기 때문에 자기 마음대로 학생들을 때릴 수도 있고, 그것에 대해 변명하거나 설명할 필요도 없는 것이라고 생각했다. 그의 생각에 따르면 아버지는 그런 교사에게 아무 말도 할 권리가 없다. 그는 자기 집에서만 명령할 수 있는 존재일 뿐이다! 게다가

아이는 교사와 경찰관을 혼동하고 있었고, 좀더 크면 경찰이 되고 싶다고 했다. 더 자라게 되면 공부하기 위해서 배우고, 배우고 또 배워야 하는데, 그에게 있어서 이런 학습은 결코 탐낼 수 없는 어떤 것이었다.

이 경우는 집에서는 보이지 않던 문제들이 학교에서 어떻게 **드러나는지**를 보여 준다. 잠재하지만 보이지 않는 것, 그것이 흔히 상담하러 오길 꺼리게 되는 이유이다. 그러나 가정에서의 문제와 학교 생활에서의 문제 사이에 직접적인 관련은 없다. 이는 아이가 무의식 속에서 상황을 변경시켜 놓았기 때문이다. 따라서 장 샤를과 담임 교사의 관계가 집에서 보여 주는 아이와 부모와의 관계를 드러내 주는 것이긴 하지만, 집에서의 태도와 학교에서의 태도 사이에 겉으로 보이는 유사점이 없었던 것이다. 그러나 다음에 나오는 세르주의 사례처럼 정반대의 상황도 볼 수 있다.

8세인 **세르주**는 초등학교 2학년인데, 집에만 오면 매우 격하게 화를 내곤 한다. 학교에서는 매우 유순할 뿐더러 오히려 수줍음과 겁이 많은 아이이다. 외아들인 세르주는 어머니의 모든 관심과 염려의 대상이다. 아내보다 나이가 훨씬 많은 아버지는 일 때문에 자주 외국에 나가 있다. 세르주는 부모에게 떼를 많이 쓰는 아이이고, 부모에게는 이 아들이 전부이다. 저녁이면 세 사람이 자주 카드놀이를 하곤 했는데, 게임에 서투른 세르주는 속임수를 쓰거나, 자기가 질 것 같을 때는 도중에 게임을 끝내곤 한다. 한마디로 집에서의 세르주는 작은 신이었다. 그러나 학교에서는 정반대이다. 여자아이들의 관심을 끌어 보려고 아무리 애를 써도 오히려 내쫓김만 당할 뿐이다. 남자아이들과의 관계도 더 나을 것이 없다. 그는 가장 힘이 센 아이들에게 반했고, 그들을 위해 기꺼이 심부름을 하며 따라다닌다. 겁이 많은 그로서는 보호받기 위해 그들의 힘이 필요했기 때문이다. 이처럼 학교에서의 태도는 집에서의 태도와 몹시 대조적이다. 집에서의 그는 특권자 중에서도 망나니 같은 특권자이다. 어머니는 모든 것을 아이의 뜻에 따랐고, 아버지는 그런 모자 관계에 개입하지 않았다. 이것은 아이를 단련시켜 주지 못했다. 반대로 학교에서는 난폭한 아이들 때문에 겁에 질려 있었고, 자발적으로 힘센 아이들의 조수가 됨으로써 그 두려움을 감추었다.

아이들은 지배자와 피지배자의 개념이 지배하는 본능적 심리학에서 많이 떨어지지 않은 단순한 방식을 통해 자신의 활동을 빠르게 체계화해 간다. 그리고 이들 사이에서 심화된 여러 가지 갈등들은, 현명하지만 오만한 '지적인 아이들'과 힘이 세고 격하기 쉬운 미래의 '육체노동자들' 간의 경쟁으로 축약된다. 이런 정글에서 자신을 보호하려면 무장을 잘해야 하며, 무장은 교육에 의존한다. **'그건 안 돼'라는 말을 듣지 않고 자란 아이는 연약한 아이이다.** 그런 아이는 빼앗긴다는 것이 무엇인지를 모르며, 항상 다른 아이들에게 끌려다니게 된다. 거부하고 거절하는 것을 모르기 때문이다. 세르주의 경우가 그랬는데, 그의 부모는 다른 사람에게 거절하는 법을 아들에게 가르쳐 주지 않았다. 한번도 그에게 안 된다고 말한 적이 없었으므로. 따라서 세르주는 학교와 집 사이의 크나큰 괴리로 인해 고통당했으며, 집에서처럼 학교에서 군림할 수 없는 것에 분노했다. 이처럼 두 장소

사이에서 나타나는 태도의 차이는 아이에게 바깥 사회에 직면하도록 준비시켜 주지 못한 부모의 잘못된 교육과 관련이 있다.

가정과 학교

그러므로 학교는 가정 교육의 결점을 드러내 주는 곳이다. 대개 아이들은 학교가 새로운 규칙을 제시하는 것을 받아들이고, 거기에 적응하도록 노력한다. 그렇게 할 수 있을 정도로 튼튼할 때, 아이는 아무의 도움도 받지 않고 혼자 해나가겠다는 의지로 새로운 환경에 직면하게 된다.

6세인 **조르주**는 유치원에 다닌다. 이 아이는 심하게 부산스러운 행동 때문에 부모를 걱정시켰다. 그의 불안한 행동은 유치원 생활을 크게 방해했다. 마침 부모도 삶의 변환기를 맞이하여 불안해하고 있을 때였다. 아버지는 고위직 공무원 시험에 막 통과하여 근무지가 곧 바뀌게 될 참이었다. 어머니는 남편의 자리가 결정되는 데 따라서 근무지를 바꾸려고 자리 이동을 요청해 놓은 상태였다. 조르주에게는 3세의 여동생이 있다. 그는 유치원에서 받은 점수들을 내게 알려 주었다. 좋음, 매우 좋음, 잘했음, 아주 부족함, 보통임. 그는 밤이면 잠을 잘 자지 못한다. '에펠 탑에서 한 소녀가 떨어지는' 꿈을 꾼다고 한다. 그는 부모가 자신을 누군가 말을 털어놓을 사람에게 데려다 준 것을 몹시 기뻐했다. 심지어 그것을 어린 여동생에게까지 이야기했다. 상담실

을 찾기 전만 해도 그의 불안한 행동은 한때 우울함으로 바뀐 적도 있었다. 그리고 별로 즐겁지 않고, 충만하지도 않은 유치원 생활 때문에 짜증을 냈다. 하지만 이제는 공부도 잘하고 잠도 잘 자기 시작했다. 얼마 전 개별심리극에서 학교 장면을 연기했는데, 거기서 아이는 누구의 도움도 없이 혼자 잘해 보려고 애쓰는 모습을 보여 주었다. 그리고 부모가 교사를 만나러 오는 것을 싫어했다. 매우 협조적인 부모는 조르주가 빠른 속도로 좋아지는 것에 대해 몹시 놀라워했다.

아이들은 학교가 가정의 분위기와 일치하거나, 아니면 경쟁적인 새로운 분위기를 갖고 있음을 깨닫는다. 물론 이것은 부모가 아이에게 학교를 어떤 방식으로 소개하느냐에 달려 있다. 부모가 어렸을 때 겪은 학교 생활 이야기는 그래서 매우 중요하며, 그것이 교사와 아이의 관계를 결정짓는다고 해도 과언이 아니다. 자신의 학창 생활에 분노하고 있는 부모들은 교사들에게 공격적인 태도를 취할 위험이 있다. 이와 반대로 교사보다 우월한 지위에 있는 부모들은 자녀가 교사에게 과도한 권한을 맡기는 것을 잘 받아들이지 못한다. 그러고 보면 이런 부모들 모두가 교사의 존재를 받아들이기 힘든 경쟁자로 대하고 있는 셈이다. 그렇기 때문에 교사와 부모의 만남은 아이에게 중요한 의미를 갖는다. 이 만남은 가상의 경쟁심을 누그러뜨려 주고 불화의 원인을 제거해 준다. 많은 아이들이 이 만남을 두려워하는 동시에 바란다. 부모에게 있어서 교사와의 직면이 때로 힘들게 여겨질 수도 있다. 하지만 부모가 이 힘겨운 직면을 받아들이는 것이 아이들에게는 매우 중요한 일이다. 교사들은 학부모를 만나고 나면 학생을 달리

인식하게 되고, 자신을 아이의 파트너로 인정하게 된다. 따라서 교사와 학부모의 만남은 그만큼 필수적인 대화인 것이다. 학교는 부모가 모든 것을 다 할 수 없고, 더 이상 자녀의 학습 내용을 지도할 수 없을 때가 찾아온다는 이유 때문에 존재하는 곳이다. 그래서 어떤 면에서 학교는 가정 교육의 손길이 미칠 수 없는 분야로의 길을 열어 주며, 또 한편으로는 교육자와 성직자의 임무를 겸직했던 교회의 역할을 회복한다. 이것은 아이로 하여금 아버지 혹은 부모가 부족한 존재라는 생각을 갖게 만든다. 그런데 그 부족감은 실제적인 것일 수도 있고, 허구일 수도 있다. 어떤 경우든 아이는 부득이 자기 부모를 비교하게 되고, 대개의 경우는 그 작업을 통해서 부모의 의견에 동조한다. 그러나 건립자들이 생각했던 공립학교의 소명은 교육을 통해 아이를 그의 환경에서 끌어내어, 아이가 속한 사회 계층의 한계선을 넘어서는 방법을 제공하는 것이었다(지금도 그렇다).

학교가 잘못된 길을 갈 경우

일반적으로 부모는 교사를 지지하고, 교사는 부모를 지지하는 것이 아이에게 필요하다. 그러나 교사나 부모의 태도에 분명한 잘못이나 학대 혹은 부당함이 있을 때는 그런 행동도 의미가 없다. 마찬가지로 교사는 학생의 가정에 무슨 일이 있는 듯하면, 부모를 불러서 자신이 학생에게서 관찰한 것을 알려 줄 권리가 있다. 부모 역시 교사에게 질문할 수 있으며, 교사의 전권 앞에서 무력한 아이의 입장이 되어서는 안 된다.

　10세인 **카롤린**은 학교 수업에 거의 흥미가 없지만, 예외적으로 집에서는 숙제를 열심히 하려고 무척 애를 쓴다. 심지어 평소 사이가 좋지 않은 오빠에게까지 도움을 청할 정도였다. 오빠는 머리가 좋고 공부를 잘했다. 그런데 집에서 숙제를 할 때 누구에게 도움을 요청하는 것은 금지되어 있었다. 교사는 카롤린의 숙제를 검사하고 나서 그것을 큰 소리로 읽게 한 뒤, 그녀가 그 숙제를 과연 혼자서 할 수 있었겠는지를 반 아이들 앞에서 물었다. 아이들이 아니라고 대답하자, 교사는 카롤린에게 0점을 주었다. 물론 아이는 매우 낙담하여 집으로 돌아왔다. 부모가 교사와 대립하는 것이 두려운 아이는 부모가 그 이야기를 교사에게 하길 원치 않았다.

　부모가 자신의 의견을 표명하지 않을 경우, 그것은 아이를 '포기'하고 교사의 부당한 태도를 지지하는 것이 되어 버린다. 아이를 낙담케 한 것만으로도 모자라서, 많은 아이들 앞에서 상처를 받게 한 것은 누가 봐도 이중적으로 부당한 태도이다. 이럴 때는 대화만이 아이를 희생시키지 않고, 대립 없이 상황을 회복시킬 수 있다. 실수란 충분히 있을 수 있는 것이고, 부모조차도 잘못할 때가 있는 법이다. 그러므로 부모가 교사에게 숙제가 갖는 긍정적인 면을 강조하면서 흥분하지 않고 차분하게 말하면, 교사가 아이에게 좀더 주의를 기울이게 될 것이다. 그리고 또 한편으로는 아이를 자신의 지표 위에 든든히 서게 하고, 사람은 스스로를 방어할 수 있다는 것과 어떤 일이 있

어도 사도마조히즘적인 관계에 동의해서는 안 된다는 것을 보여 주는 기회가 될 것이다.

나는 1995년에 실시했던 연구에서, 공부에 실패한 아이들의 80퍼센트에 가까운 숫자가 유년기에 이런저런 문제를 겪었던 아이들이었음을 알게 되었다. 그 문제들은 젖먹이의 의사 표현 방식들, 곧 신체를 통해 두 가지 주요 영역에서 이루어지는 방식을 보여 준다. 그 첫 번째 영역은 식욕 부진, 병적인 허기증, 변비, 설사 등으로 나타나는 소화 영역이다. 이 영역에서 생기는 문제들과 학습 태도에 관한 표현들을 연결지어 보는 것은 흥미로운 일이다. 예를 들어 어떤 아이는 책을 **게걸스럽게** 읽는가 하면, 어떤 아이는 책만 보면 **구역질이** 난다고 말한다. 또 어떤 아이는 책만 생각하면 **입맛이 떨어진다**고 표현하는데, 이런 아이는 **소화** 안 되는 독서를 **흡수**할 생각이 전혀 없다. 지식을 **억지로 쑤셔 넣는 것**, 학교가 **밥맛없다**고 말하는 것 등도 마찬가지이다. 그 다음은 덜 상징적이긴 하지만, 심리적 기능을 나타내 주는 잠의 영역과 관련된 문제들이 있다. 꿈의 내용을 망각하는 것은 수업 내용을 망각하는 것과 비슷할 수 있으며, 악몽은 많은 아이들이 좋아하는 공포 영화나 환타지 이야기들과 쉽게 연결지어 볼 수 있다.

훈련, 가정과 학교

모든 학습의 시작은 가정에서 어머니와 함께 이루어진다. 태어나서 처음으로 하는 일인 먹는 것과 자는 것은 삶에서 불가피한 기초 교육의 단계들이다.

교육 방식, 즉 **한계선을 긋고 해서는 안 될 것을 가르치는** 부모의 능력은 훗날 학교에서 이루어지는 아이의 학습 태도에서 다시 나타난다. 예를 들면 음식을 거부하는 아이는 아주 흔한 **대치** 현상에 의해 학교 생활에서도 거부하는 태도(수업 내용 받아들이기를 거부함)를 그대로 재현할 수 있다.

알린은 8세인데, 계산 능력이 심각할 정도로 떨어진다. 아이는 자기가 곱셈을 잘할 줄 모르며, 나눗셈은 무척 어렵지만 덧셈은 아주 잘한다고 말했다. 나는 아이에게 곱셈도 덧셈의 한 형태라고 설명해 주었다. 그런데 어떻게 할 방법이 없었다. 아이는 4 더하기 4가 몇인지도 대답하지 못했던 것이다. 그리고 4가 하나인 것은 4 곱하기 1과 같고, 4가 두 개인 것은 4 곱하기 2와 같다고까지는 말했으면서도, 4 곱하기 3에 이르면 더 이상 계산을 하지 못했다. 알린은 이혼했다가 다시 합친 부모와의 사이에 문제가 아주 많았다. 특히 식욕이 전혀 없어서, 이 아이에게 밥을 먹이는 일은 끝없는 전쟁이었다. 그것은 계산을 매개로 해서 아이와 내가 벌였던 전쟁과 아주 많이 닮았다. 아이가 그린 그림에는 개 한 마리가 뼈다귀를 옆에 놓고 앉아 있을 뿐 사람은 하나도 없

었다.

유년 초기와 가장 기초적인 학습은 이처럼 서로 관련이 있다. 그러나 시간이 더 흐르면 부모와의 관계, 교사와의 관계들 사이에 연관이 생긴다. 여기서도 서로 보완적인 역할을 할 수 있는 어른들 사이에 생길 수 있는 괴리·대립·갈등이 아이의 학습 문제에 근원이 되는 불안을 초래할 수 있다.

8세인 **브루노**는 초등학교 2학년이다. 이 아이는 주의가 산만하고 매우 무신경하며, 수학 시간에 국어 사전을 펼쳐 놓는 등 도발적이기도 하다! 아이는 생후 2주일째에 서혜부에 종기가 생겨서 수술을 했고, 부모는 그것 때문에 몹시 걱정했었다. 유치원에 간 첫날 아이는 화가 나서 돌아왔다. "유치원에선 아무것도 한 게 없어. 선생님은 바보야." 그런데 브루노는 어머니가 이 말을 다른 사람에게 옮기면 무척 화를 냈다. 그는 사실 학교를 자신과 부모 사이에 거리를 둘 수 있는 **공간**으로 사용하고자 애썼지만 허사였다. 부모가 그것을 받아들이려고 하지 않았기 때문이다. 그들은 브루노가 이처럼 부모와의 관계를 객관화시키는 것을 막으려고 학교와 교사를 비난했다. 그래서 아이는 집에서 난폭하게 행동했으며, 어머니 앞에서 울부짖는가 하면 심지어 어머니를 물기까지 했다. 어머니는 브루노의 만류에도 불구하고 내 앞에서 계속 아이의 말을 전했는데, 아무도 그녀의 말을 중단시킬 수 없었다. 아무튼 어머니의 말에 의하면 브루노의 작년 교사는 교사로서의 동기 부여가 전혀 안 되어 있는 여자였…… 브루노는 매우 효과적인 타협으로 그 갈등을 해결했지만, 그 대가는 매우 컸다. 동작과 태도가 심하게 느려진 것이다. 브루노의 아버지도 생각이나 태도가 어머니와 별반 다르지 않았다. 호감이 가는 사람이긴 하나, 그 역시 매우 말이 많았다. 그는 브루노의 철자법이 엉망인 것도 교사의 탓으로 돌렸다. 브루노로서는 할 말이 없었다.

부모, 특히 아버지 이미지가 실추되면서 스승이 중요한 존재로 부상한 것이 사실이다. 그리고 아이는 교사와 부모의 인격에 따라 반응할 뿐 아니라, 그들간의 관계에 따라서도 반응한다. 그런데 이런 관계들 위에 때로 정신과 의사라는 존재가 추가되기도 한다. 여기서 말하고 싶은 것은 교사·부모·의사의 관계들 사이에 근거 없는 질투가 흔히 나타날 수 있다는 점이다.

실비(6장에 등장)는 학교 생활에서 많은 문제를 안고 있는 소녀이다. 규칙적으로 심리 치료를 받고 있어서, 이 때문에 수업에 빠지기도 한다. 그녀의 담임 교사는 아이를 무척 사랑하고 깊은 관심을 갖고 있다. 그런데 언제부터인가 실비가 자주 입에 올리고 있는 정신과 의사라는 인물에게 자기의 역할을 빼앗긴 듯한 기분이 들어 견디기 힘들었다. 실비의 어머니 역시 예전에는 담임 교사의 말만 따랐는데, 지금은 맹목적으로 의사의 조언을 따르고 있다. 교사는 이런 상황을 받아들이기 힘들어했다. 실비의 증세가 전혀 좋아지지 않는 만큼 그의 불만도 컸다. 아이는 받아쓰기를 하다가도 갑자기 얼어붙어서 더 이상 글을 못 쓰겠다고 고집을 부리기도 했는데, 그럴 때마다 교사는 아이 앞에서

마치 마법사처럼 행동한다. "내가 의사 선생님이라고 상상해 보렴, 내가 네게 최면을 걸었다고 생각하는 거야. 자, 이제 용기를 내서 써봐!"라고 말하면서.

교사-부모-정신과 의사의 관계 속에 왜 이런 질투가 자리잡는 것일까? 이 영역에서의 질투는 어린아이의 차원에 속한 것이다. 어른이라면 아이가 교사나 의사에게 많은 관심을 보이는 것을 기뻐해야 한다. 그리고 교사나 의사는 부모의 자리를 대신할 생각(이것은 좋은 징조가 아니다)을 갖지 않고, 아이가 부모를 사랑하는 것을 기쁘고 다행스럽게 여겨야 마땅하다. 부모는 아이가 교사에게 애착을 느낀다고 해서 불안해할 필요가 없다. 교사에 대한 애착이 아이에게 배움의 의욕을 주는 수가 많다는 것은 교사도, 의사도, 부모도 모두 잘 알고 있는 사실 아닌가! 그 사실을 비웃어서는 안 되며, 심지어 그 때문에 자녀를 비난해서도 안 된다. 비록 대학교나 고등학교에서 아이들이 좋은 성적을 올리는 과목의 경우, 그것이 학생의 자질 때문이 아니라 교사의 자질에 따른 것임은 유감스러운 점이긴 하지만……. 아무튼 이런 현상은 아이와 의사 사이에서도 나타날 수 있다. 그것은 정상적인 것일 뿐 아니라 바람직스럽기까지 하다. 바로 이런 관계에서 출발해야만 의사나 심리치료사가 아이를 이해시킬 수 있기 때문이다.

학교 폭력

불행스럽지만 이 장은 학교 폭력 문제로 끝맺음하지 않을 수 없을 것 같다. 학교 폭력이 이제 모든 초중고생의 실천 교육 프로그램에 삽입된 문제가 되었기 때문이다. 학교 폭력은 어찌나 빈번한지, 학생들 사이에서 스톡홀름 신드롬이 나타나고 있을 정도이다. 스톡홀름 신드롬이란 스톡홀름의 한 은행에 침입한 강도들이 은행 직원들을 볼모로 잡았을 때, 인질들이 인질범들에게 동화되어 그들에게 호감과 지지를 보이고, 또한 불리한 증언을 피했던 데서 붙여진 명칭이다. 내가 이해할 수 없는 이유로 타인들이 내게 거부의 의사를 표명할 때, 그들을 이해하고 용서하려는 노력에 있어서는 유소년과 청소년들이 어른들보다 한수 위라는 사실을 알 필요가 있다. 그래서 이들은 참을 수 없는(혹은 받아들일 수 없는) 폭력을 견뎌내기 위해 자신이 폭력을 당할 만했던 원인을 찾아내려고 애쓴다. 자신이 수동적으로 당하고만 있었던 현상을 이성으로 통제하려는 것이다.

게다가 무의식적인 죄책감도 갖고 있어서, 공격을 받고 나면 항상 그럴듯한 변명거리와 이유를 찾아낸다. 예를 들면 놀이 시간에 잔인한 취급을 당한 아이들은 불평을 하지 않는다. 자기를 못살게 군 아이들을 비난하기는커녕 오히려 그 아이들이 그렇게 무자비할 수밖에 없었던 이유를 찾아낸다. 개별심리극을 통해 이런 장면들을 인위적으로 재구성해서 괴롭힘을 당한 아이들에게 말할 기회를 주면, 그들이 그런 일을 당하게 된 상황을 스스로 이해하게 되고, 따라서 스스

로를 방어할 수 있도록 도와 준다.

　10세인 **에티엔**은 쉬는 시간에 함께 놀 친구가 없다. 아이들에게 다
가가 함께 놀자고 해도 번번이 놀림당하고 쫓겨날 뿐이다. 그 때문에
에티엔은 깊은 상처를 입었고, 아이들 무리에 끼일 수 없는 것에 대해
자책한다. 심리치료사들과 함께 이 장면을 연기하도록 하였을 때, 우
리는 에티엔이 실은 꽤 독재적이며 거만하기까지 하다는 것, 그리고 그
가 친구들을 마치 어린 동생들처럼 취급한다는 사실을 알게 되었다. 실
제로 에티엔은 삼형제 중 맏이여서, 주위 사람들로부터 본보기로 여겨
지는 데 익숙해 있었다. 그래서 그는 본래의 모습으로 살지 못하는 모
범자의 역할 속에 파묻혀 있었다. 아이는 심리극에서 자기를 괴롭히는
아이들 중 한 명의 역할을 연기하는 동안 이런 상황을 깨닫게 되었다.

　방송 매체가 끼어들 경우, 학교 폭력은 개인들 사이의 관계로 국한
되지 않고 학교의 범위를 넘어서게 된다. 그것이 정치적 쟁점으로까
지 발전하면, 그야말로 해결할 길 없는 난제가 되어 버린다. 언젠가
어버이학교의 한 진행자가 이렇게 물은 적이 있다. 어떤 학교는 불과
피가 난무하는 싸움장인 데 반해, 같은 구역에 위치한 또 다른 학교
는 폭력의 온상이 되지 않은 이유가 무엇이냐고. 폭력으로부터 안전
한 학교는 확고하면서도 유연하고 올바르며, 학생들과 교사들로부터
존경받는 교장 선생님이 지키고 있는 학교라는 것 외에 다른 이유를
찾을 수 없었다. 폭력은 한 가지가 아니다. 폭력에는 **여러 가지 폭력**
이 있어서[2] 어떤 폭력은 은밀하게 숨겨져 있으며, 어떤 폭력은 소란

스럽고 눈에 띈다. 우리가 직접 느끼는 폭력은 첫번째 유형이 아닌 두번째 유형이다. 그러나 첫번째 유형의 폭력은 두번째 유형의 원인이 되는 수가 많다. 특히 그것이 제도적인 것일 때, 다시 말해서 일반적으로 법·권력 혹은 다수의 편에서 나온 폭력일 때 그렇다. 그렇기 때문에 폭력은 여러 단계에서 '다루어져야' 하며, 그 각 단계들의 등급을 매기고 그 정도를 염두에 두어야 한다. 폭력은 맹목적인 것일 때 참으로 바보 같은 짓이다. 우리는 그것을 질책할 줄 알아야 하고, 또 질책할 수 있어야 하며, 반드시 질책해야만 한다. 그러나 폭력은 자칫 합법적인 경계선을 넘어갈 수도 있다. 그 폭력의 의미를 끌어내는 것은 책임을 느끼는 사람들의 몫이다. 그러나 소수의 사람들이긴 하지만, 눈속임의 처방을 내세워서 폭력을 이용하는 자들도 있다. 이때도 아동과 청소년들은 성인들이 폭력만은 안 된다고 말해 주길 바라며, 그 말이 그들의 행동과 일치되길 기대한다.

교외에서 고등학교를 다니는 16세의 **소피**는 아주 모범적인 여학생이다. 그녀가 아주 상냥하게 보이는 한 남학생과 사랑에 빠졌다. 그런데 실은 그 남학생은 좋지 않은 패거리에 속해 있었고, 소피도 차츰 그 사실을 알게 되었다. "난 한번도 그 아이들과 어울려 본 적은 없었어요"라고 소녀는 고백했다. 시간이 흐르면서 그녀는 남자 친구가 자신보다는 패거리의 우두머리인 아이와 더 밀착되어 있음을 깨달았다. 어

---

2) 〈젊은 폭력〉을 볼 것, E. 브라미가 지휘하는 잡지, 《읽기와 알기》, 갈리마르 출판사.

느 날 '그들'은 그녀의 집을 털기로 시도했다. 소피의 부모가 그들을 고소했고, 그들은 소피에게 복수하기로 결심했다. 결국 소피는 학교를 떠나야만 했다. 그리고 집도 이사한 후, 그 학기가 끝날 때까지 이모의 집에서 살아야 했다.

이 경우는 권위 문제에 사회 문제가 첨가된 사례이다. 소피의 새아 버지는 소피의 남자 친구 패거리가 그를 집으로 돌아가지 못하게 방 해하자, 그들의 눈을 속이기 위해 복면 쓴 사나이 같은 놀이까지 해 야만 했다. 소피는 거기에서 은밀한 만족감을 느꼈다. 경찰의 도움을 받아 모든 상황이 회복되었으나, 이 작은 악당들도 집에서 그들에게 '폭력은 안 돼'라고 말해 주는 아버지가 필요했으리라.

11
어른들이 탈선할 때

'그건 하면 안 돼'라는 말은 자녀만 들어야 할 말이 아니다. 그동안 받았던 교육이 충분한 기준들을 제시해 주지 못한 까닭에 부모도 탈선할 때가 있다. 그래서 부모의 탈선이라고 할 수 있는 아동 학대를 다루게 될 이 장은 누구에게나 관련이 있으리라고 생각한다. 첫째는 최근 들어 아동 학대에 대한 고발이 지나쳐서 비난의 화살을 아무에게나 돌리는 경향이 있기 때문이며, 둘째는 다음의 예가 보여 주듯이 아동 학대가 반드시 난폭하고 눈에 보이는 형태로 이루어지는 것만은 아니기 때문이다.

11세인 **올리비아**의 피아노 교사는, 어느 월요일 저녁 무렵 어린 제자로부터 이상한 전화를 받았다.

– 여보세요, 선생님? 안녕하세요?

– 오, 웬일이니, 올리비아? 지난 토요일에 봤잖아.

– 그냥요……. 그냥 선생님이 집에 계시는가 해서요.

– 왜? 집에 부모님이 안 계시고 너 혼자니?

– 네, 두 분이 함께 영국에 가셨는데 금요일에나 오셔요.

— 널 봐주러 올 사람은 있는 거지?

— 아뇨, 필요한 게 있으면 옆집 아줌마에게 부탁하기로 했어요. 그리고 화요일 밤은 내 친구 집에서 자기로 했고요…….

대화 끝에 피아노 교사는 올리비아에게 부모님이 오실 때까지 매일 저녁마다 자기에게 꼭 전화를 하라고 말했다. 그러자 소녀는 그렇게 하겠다고 대답한 뒤 안심했다는 듯이 전화를 끊었다.

이 짤막한 이야기를 독자가 어떻게 받아들였는지 모르겠다. 이런 경우 부모의 태도는 아동 학대에 속하는 것일까? 아이에게 자율권을 주는 것과 아이를 방기하는 것 사이의 경계선은 어디쯤 있는 것일까? 아이에게 죄책감을 느끼는 부모들이 그 죄책감 때문에 자녀를 엄하게 다루기를 망설이고, 그 결과 자녀의 버릇을 나쁘게 만드는 과정을 우리는 이해할 수 있다. 또한 부모의 반응을 끌어내기 위해서 일부러 자신을 육체적 혹은 심리적으로 위험한 상황에 빠뜨리는 아이들의 행동도 이해할 수 있다. 이런 상황들은 모두 똑같은 방향, 곧 '틀이 없는' 방향으로 가고 있는 것이다.

권리, 가족과 국가

법률가들에게 가정은 치외법권 지대이다.[1] 하지만 이 선언은 가정

---

1) 알랭 브나방, 《시민권》, LITEC.

안에 있는 관계들이 좋을 때만 가치가 있다. 그래서 극단적인 경우에는 판사가 개입할 수 있다. 아동 학대란 것은 아무 환경에서나 일어나는 것이 아니다. 대부분의 경우엔 아이의 비정상적인 태도 때문에 당황한 부모가 불안해하는 것이 보통이다. 아동 학대같이 방향을 상실한 태도는 흔히 알코올 중독에 의해 조장되는 수가 많다. 그리고 가족 중 한 명이나 이웃이 신고함으로써 겉으로 드러나게 된다. 그런데 불가피해서 하게 되는 신고는 문제 해결을 위한 시도의 첫걸음에 불과할 뿐, 이후로 참으로 오랜 중재와 도움을 필요로 한다. 비록 학대받는 아이들을 긴급히 다른 곳으로 옮겨 놓았다고 해도, 계속해서 부모와 접촉하며 이 문제를 처리해 가야 하는 것이다. 이때 부모와 자녀의 관계를 고려하면서 상황을 관리하지 않으면 안 된다. 이때 그 관계가 때로 매우 견고할 뿐더러, 이런 가정일수록 자녀들이 이미 부모를 '돌보는 법'을 배워 버린 아이들일 경우가 흔하다. 만일 부모가 넘어서는 안 될 한계선을 넘었을 때라면, 법의 제재까지도 받을 수 있다.

7.5세인 **클로딘**은 자신감이 없다는 것 때문에 날 찾아온 사례이다. 이 어린 소녀는 문제를 최소화해서, 잠을 잘 못 자는 것 외에는 자기에게 아무 문제가 없다고 말했다. 그러나 그림을 그리게 하자, 소녀는 어머니와 함께 비를 맞으며 시장에 가는 아이를 그렸다. 나는 소녀의 아버지가 늘 술을 마시고, 자녀들에게 죽인다고 위협한 일도 있으며, 최근에는 자신의 아버지(클로딘의 할아버지)마저 때렸다는 사실을 어머니의 고백을 통해 알게 되었다. 어머니는 이혼을 요구했다.

미셸은 12.5세인 여자아이로, 매우 힘든 유아기를 보냈다. 태어난 지 얼마 안 되었을 때 식욕 부진을 보였고, 유아원에 들어갔을 때는 어머니와 처음으로 긴 시간 떨어져 있는 것을 못 견뎌서 한동안 거의 매일 울부짖곤 했다. 이 소녀는 클로딘과는 반대로 자신에게 문제가 너무 많다고 믿고 있었다. 최근에는 이름도 모르는 약을 먹고 자살까지 시도했다. 이유를 묻자 이렇게 대답했다. "우리 아버지와 함께 사는 게 지겨워서요." 이 아이는 어떤 꿈을 꿀까? 소녀는 아버지에게 얻어맞는 꿈을 꾸곤 한다. 우리는 아버지를 만나 동의를 받은 후, 아동 판사에게 신고를 하지 않을 수 없었다. 소녀의 아버지는 술을 안 마실 때는 정신이 말짱했던 것이다. 판사는 AEMO 조치를 취했다.

이처럼 사회가 개입하면 소란스러운 문제로 확대되기 마련이지만, 부모가 자녀를 학대한다고 해서 늘 사회가 개입하는 것은 아니다. 때로 유복하고 교육 수준이 높은 부모들 중에도 자녀를 학대하여 병원 응급실에 실려 가게 만드는 이들이 있다. 생후 12개월 된 어린 딸의 입에 반창고를 붙인 약제사도 있었다. 아이를 돌보는 데 있어 학대 행위를 예방하려면, 마찬가지로 먼저 아이의 환경을 이해하는 작업부터 해야 한다. 하지만 정신적인 학대는 이런 신체적인 학대보다 훨씬 더 위험하고 체계화하기도 어렵다. 그런데도 우리는 신체적 학대에 대해서는 웬만큼 조치를 취하고 있지만, 더 심각하고 중대한 결과를 가져오는 심리적 학대에 대해서는 완전 무방비 상태이다. 그런데 신체적 학대와 정신적 학대 두 가지 모두, 어린이는 말할 것도 없고 어른들도 지키기 어려운 규칙의 문제와 관련이 있다.

법과 가족의 관계에 관해 덧붙이고 싶은 것은, 국제재판소가 아동에게 부여하고 선진국들이 승인한 권리들이 실은 가족으로부터 강제로 빼앗아 국가에 넘겨 준 것들이라는 사실이다. 이제 국가는 정당하고도 공평한 판사의 이미지가 아니라, 호의적인 태도를 보여 주는 국법수호자들에 의해 전능한 어머니의 이미지를 줄 위험이 커졌다.

아동 학대 고발의 필요성과 지나치게 남용되고 있는 고발

이 시대는 미국의 본을 따라서 모든 형태의 아동 학대를 고발할 의무를 갖게 된 시대이다. 고발은 두 사람의 관계에 제삼자가 끼어든다는 것을 의미하는데, 이런 개입에 대해서는 이미 말하였으므로 여기서 다시 거론하지 않을 생각이다. 하지만 침묵이 군림하던 시대에 들어와 정당화된 이 '개입'은, 이제 침묵이 만들어 냈던 조치를 훨씬 뛰어넘는 하나의 규칙이 되어 버렸다.

전에, 그러니까 한 20년 전쯤만 해도 중고등학교나 가정에서 도덕에 위배된 사건이 생겼을 경우, 때로 사법적 진실을 희생시켜서라도 희생자를 보호하는 것이 황금률이었다. 그러나 현재는 더 이상 그렇지 않다. 이제는 법에 의해 의사가 직업상의 비밀로부터 해방되었을 뿐 아니라, 환자가 학대당한 상태를 보고하게끔 되었기 때문이다. 최근에는 장애아 청소년들에게 있었던 성적 학대를 정신과 의사가 즉시 고발하지 않았다는 죄목으로 형을 받은 사건까지 있었다. 그 의사는 사건의 주모자들을 고발하기 전에 그들이 마음의 준비를 할 시간

을 갖기 바랐던 것이다.

　희생자는 훗날 성인이 되었을 때, 고소를 하거나 혹은 안할 수 있는 권리와 자신이 당한 일을 폭로하거나 혹은 안할 수 있는 권리, 또 정신과 의사나 심리치료사에게 자유롭게 말할 수 있는 권리를 얻게 된다. 그렇기 때문에 굳이 소방관들을 부르지 않아도 희생자가 받은 충격이 언어를 통해 표현될 수 있다. 특히 20년 전에 이미 꺼진 불일 경우에야……. 마리 다니엘(5장)은 어렸을 때 겪었던 성추행 사건에 대해, 정말 자신에게 아무런 책임이 없다면 자신이 굳이 무슨 말을 할 필요가 있느냐고 되물었는데, 그녀의 사례야말로 정신적 충격에서 단번에 벗어나는 적극적인 대답이다. 우리는 희생자에게 무의식이란 것이 있다는 사실과, 그에게 이런저런 방법으로 충격을 소화할 시간이 필요하다는 점을 잊고 있다. 그래서 현재 미국에서는 연약한 환자들에게 유년 시절에 당했던 성적 학대를 '**고백**'하게 한 다음 고소하도록 부추기는 것이 유행하고 있다. 그러나 우리는 이처럼 희생자들을 보호하려고 한다는 자들의 의식적·무의식적인 동기 유발에 대해 의문을 가져 보아야 한다.

　그런 태도는 결과적으로 환자를 위한 것이 아니어서, 환자를 두 번 희생하게 만드는 것일 수가 있기 때문이다.

　크리스틴은 심각한 우울과 억압의 문제 때문에 개인적으로 나를 찾아왔다. 아버지는 소녀가 아주 어릴 때 돌아가셨고, 어머니는 아버지의 가장 친한 친구와 동거를 시작했다. 크리스틴이 사춘기에 들어서자, 혼란에 빠졌던 그 남자는 자신이 죽은 친구와 연결되어 있다고 확신했

다. 어린 크리스틴은 그 생각에 매혹당했고, 급기야 그가 자신의 몸을 건드리는 것까지 허락했다. 소녀는 17세가 될 때까지 그와의 성관계를 견디다가 최근에 그 관계를 깨뜨렸다. 혹시 고소할 생각을 가졌는지 내가 묻자, 소녀는 이제 그것은 더 이상 문제가 되지 않으며, 다만 자신이 좋아하지도 않았던 그 일을 무엇 때문에 그렇게 수년 동안 참아내려 했었는지 그 점이 알고 싶을 뿐이라고 말했다.

현재 우리는 성인들을 대상으로 하는 임상적 수행과, 아이들 혹은 청소년들을 대상으로 하는 임상적 수행 사이에 존재하는 이상한 괴리를 관찰하고 있는 중이다. 후자의 경우엔 고발을 함으로써 아이들의 정신 건강을 해치고, 그들을 보호한다고 주장하면서도 실은 그들의 권리에 반대되는 조치들을 촉발할 위험이 있다. 이런 것을 보면 마치 도덕이란 것이 나이에 따라 **이중**으로 해석될 수 있는 것처럼 보인다.

고발은 성적 학대에만 국한되지 않고, 일반적인 신체적 학대와도 관련이 있다. 우리는 아이들이 통화료 없이 구조 요청을 할 수 있는 전화번호를 얼마든지 이용할 수 있음을 알고 있다. 이처럼 아동 학대에 관련된 문제들을 대중 앞에 드러내 놓는 것은 덮어놓고 쉬쉬하며 침묵하던 것과 비교할 때 확실한 진전이다. 다시 말하지만, 우리는 여기서 폭력과의 투쟁을 검토하려는 것이 아니다. 하지만 사회복지사들이 위험한 파도 위를 항해하고 있는 것이 우리 사회의 실정이다. 그리고 부모가 교육적 차원에서 어쩌다 아이를 때린 사건과, 참으로 검찰의 개입이 필요한 폭력 사이에 한계선을 긋기란 쉽지 않은 일이다. 때로는 어이없을 정도로 오해가 생기는 수도 있다.

　　마누엘의 아버지가 아들 문제로 찾아왔다. 마누엘은 이전에 어머니와 함께 상담하러 온 일이 있는 아이였다. 아이가 겪고 있는 학교 생활 문제는 그런대로 평범한 것이었고, 부모는 자녀 문제에 매우 협조적이었다. 대화중에 아버지는 최근에 겪은 이야기를 했다. 마누엘을 데리러 하교 시간에 맞추어 학교로 갔는데 아이가 없었다. 누군가가 알려 준 바로는, 경찰이 와서 아이를 데리고 갔다는 것이다. 경찰에 전화를 해본 아버지는 검사가 아이를 급히 보건사회활동국(**DASS**)의 한 회관에 맡겼다는 사실을 알게 되었다. 도대체 무슨 일이 있었단 말인가? 바로 전날, 마누엘은 오토바이 절도 때문에 경찰의 일제 단속에 걸렸다. 아이의 말에 따르면 자기는 공모에만 가담했을 뿐 절도는 하지 않았다고 한다. 그런데 그 말을 하는 아이의 표정에 반성하는 빛이 전혀 보이지 않고, 말투도 몹시 건방졌다. 참다 못한 아버지가 허리띠로 아이를 몇 대 때렸고, 아들의 몸에는 멍 자국이 생겼다. 때마침 이튿날은 학교에서 신체 검사가 있는 날이었다. 교내 의사는 멍든 자국을 보고서 마누엘에게 자초지종을 물은 다음, 즉시 검사에게 전화를 해서 아이를 보호할 수 있는 조치를 부탁했다.

　　아주 최근에 만난 **청소년선도위원** 한 명은 요즘 사회복지사들이 너무 고발을 많이 해서 문제라며 불평했다. 그는 사람들이 아무것도 아닌 일로 신고를 하고, 또한 아버지들이 사회복지사들을 아예 고발자로 보고 가정 방문을 거절하기 때문에 가정의 도움을 받으며 일하기가 점점 어려워진다고 말했다.

내겐 이런 경우가 있었다. 콘서트홀에서 여자 동창을 만났는데, 혼자 8세 된 아들을 키우며 살고 있었다. 동부에서 파리로 이사를 온 그녀에게 삶은 쉽지 않았다. 나는 몹시 영악하고, 학교에서 공부도 아주 잘하는 그녀의 아들에게 장난으로 이렇게 말했다. "꼬마야, 만일 엄마가 널 학대하면 아저씨한테 전화하렴. 이 아저씬 아이들과 이야기를 나누는 의사거든." 그랬더니 맹랑한 꼬마가 즉시 이렇게 대답했다. "그럴게요. 벌써 알고 있어요, 아동 학대를 받으면 즉시 신고해야 한다는 걸요." 마침 바로 전날 사회복지사가 그 집을 방문했다는 것이다…….

요즘 사회는 웬만한 일에도 무조건 신고하고 고소하는 것이 전체적인 분위기이다. 물론 이 분야에 너무 무관심해도 안 될 일이고, 따라서 사회의 관심을 끄는 캠페인도 필요한 것이 사실이다. 하지만 이웃간의 고만고만한 갈등마저 관공서로 날아드는 익명의 고발 편지나 불필요한 신고로 발전하고 있는 형편이다. 익명의 편지는 사법적 가치가 없으나, 신고는 경찰 조사로 이어져서 공권력이 가정 생활에 개입하게 만들고, 이때 부모의 권위가 실추될 수도 있다. 따라서 신고가 늘 적절한 해결책이라고 볼 수만은 없다.

12세인 **라몽**은 성적이 아주 많이 떨어져서 아버지를 모시고 와야 할 형편이 되었다. 아버지는 떠나갈 듯한 소리로 호통을 치며 꾸지람을 했다. 그러자 라몽의 집에서 새어나오는 아랍 특유의 음식 냄새 때문에 평소에 불만을 갖고 있던 이웃 사람들이 아이를 학대한다고 라몽의 아버지를 가정복지회에 신고했다. 그러자 곧 복지회에서 나와 조사를

했고, 결국 아동 학대가 아니라 아버지가 심하게 꾸짖은 것으로 드러
나긴 했다. 하지만 프랑스 사회에 잘 적응한 이민 가정의 모범을 자처
하던 라몽의 부모는 조사 과정에서 심한 모욕감을 느꼈고, 부모가 이런
조사를 받았음을 알게 된 자녀들 앞에서 아버지의 권위가 흔들리고 말
았다.

육체적 · 심리적 학대

신체적 학대가 항상 심리적 결과를 몰고 온다면, 일반적으로 심리
적 학대는 구타보다 훨씬 더 심각한 결과를 가져오는 수가 있다. 여
기 상황 참작이 어려운 두 가지 사례가 있다.

파블로는 6세의 아이이다. 어머니는 정신 질환을 앓고 있지만, 최선
을 다해 아들을 돌보면서 규칙적으로 상담을 받으러 다녔다. 아버지는
유달리 불안정하고 질투가 많았다. 그러나 그 역시 아들을 위해 나와
의 상담을 받아들였다. 파블로는 부모의 병리적 증세 때문에 위험에
처한 아이이다. 그럼에도 불구하고 아이는 명랑하고 잘 웃었다. 하지
만 학교에서는 약간 불안정한 태도를 보이는 듯했다. 아이는 놀랍게도
이런 말을 했다. "아빠는 엄마에게 막 화를 내요. 두 분 다 너무 불행
하기 때문이에요." 이런 상황에 있는 아이들이 흔히 그렇듯 파블로 역
시 부모를 이해하고, 돕고자 애썼다. 게다가 그는 아주 사랑이 많은 아
이였다. 학교에서 다른 아이들이 그를 놀리고 발을 걸어 넘어뜨리는

일이 자주 있었는데, 그때마다 모두 아버지에게 말했다. 아버지는 아들이 스스로를 방어할 줄 모른다는 것에 대해 참을 수 없었다. 그래서 아들에게 권투를 가르쳤다. 그러던 어느 날 아이의 친구가 그의 집에 놀러 왔는데, 두 아이가 서로의 몸을 살펴보는 장면을 아버지가 목격하게 되었다. 그러자 아버지는 파블로를 '호모' 취급을 하면서 두들겨 팼다.

줄리에트는 11세이다. 치료를 잘못한 골절상이 감염되어 병원에 입원했다가 퇴원했는데, 흉터 자국이 남았다. 이 때문에 소녀는 심한 우울증에 빠지게 되었다. 의사들은 최선을 다했지만, 아이는 그들이 자기를 모르모트 취급하고 있다는 기분만 들었다. 그녀의 우울증은 부모에게 표현할 수 없는 분노를 자신을 향해 내쏟는 형태로 나타났다. 아이는 그런 기분을 이렇게 표현했다. "혼자 살고 싶어요. 그러면 우리 부모를 더 이상 귀찮게 하지 않을 테니까요." 이런 말도 했다. "만일 내가 꼭 살아야 한다면, 아주 행복하게 살아서 우리 아빠 엄마한테 내가 그들을 사랑한다는 걸 보여 주고 싶어요." 그후 소녀는 어머니의 수면제를 먹고 자살을 시도했다. 자신의 남동생의 죽음으로 인한 충격에서 아직도 헤어나지 못하고 있는 어머니는 딸인 줄리에트에게 심할 정도로 냉정했다. 반면 아버지는 주기적으로 한마디 말도 없이 집을 훌쩍 떠났다 돌아오곤 했다. 줄리에트는 부모가 이혼할까 봐 두려워서 가끔씩 어머니에게 이혼할 것인지 물어보곤 했다. 그럴 때마다 어머니는 "지금 당장은 아니야"라고 대답했고, 그 대답은 줄리에트를 절망감에 빠지게 했다. 또 줄리에트가 창문에서 뛰어내려 자살하겠다고 위협

하자, 어머니는 "네까짓 게 그렇게 할 수 있을 것 같아? 그게 아무나 하는 일인 줄 알아?"라고 내뱉었다. 아버지는 어머니가 딸과 맺고 있는 관계를 마치 '당겼다 밀어내는 연인'의 행동으로 묘사했는데, 그 단어가 주는 이중적인 의미를 의식하고 하는 말 같지는 않았다. 물론 줄리에트의 성격 역시 쉽지는 않았다. 그녀는 매우 격하기 쉬운 성격이었다. 부모에게 할 말이 있다고 해놓고도, 언제 그랬느냐는 듯이 곧 방으로 들어가 문을 이중으로 닫아걸기도 한다. 하지만 그녀와 부모 사이에 부정적인 상호 작용이 있다는 것만은 분명해 보였다. 부모는 딸의 상담 치료에 별로 협조적이 아니어서, 마치 딸이 부모를 고발하기 위해 정신과 의사를 찾아오는 것처럼 여겼다.

이 두 경우를 학대라고 말하기는 어렵다. 왜냐하면 부모가 취약한 상태라는 점이 뚜렷하게 인정되기 때문이다. 하지만 부모의 취약성이 자녀에게 부정적인 반응으로 나타난다면, 부모에게 한계선을 그어 주어야 한다. 그러나 이것은 부모가 의사의 권유를 따르기로 할 때에만 비로소 가능하다. 다른 사례들에서는 'AEMO 조치'를 취하라는 결정이 내려질 수 있고, 그렇게 되면 부모도 상당히 안심할 수 있다.

근친상간

근친상간을 금지하는 법은 굳이 말로 표현할 필요가 없다. 그러나 불행하게도 알코올 의존자인 아버지의 경우, 이 당연한 금지의 벽이

허물어져 내리는 것을 볼 수 있다. 그런가 하면 의붓아버지이거나 혹은 친아버지임이 분명치 않은 경우엔 실제의 행위로까지 이어지기가 쉽다. 끝으로 근친상간의 희생자는 대부분 딸들이지만, 아들이 희생자인 경우도 간혹 있다. 더욱이 모자간의 근친상간은 확실히 매우 드물지만, 부녀간의 문제든 부자간의 문제든 어떤 경우에도 어머니는 공모자가 된다고 할 수 있다. 중요한 것은 이 문제에서도 역시 예방이 우선이며, 사후 처리도 몹시 중요하다는 점이다. 아버지가 이 일로 인해 감옥에 갔다고 해도, 딸이 계속 아버지에게 편지를 쓰는 경우가 있기 때문이다. 글을 모르는 어린 딸이 자신의 마음을 그림으로 그려서 아버지에게 보내는 경우도 드물지 않다. 아버지가 집으로 돌아오게 되면, **온 가족이 도움을 필요로 한다.**

A부인은 12세인 둘째딸이 아버지가 강요해 온 관계를 털어놓자 즉시 남편을 고소했다. 사건이 이처럼 겉으로 드러나고 나자, 말없이 똑같은 상황을 겪었던 맏딸도 마침내 그 사실을 털어놓았다. 지금은 결혼해서 살고 있는 남편의 조카딸 역시 오래전에 삼촌을 고발한 일이 있었다. 조카가 자기의 결혼식 날, 모든 사람들 앞에서 공개적으로 삼촌에게 욕설을 퍼부으면서 벌어진 일이었다. 이렇게 표현할 수 있을지 모르겠지만, 그날 이후로는 모든 것이 정상으로 되돌아갔다. 그러나 여섯 명으로 구성된 이 가정은 대출받아서 교외에 집을 산 뒤부터는 빚 때문에 어려운 상황에 처하게 되었다. 하지만 진짜 문제는 물질적인 것에 있지 않았고, 아내가 애인을 집으로 데리고 오고, 남편은 남편대로 정부를 집으로 끌어들인다는 데 있었다. 자녀들은 이런 사실을

모두 알고 있었다. 위의 두 자녀가 집을 옮겨 나간 것은 어머니가 남편을 고소하기 전이다. 아버지가 최소한 아래 어린 자녀들에게로 행동을 옮겼으리라는 것은 거의 확실하다. 이 아버지는 의사를 공격한 죄로 6년형을 살다가, 출소한 지 몇 개월 후에 자살했다. 사내아이들은 한계선이 없는 이런 가정 환경 속에서도 그런대로 피해를 모면한 것처럼 보인다. 하지만 밑에서 두번째 아이는 초등학교 1학년인데도 글을 읽을 줄도 쓸 줄도 모르며, 밤마다 악몽에 시달리고 있다.

정신적 근친상간과 그 결과들

부모의 무의식적인 태도가 자녀로 하여금 선택의 여지가 없는 어떤 분위기로 몰아가는 경우도 있다. 그것은 아이가 일단 어른이 되고 난 뒤에 정신분석을 통해 재구성해 볼 수 있다. 그렇게 되면 부모를 비난하지도 않고, 재구성한 것을 현실과 혼동하지도 않게 된다. 필자는 부모의 엄격한 태도가 자녀의 순종에 반비례한다고 이미 말한 바 있다. 지나치게 엄격한 부모는 자녀로 하여금 더 이상 부모의 말을 듣지 않게 만들거나, 혹은 표면적인 순종만 하게 만든다. 반대로 모든 것을 너무 자유로이 허용하는 부모는 자녀가 모든 것을 스스로 금지하고, 그래서 지나치게 조심스럽게 몸을 사리게 만들 수 있다. 이 역설은 어떤 점에서 내적인 삶과 외부 현실 사이의 관계를 보여 준다고 할 것이다. 지나치게 상냥한 부모를 둔 아이는 고압적인 부모의 이미지를 꾸며대거나, 아니면 신(神)에 대해 준엄하고 까다로운 이미

지를 갖게 된다. 그래서 부모는 주변 사람들에게 실제보다 훌륭하게 보일 수도 있고, 여러 자녀들에게 저마다 다른 이미지를 줄 수도 있다. 이때 자녀들이 갖는 이미지의 차이는 무의식의 작업을 보여 주는 것이다. 이는 특히 예외적인 환경에 있을 경우이다. 하지만 그런 환경들은 정신적 질환을 유발할 수 있기 때문에, 예방적인 차원에서 그런 환경에 대해 조금 설명하는 것이 좋을 듯싶다.

　파니는 쉽게 사랑에 빠지는 여성이다. 그녀는 제라르에 대해 아는 것이 별로 없으면서도 그와 결혼했다. 결혼과 거의 동시에 임신을 한 지 얼마 되지 않았을 때, 파니는 남편이 술을 마시기 시작했고 이어서 마약에까지 손을 댔음을 알게 되었다. 아버지가 누구인지도 모르는 채 홀어머니 손에서 자란 제라르는 아버지가 된다는 의미도 모르면서 아버지가 되는 것이 견딜 수 없었던 것이다. 파니는 임신을 끔찍한 시련으로 느끼게 되었다. 그녀는 친정부모의 지지를 받고 있었지만, 배 속에 있는 아이와 제라르의 타락을 끊임없이 연결짓지 않을 수 없었다. 더군다나 출산하는 날 제라르가 약물 과다 복용으로 구급차에 실려 갔기 때문에 혼자서 아이를 낳아야 했다. 적절한 시기에 배워야만 하는 아기에게 필요한 모든 학습은 이런 상황 속에서 이루어졌다. 그래서 아기는 꼭 배워야 할 것들을 배우지 못했고, 5세가 되어도 말을 하지 못했으며, 늘 부산하게 움직이며 들떠 있는 상태였다. 그러나 시선만은 유별나게 강렬했고, 무엇이든 뚫어지게 바라보는 경향이 있었다. 이에 대해 소아정신과 의사들은 소아정신병이라는 진단을 내리면서 주간병원에 입원할 것을 권유했다. 하지만 파니는 자기 아들이 그 병동에 있

던 다른 아이들과 같다는 것을 받아들일 수가 없었다.

조제프는 매우 유명한 물리학자의 손자이다. 그의 부모는 사랑하여 결혼했고, 그는 막내아들로 태어났다. 아버지는 알제리 전쟁에 참여했다가 처참한 환경 속에서 죽음을 맞았다. 그 때문에 어머니는 완전히 정신을 잃은 상태였다. 그날 이후로 거의 정신병자에 가깝게 변했고, 마치 죽은 남편에게 말을 걸듯이 조제프에게 말을 걸었다. 할아버지는 이 사실을 알고 나서, 가장 유명하다는 소아정신과 의사들을 찾아다녔다. 그러나 할아버지가 할 수 있는 일은 아무것도 없었고, 그저 속수무책으로 손자가 변해 가는 과정만 지켜볼 뿐이었다. 아이는 시간이 흐를수록 학교에서 공부하는 것도, 다른 사람들과 정상적인 관계를 맺는 것도 어려워졌다. 형과 누나들은 어머니와의 독점적인 관계에서 벗어날 수 있었지만 조제프의 경우는 그렇지 못했다. 물론 어머니는 그것을 전혀 의식하지 못했다. 그녀는 현실을 직시하길 회피했으며, 정신과 의사들을 자기를 비난하는 적으로 여겼다. 그리고 죄책감이 그녀로 하여금 과거를 돌아보는 것을 막고 있었다.

위의 두 가지 사례를 보면, 서로 다른 이유에 의해 어머니가 아이와 함께 갑자기 혼자 내던져진 느낌을 받게 되었으며, 남편이 더 이상 특별한 대화 상대가 되어 주지 못한다. 질병 혹은 죽음으로 인해 아내의 손이 미치는 범위를 벗어나 있기 때문이다. 이런 어머니 밑에서 자라는 아이들은 도움을 받아야 하며, 또 받을 수 있다. 하지만 어머니의 도움 없이는 불가능한 일이다. 왜냐하면 자녀가 정신과 의사와

맺는 관계를 어머니가 또 한번의 분리로 느낄 위험이 있기 때문이다. 여기서 우리는 정신과 의사가 개입자의 입장에서 가족 누구에게라도 도움을 청하고 싶은 욕구와 언제라도 중단될 수 있는 객관적 도움 사이에 위치한 어려운 상황임을 이해할 수 있다. 부모 중 한 명이 정신질환을 앓고 있는 어떤 경우 판사에게 도움을 요청하면 정신과 의사가 아이를 계속 치료하고, 가족의 방해를 받지 않도록 도와 줄 수 있다. 이렇게 해서 누군가에 의해 아버지 혹은 어머니가 한계선을 긋게 되면, 그후엔 안정감을 느껴서 아이의 치료도 허락하게 된다.

모자 혹은 부녀 커플. 매우 복잡한 오이디푸스 콤플렉스

필자는 오이디푸스 콤플렉스를 방어 기제 속으로 밀어넣는 상황들이 있다고 말하고 싶다. 이제 그 방어 기제의 출구를 살펴보려고 한다. 사람은 누구나 소위 정상적이고 긍정적인 오이디푸스 콤플렉스를 체험한다. 소년에게 있어서 그것은 어머니를 소유하고 아버지를 죽이는 것인데, 다행히도 이것은 가벼운 욕망의 흔적으로만 남아 있을 뿐이다! 그럼에도 불구하고 아들은 자신의 이런 뜻을 아버지로부터 벌받아 마땅한 것으로 느끼고, 그 때문에 아버지를 본떠 다른 여인들에게로 눈길을 돌리게 된다. 딸의 경우는 언제나 그렇듯이 조금 더 복잡하다. 딸은 아버지에게 매여 있지만, 아들과 마찬가지로 어머니에게도 매여 있는 까닭이다. 따라서 아버지가 어머니에게 했던 것과 같은 차원의 선물(즉 아기)을 기대하는 딸은 다음 단계에서 아버지

를 거부하지 않을 수 없고, 그 욕망의 실현을 위해 다른 상대를 찾게
된다.

그런데 아들이나 딸이 이 마지막 단계를 실현하지 못할 경우, 즉
아들이 어머니를 포기하지 못하고, 딸이 아버지를 포기하지 못하는
경우가 생길 수 있다. 이것을 고착이라고 하는데, 최초로 애착을 느
낀 상대와 떨어지기 힘들 정도로 강력한 관계를 형성하는 것을 말한
다. 따라서 고착은 정상적인 오이디푸스 콤플렉스의 한계를 벗어나
는 것이다. 정상적인 오이디푸스 콤플렉스 안에서는 부녀 혹은 모자
사이의 독점적인 애착에 대해 부모 중 다른 한 명이 "이제 그만, 거
기까지!"라고 말함으로써 아이가 그 고착 상태를 포기하도록 도와 줄
수 있다. 그렇지 않으면 동성애가 나타날 위험이 있다.

미구엘은 어머니가 가장 아끼고 사랑하는 아이였다. 왜 그런지 모르
지만 그 아이는 어머니가 무척 사랑했던 죽은 친정오빠를 항상 떠올리
게 했기 때문이다. 미구엘은 어딜 가나 또래보다 앞서고 모범이 되는
아이였으며, 매우 섬세한 성격을 갖고 있었다. 그는 다섯 형제의 막내
로 넷째아이가 태어난 지 10년 후에 갖게 된 아이이기도 했다. 말하자
면 예상치 못한 탄생이었던 셈이다. 아이의 아버지는 처음부터 모자 관
계에서 완전히 배제된 정도가 아니라, 아예 불필요한 존재로 여겨질 정
도였다. 이는 아버지 자신이 농담처럼 한 말이다. 하지만 아버지 역시
이 늦둥이 앞에서는 벌어지는 입을 다물 수 없었다. 아무튼 그 아이는
수줍음이 많지만 매우 명민한 아이로 자랐고, 교사들과도 특별한 관계
를 만들었다. 물론 어머니와는 여전히 밀착 관계를 유지하고 있었다.

청소년기에 접어들자 소년은 더욱 말수가 적어졌다. 부모가 심리학자를 찾아 상담을 요청한 것은 그 때문이었다. 나는 미구엘에게서 약간 꾸미는 듯한 느낌을 받았으나 별다른 점은 발견하지 못했다. 말은 생각보다 많은 편이었다. 소년은 자신이 남자아이들보다는 여자아이들과 더 가깝다고 말했다. 남자아이들은 너무 거칠다는 것이 이유였다.

비슷한 다른 많은 경우와 마찬가지로 이 사례에도 똑같은 도식이 있다. 즉 이런 아이들이 성인이 되어 정신분석을 받을 경우, 의사는 환자의 뜻을 넘어서는 무의식적인 메커니즘을 참조해 볼 수 있다. 이런 경우 소년은 오이디푸스 콤플렉스의 한 단계에만 머무르게 된다. 그래서 어머니를 향한 몰입된 애정으로만 만족한다. 그러나 이 순결한 사랑은 근친상간을 암시하는 많은 의미들을 내포하고 있으며, 그것은 가까운 주변 사람들이라면 심리학에 대해 문외한일지라도 금방 알아차릴 수 있다. 소년이 근친상간에 준하는 이런 상태에서 벗어나는 유일한 출구는 무의식적으로 자신을 어머니에게 동일시하고, 어머니처럼 닮아 가는 것이다. 그것은 아들이 어머니로부터 분리되는 유일한 방법이기도 하다.

베르나데트는 형제자매가 많은 가정의 맏이이다. 부모는 결속력이 매우 단단한 부부로서 자기들만의 세계에 갇혀 있었다. 겉으로 드러나진 않아도 실은 매우 불안하고 근심이 많은 아버지는 가정사의 모든 결정을 아내에게 의존하고 있었다. 아버지에게 지나칠 정도로 친근감을 느끼고 있는 베르나데트는 아버지에 대한 열정적인 사랑을 키워 나

갔으나 한번도 밖으로 드러낸 적은 없었다. 반면 어머니에 대해서는 존중은 하지만, 마음속 깊은 곳에서는 교양이 없다는 점을 들어 심한 경멸감을 갖고 있었다. 그래서 아버지를 자랑스럽게 생각하는 베르나데트가 아버지와 맺고 있는 지적인 밀착 관계에서 어머니는 완전히 배제되어 있었다. 결국 베르나데트는 점점 더 남성적인 태도를 갖게 되어서 결혼하고 싶은 생각도, 아이를 갖고 싶은 생각도 아예 사라지게 되었다.

부모 중 다른 한 명이 안 된다고 말하지 않을 때

결과적으로 신체적인 것이든 정신적인 것이든 모든 학대에서 발견되는 공통점은, 아이가 부모 중 한 명과 근친상간의 관계를 맺고 있을 때 배우자가 그 관계를 저지할 수 없다는 것이다. 그래서 자녀는 단지 한쪽 부모의 권한이나 의지에 복종하게 된다. 왜 그 배우자는 이처럼 무력한 것일까? 그것은 다음장에서 대강 훑어보려고 한다. 이 영역에서 보편적이면서도 중요한 결론은 자녀가 특수 장애를 겪게 되는 것 외에도, **자신이 다른 사람들로부터 떨어져서 그들과 같은 세계에 속해 있지 않다고 느끼거나, 혹은 자기 세계를 지배하는 법이 주변 세계의 법과 다르다고 느끼게 된다**는 사실이다.

이런 느낌이 평생 동안 지속될 위험도 있다. 희생자들이 자신이 처한 환경을 외부에 알려야 할 정당한 필요성이 바로 여기에 있다. 즉 무엇보다도 자신의 존재를 알리고, 이런 문제가 존재한다는 것을 보

여 주며, (관련 매체들을 통해) 진정한 문제점들을 제기하는 것이다. 이 책 역시 아무도 비난하지 않으면서 이런 문제들을 드러내는 한 방법이다. 사실 누군가의 도움도 없고 대화 상대자도 없는 상황에서 자기로서는 그렇게밖에 할 수 없었던 어린 시절을 보낸 사람들을 어떻게 비난할 수 있을까? 그것은 신체적 혹은 성적으로 받는 충격과는 다른 것이어서, 이런 경우엔 고발과 고소가 반드시 좋은 해결책은 아니다. 그것은 크리스틴(11장)과 마리 다니엘(5장)이 한 말이기도 하다. 고소를 했을 경우 범죄자를 처벌하는 것 외에, 정작 희생자가 입은 상처는 어떻게 치료할 수 있단 말인가? 다음 사례에서 이 딜레마를 볼 수 있다.

프레데릭(9장)은 13세까지 부모의 방에서 잤다. 그 때문에 아이는 어린이가 점차적으로 배워 가야 할 것과 충격적인 장면을 통해서가 아닌 다른 방식으로 배워야 할 것을 모두 목격하고 말았다. 하지만 이보다 더 주목하게 되는 것은 이 아이가 어머니의 뜻에 의해, 가톨릭 종교라기보다는 로마의 신들을 떠올리게 만드는 종교 예식 같은 가정 예배에 참여해야 했다는 점이다. 벽난로 위에는 어떤 성자인지 모르지만 하여간 어느 성자에게 봉헌된 진짜 제단까지 마련해 놓았다. 프레데릭과 어머니는 밤마다 어둠의 악마들을 쫓는 기도를 하곤 했다. 아버지에 대해서 꼭 하고 넘어가야 할 말은, 프레데릭의 출생시에 이름을 짓기 위해 개입한 것만 빼고는 부재를 통해서 오히려 빛을 발하는 존재였다는 점이다. 그나마 프레데릭의 이름을 지어 준 것이 어쩌면 아들이 당했을 수도 있는 더 큰 고통을 피하게 해주었는지도 모른다. 아무튼 프레

데릭은 어머니에서 한 종교의 여사제 같은 이미지를 갖고 있었고, 그후 기숙학교에 들어가서 만난 신부들에게서 어머니의 종교적인 그림자를 발견하였다. 그래서 신부들과의 관계에서 진정한 결속력을 느끼게 되었으며, 이 관계에서도 실제의 아버지는 철저히 배제되었다. 프레데릭에게 있어서 어머니는 절대적인 이상형이었다. 어머니를 비평한다거나 한쪽으로 비켜 놓는 것은 그로서는 상상도 못할 일이었다. 그는 어머니 없이는 무력감과 우울감에서 헤어 나올 수 없었다. 자신의 생각 속에서 어머니를 여신으로 재구성한 것은 바로 프레데릭 자신이었다. 성인이 된 지금까지도 어머니야말로 어렸을 때부터 두려워해 오던 온갖 재앙들로부터 자신을 지켜 주는 존재라고 믿고 있다. 그는 현재 만성적인 우울증을 앓고 있다. 그가 우울감에서 빠져나올 때마다 명령자인 어머니 여신이 다시 수면으로 떠오른다. 그는 그 이미지를 쓰러뜨릴 때마다 죄책감을 느끼고 있으며, 어머니가 다시 태어나지 않으면 살아갈 수가 없다.

신체적·성적 학대에서 정신적 학대로 이르는 거리는 그리 멀지 않다. 그러나 이 양자 사이에는 현실의 두께가 있다. 이미 말했지만 혼자 외따로 떨어져 있다는 느낌을 갖게 하는 모든 학대의 공통점만 제외하면, 심리적 결과들은 비록 정신분석 치료에 의해 일부 혹은 전부가 해결되긴 하지만 어쨌든 매우 다양한 형태를 갖는다. 하지만 신체적 혹은 성적 학대와 정신적 학대가 모두 죄책감 때문에 제 두 눈을 파내는 태도를 보이는 것은, 부모 중 한쪽이 배우자에게 '그건 안 된다'고 말하지 못한 데서 오는 결과이다.

12
안 된다고 말할 수 있기

'그건 안 돼'라고 말해야 한다는 사실을 아는 것만으로는 충분치 않다. 실제로 그렇게 할 수 있어야 한다. 어떤 사람들은 안 된다고 말해야 한다는 것을 알면서도 차마 하지 못한다. 자신의 뜻을 분명하게 드러내는 것이 두렵고, 상대방의 마음을 아프게 하는 것이 두렵고, 그 때문에 사랑받지 못할까 봐 두려운 까닭이다. 모두가 이해 가능한 선량한 이유들이다. 하지만 사무실이나 집에서는 안 된다고 말하는 것이 그렇게 불가능하지만은 않은데, 이는 내가 말하지 않아도 누군가가, 혹은 어떤 현실이 대신 말해 줄 수 있기 때문이다. 그러나 사회로 확장시켜 봤을 때, 안 된다고 말하는 것은 그리 인기 있는 태도가 아님을 알게 된다. 최고의 정치가들은 잘 알려진 몇 가지 예를 제외하면, 절대로 안 된다고 말하지 않는다. 여기서도 현실에 의해 저절로 거부되도록 내버려둔다. 그러나 도덕 교육은 일반 교육처럼 선택할 수 없는 상황에서 현실이 알아서 거부하도록 내버려두어서는 안 된다. 이와 반대로 거부가 구체적으로 실현될 수 있도록 해야 한다. 그리고 그 거부의 뜻은 상황이나 어쩔 수 없는 사건을 통해서가 아니라, 정식으로 말로서 표현되어야만 한다. 이렇게 실제로 거부하는 것

은 정치가에게도, 집안의 가장에게도 결코 쉬운 일이 아니다. 단시간 내에 즉각적인 만족을 추구하는 이 시대에 그 일은 점점 더 어려운 일이 되어가고 있다.

사법권, 교육학, 정신분석?

이런 경향이 일반화된 데도 정신분석의 보급에 따른 잘못된 이해에 일부 책임이 있을 수 있다. 그 증거로서 정신분석학적인 사고 방식, 다시 말해 정신분석학의 틀에서 끌어낸 프로이트식 사고 방식이 사법과 교육에 관한 담론들 속에 많이 스며들어 있다는 점을 들고 싶다.

이리하여 1945년 2월 2일에 발표한 결정으로 구체화된 **새로운 사회 보호**는, 범죄에 첫발을 내딛거나 재범에 빠질 위험으로부터 **구출하기 위해 그 대상자들을 위한** 조치를 취할 것을 목표로 한다……. 그것은 대상자들에게 자신의 **가능성을 인식시켜** 주는 방식을 권장한다……. 이 결정은 권리에서 지나치게 '법적인 요소를 뺄 것'을 공표했을 때 이미 비난을 받았던 것이다.[1] 이 기사를 다룬 잡지에서 우리는 청소년 범죄자의 선도가 치료 단계와 아주 비슷한 과정들을 거친다는 것을 볼 수 있다. 왜냐하면 무엇보다도 중요한 것은 청소년이 '누군가가 자신의

---

1) 티에리 크레탱, 공화국의 검찰, 《중요한 유년기》 중에서, n° 24. 강조한 것은 우리이다.

말을 들어 주었다는 기분을 느낄 수 있는 것'이고, 그가 '금지된 것을 위반하고, 범죄 행위를 저질렀을 때의 원인과 결과를 이해하도록 만드는 것'이기 때문이다.[2] 물론 이런 의도들은 분명히 칭찬받을 만한 것들이다. 하지만 이 '치료법'에 대해서는 의문을 가져 볼 필요가 있다. 비전문가들에 의해 객관적이지 않은 분위기에서 행해진 것들이기 때문이다.

문교부에서도 이와 똑같은 탈선을 찾아볼 수 있다. 예를 들면 '교육 현장에 있기 때문에 드러날 수밖에 없는 환자'에 관해서 하는 여러 가지 말들을 들을 수 있다. 이것은 "소수의 아이들에게는 학교 생활이 정신병리학의 연구 대상이 될 수 있다"는 확신과 대조를 이룬다. 이것은 국립교육학연구소에서 일하는 학자들이 쓴 글이다.[3] 이 교육학 전문가들 역시 정신분석의 **이론적인** 정보들을 사용하고, **통찰시키는** 활동들을 창조하며, 지지적인 교육학의 정의를 내린다. 말이 나와서 하는 말인데, **지지적인** 교육학은 '육체적·감각적·정서적·언어적 혹은 지적 차원의 문제들(그들의 말을 그대로 옮긴 것이다!)'을 다루는 것이라고 한다. 그러나 공개적으로는 '정서적 삶의 성숙과 균형'을 연구한다고 해도, 그 목표는 말할 필요도 없이 학습과 성공적인 학교 생활이다. 하지만 깨닫지 못할지라도, 이 **목적 지향성**은 그들의 계획을 시대에 뒤떨어진 것으로 만들고 있다. 왜냐하면 '자녀들을 위해

---

2) 리카르드 산초 안드레오.
3) 《교육학 연구》, n° 68.

무엇이든' 다 하는데도 자녀의 성적이 엉망이라는 데 놀라게 되는 부모들이 있는 것처럼, 그 계획은 그들이 무시하고 싶어하는 정신병리학과 충돌하는 것이기 때문이다. 아이들은 그것에 속지 않는다. 그래서 예를 들면 그들은 ('자신의 행복을 위한다는 구실로') 장래성 없는 직업 쪽으로 인도되고 있을 때, 그것을 매우 빨리 알아차린다.

이런 탈선들은 모두 포기에서 온다. 사법부는 더 이상 판단하길 원치 않고, 문교부는 더 이상 가르치려고 하지 않는 것이다. 이 두 가지 영역 모두 **알기**만을 원할 뿐 더 이상 강요도 하지 않고, 안 된다고 말하려 하지도 않는다. 이들은 자기들의 과제가 워낙 어렵기 때문에 마치 그 과제 속에 실패의 열쇠가 있기라도 한 것처럼 조심스럽게 정신분석학 쪽으로 방향을 돌린다. 그러나 그 과제들은 동시에 정신분석의 효과를 무효화하고 있다. 정신분석가의 개입을 위시해서 정신분석을 가능케 하는 여러 조건들을 존중해 줄 때 비로소 그 효과가 제대로 발휘되기 때문이다. 그래서 학교는(초등학교에 대해서만 말하기로 한다) 심리학자들의 양성소인 술탄의 궁전에서 나오지 않은 것은 무엇이든 규제해야 한다고 주장한다.

아이가 안 된다고 말할 때

사법부와 문교부가 이런 식으로 반응하는 것은, 이들이 범죄라는 '적극적인 저항'이나 불량한 태도라는 '수동적인 저항'에 맞닥뜨리기 때문이다. 이런 저항들은 엄청난 규모를 가질 수 있다. 이는 어떤 환자들의 굽힐 수 없는 의지가 바로 저항하는 능력 속에 존재하기 때문이다. 과장이 아니라, 소위 반항의 단계에 들어선 18개월 된 아이들 중에도 부모까지 두렵게 만드는 강력한 의지를 가진 아이들이 있다. 간혹 어떤 부모들에게서 볼 수 있는 비정상적이기까지 한 태도들을 설명해 주는 것이 아마도 이런 두려움일 것이다.

로베르는 13세이다. 이미 소년 범죄자인 그는 부모가 자신과 형제들의 행위를 전혀 금지하지 않은 것에 대해 면전에서 비난했다. 그가 그렇게 할 수 있었던 것은, 소아정신과 의사가 그에게 하고 싶은 말이 있으면 마음껏 해보라고 시켰기 때문이다. 그의 비난은 마음속 깊은 것에서 우러나온 진정한 외침이었다. 그러자 어머니가 즉시 대답했다. "난 너희들이 하고 싶은 게 뭔지 내게 말해 주기만을 항상 고대하고 있었단다."

프랑시스의 부모가 상담하러 온 까닭은 12.5세인 아들이 전 과목에서 낙제를 했기 때문이다. 프랑시스 역시 말도 떨어지기 전에 부모가 미리 알아서 모든 욕구를 충족시켜 주면서 키운 버릇없는 아이처럼 보였다. 놀랍게도 대화 도중에 알게 된 것은 이 12세가 넘은 사내아이를 어머니가 목욕시켜 주는 것을 중단한 것이 겨우 1개월 전이었다는 사실이다.

앙드레의 아버지는 아들이 아주 어렸을 때부터 심하게 가학적인 방

법으로 벌을 주어 왔다. 그것은 어쩌면 아들에게 지배받지 않을까 하는 데서 온 두려움은 아니었을까? 그는 자기의 실수로 인해 받은 모욕감 때문에 아들에게 가혹 행위를 했을 뿐 아니라, 훗날 아들에게 다시 보여 줄 생각으로 잘못을 비는 아들의 고백을 비디오로 녹화까지 해두었다. 그래서 앙드레는 청소년기의 정신 질환을 통하지 않고서는 아버지에게 거부 의사를 나타낼 수 없었다.

로베르는 방임하는 부모의 태도를 바꾸기 위해 무엇이든 다 해보았다고 할 수 있다. 그러다 그것이 먹혀들지 않자 사회에까지 도전한 것이다. 프랑시스로 말하자면 어머니가 자기의 몸을 씻어 주는 것을 막을 수 없다고 느끼자, 이에 대한 반항을 실패한 학교 성적으로 지불했다. 왜냐하면 아이들도 '안 돼'라고 직접 의사 표시를 하기가 최소한 부모들만큼 어렵게 느껴지기 때문이다! 그들은 자신이 할 수 있는 방법으로, 즉 걱정을 불러일으키는 **태도나 질병**을 비롯해 학교 성적으로 나타나는 **징후**나 신체적 징후를 통해서 '안 돼'라고 말한다. 그 중에서도 **굼뜬 태도**는 스스로 선택한 언어이다. 말없이 부모에게 매순간 전하는 반대의 뜻인 것이다. 이를 알지 못하는 부모는 잘못된 반응을 보이기 마련이다.

11세인 **블랑딘**은 드물게 굳은 의지를 가진 소녀로서 그야말로 황소 고집이다. 무언가를 하나 결정했다 싶으면 아무도, 아무것도 그 결정을 바꿀 수 없다. 블랑딘은 막내딸로서 귀여움을 받다가, 기다리던 아들로 태어난 두 살 아래의 남동생에게 왕관을 빼앗겨 버린 기분을 갖

고 있었다. 소녀는 매우 세심하여 자신의 물건을 챙기는 데 몇 시간씩을 보내곤 했다. 그리고 어머니가 청소를 하느라 자기 물건들을 옮겨 놓으면 소리소리를 지르며 화를 냈다. 학교에서는 비교적 모범생이었지만, 무엇이든 제시간에 끝내는 법이 없다는 것이 큰 문제였다. 그래서 아침에 세수를 할 때나, 특히 친구와 외출이라도 할 경우엔 몇 시간씩 목욕탕을 차지하고 있어서 온 집안을 마비시키기 일쑤였다.

마지막으로 다른 방법이 없기 때문에 자신의 신체를 갖고 부모에게 반발하는 경우도 있다. 예를 들면 **변비**는 흔히 까다로운 어머니에게 반항하는 한 방법일 수 있다. 그러나 전혀 먹으려 하지 않는 **식욕 부진**은 말을 사용하지 않으면서 '안 돼'를 표현하는 매우 위험한 방법이다.

플로르는 유년기 시절 병적인 허기증에 걸렸던 적이 있어서, 마치 '뼈에 가죽을 씌워 놓은 듯한' 모습이었다. 어머니는 비만이라고는 할 수 없으나 그래도 꽤 살이 쪄 보이는 외모였다. 매우 명랑하지만 웬일인지 초조해 보이는 어머니에게는 먹는 것이 곧 불안과 싸우는 한 방법인 듯했다. 그녀는 딸에게 강압적으로 밥그릇을 모두 비우게 하는 편이었다. 하지만 플로르는 12세가 되면서부터 엄격한 다이어트를 하기로 결심했다. 그래서 매일 몸무게를 재고, 자기가 먹은 음식의 칼로리를 치밀하게 계산했다. 부모는 딸아이가 바로 그 유명한 정신적 허기증에 걸린 것이 아닌지 두려워 상담을 하러 왔다. 다행히도 플로르는 적어도 아직까지는 식욕을 잃은 것이 아니었다. 하지만 그럴 소지는

다분했다. 그러나 어머니도 아버지도 이 위험한 태도를 금지시킬 수 없었다.

이제껏 보았듯이, 이런 식으로 반응하여 완전히 **굳어지다시피** 한 자녀의 습관을 부모는 막을 도리가 없다. 하지만 일반적으로 볼 때 이처럼 습관으로 자리잡게 된 데는 좀더 일찌감치 막지 못한 부모의 책임이 크다.

청소년기가 올 때

부모의 태도는 자녀의 연령과 변화에 적응해야만 한다. 그리고 자녀는 금지 사항이 세월과 함께 변한다는 것과, 자신도 성장하는 중이므로 허용이 될 때까지 기다려야 한다는 것을 염두에 두어야 한다. 자녀의 성장과 변화는 단계마다 축하받을 수 있어야 하며, 설령 위반을 하면서 성장한다고 할지라도 부모는 그 성장을 인정해 줘야 한다.

12세인 뤼크는 초등학교 6학년인데, 늘 학교와 문제가 있었다. 입학한 첫날부터 유아원을 빠져나와 집으로 돌아간 경력이 있을 정도이다. 응석받이인 그는 곧 가정의 중심이었다. 그런데 알자스 지방에 잘 정착했던 그의 가정이 파리로 이사를 오게 되었다. 아버지가 다니던 회사가 문을 닫았기 때문이다. 뤼크의 단호한 결심과 행동과 말은 늘 어른을 놀라게 만들곤 했다. 그런데 언젠가 담임 교사가 그의 잘못을 지

적하고 벌을 세운 적이 있었다. 그는 벌이 부당하게 생각되었다. 그날 그는 학교에서 나오면서 스트라스부르에 있는 할아버지 집으로 가겠다고 동생에게 알렸다. 그리고는 그 나이로서는 믿어지지 않을 정도로 침착하게 그 계획을 행동으로 옮겼다. 부모는 스트라스부르에 있는 할머니로부터 뤼크가 잘 도착했다는 소식을 들을 때까지 초조하고 불안한 시간을 보내야만 했다. 며칠 지나서 뤼크가 집으로 돌아왔을 때, 부모는 한편으로 너무 놀랍고 또 한편으로 감탄스럽기도 해서 따끔하게 야단칠 수가 없었다.

사춘기 직전에 있는 이 아이는 그때의 가출 경험을 이야기하면서 그 대담함에 자신도 놀란 것처럼 보였다. 여기서 알 수 있듯이 사후에 야단치는 것은 아무리 엄격하게 한다 해도 결코 엄한 꾸지람이 될 수 없다. **또한 교육에 대해, 그리고 안 된다고 말해야 할 필요성에 대해 이 책에서 필자가 할 수 있었던 충고들은 사춘기가 시작되면서부터는 모두 역행하는 것처럼 보인다.** 이때부터 부모는 아이와 대립하기보다는 오히려 유연한 태도로 대처하는 편이 더 낫다. 유아적 특성을 계속 보여 주는 것이 사춘기의 속성인데, 아이가 비록 계속해서 그런 태도를 유지한다고 해도 부모는 자녀가 성인이 되기 시작했다는 점과 그것을 인정해야 한다는 점을 인식해야 한다. 이런 인식은 여러 가지 사소한 행동들을 통해 구체화되며, 그런 사소한 것들이 대단한 중요성을 갖는다. 예를 들어 아이의 방문을 노크하는 것, 방 청소를 하기 전에 반드시 아이의 의사를 물어보는 것, 아이가 전에 없이 느끼는 수치심을 존중해 주는 것, 욕실 문 앞에서 참을성 있게 기다려

주는 것 등이 그런 것들이다. 사춘기 아이들은 제일 먼저 **존중**받기를 원하고, 그 다음엔 **대화**를, 그리고 마지막으로 **이해**를 필요로 한다. 그들은 삶에서 새로운 구속들을 만나고, 유아적 의존심을 어쩔 수 없이 포기해 나가는 과정에서 부모의 도움과 지지를 필요로 한다. 어떤 상황 속에서 금지령을 내려야 한다면, 반드시 조심성과 여러 가지 의견, 많은 대화를 동반해야 한다. 그런 것들이 금지하는 '말'에 무게를 실어 주기 때문이다. 반대로 분명한 언어를 통하지 않고 불안 속에서 내려지는 금지령은 처음에 기대했던 것과 반대의 효과를 가져올 위험이 크다. 자녀에 대해 부모가 품고 있는 '생각'과 자녀가 보여주는 '모습' 사이의 괴리가 가장 클 때가 바로 이 시기, 사춘기이다.

카르멘은 18세이다. 그녀는 어렸을 때부터 언어에 문제가 있어서 재교육을 받았다. 더욱이 천식 환자인데다, 아주 어렸을 때는 급성 탈수증에 걸린 적도 있었다. 네 아이 중 둘째인 그녀는 성격이 매우 어둡다. 자신이 전혀 아름답지 않다고 생각하며, 자기의 삶을 실패로 느끼고 있다. 부모와의 사이도 좋지 못하다. 그녀는 지금 한 가수를 매우 좋아하며, 연상의 소년들을 사랑한다. 그녀는 아버지가 자신과 전혀 반대인 취향을 가졌다고 말한다. 하지만 아버지는 이상하게도 그녀에게서 자신과 닮은 모습을 보았다. "나 역시 그 애 나이에는 플라토닉한 사랑에 빠졌더랬지요." 그러면서 아버지는 딸이 어려움을 당할 수 있다는 사실을 받아들인다. 그래서 딸의 발음이 더 정확해질 수 있도록 합창대에 넣었다. 딸은 아버지에게 어리광을 많이 부리는데, 아버지는 그것이 때로 약간 지나치다는 생각을 하고 있다.

우리가 보듯이 부모와 자식 간의 닮은 점과 다른 점은 그리 큰 차이가 나지 않는다. 때로 사춘기 소년 소녀가 부모로부터 분리되려고 애쓰는 것은 바로 이 때문이다. 그렇기 때문에 이 힘든 시기에 필요한 유일한 치료약은 대화와 인내이다.

어떻게 뒤로 돌아갈 수 있을까?

부모들 중에는 자녀에게 욕구 좌절을 경험시켜 가는 과정에서 한 단계(흔히 첫 단계)를 실패했다고 느낄 때, 어떻게 하면 좋을지 궁금해하는 이들이 있을 것이다. 예를 들어 자녀들이 직접 혹은 간접적으로 금지 사항들을 요구했음에도 불구하고 그것을 적절한 시기에 제시할 줄 몰랐고, 또 제시하려고 하지도 않았던 경우를 말한다. 필자의 생각에는 부모가 외부의 도움을 필요로 할 때가 바로 이 순간이라고 본다. '너무 늦어서 안 되는 일이란 결코 없다'는 말도 있지만, 그것은 정말 사실이다. 하지만 습관의 무게란 것은 막중한 것이어서 요술봉을 한번 휘두른다고 해서 금방 모든 것이 변하는 것은 아니다. 설령 부모가 "지금부터 모든 것이 제대로 될 거야"라고 엄숙하게 선언했다고 해도, 아이들이란 야단을 맞고 놀란 상태가 일단 지나고 나면 다시 예전과 같이 습관을 따라가게 되어 있다.

12세인 **노엘**은 두 남동생을 둔 맏딸이다. 이 아이는 어찌나 가정 문제에 열중해 있는지 6학년 수업을 따라가기가 힘들 정도이다. 부모는

교사가 아이를 너무 방임한다고 비난했다. 어머니를 질투하는 노엘은 화가 나서 늘 입이 부어 있으며, 심하면 어머니를 때리기까지 했다. 아버지가 마치 자신은 그런 일에 연루되어 있지 않은 척하면서 풀어 나간 이야기는 다음과 같다. 우선 노엘은 자라기를 거부하고, 규칙을 갖고 싶어하지 않는다고 했다. 그리고 노엘이 부모의 사이가 좋아져야 한다는 생각과 어머니가 아버지를 지배한다는 생각을 갖고 있지만 감히 입 밖으로 내지 못한다는 말도 했다. 실제로 소녀는 자기가 아버지에 대해 친근감을 느낀다는 것과, 심지어 아버지 앞에서는 오금을 쓰지 못한다는 것을 인정했다. 한편 어머니는 자신이 노엘과 너무 많은 이야기를 나눈다고 남편이 질책하는 것을 이해하지 못했다.

이 사례는 단 한번의 상담으로 조정이 가능했다. 어째서? 왜냐하면 이것이 우선 사춘기의 문제이고, 사춘기에 겪는 갈등은 비교적 쉽게 풀 수 있는 것이기 때문이다. 이런 갈등은 사춘기에 접어들었다는 사건에 의해, 즉 어른이 되어가는 중인 아이가 욕망을 실현할 수 있다는 가상적이지만 새로운 가능성에 의해 오이디푸스 콤플렉스가 부활하는 것과 관련이 있다. 말로 표현한다는 단순한 사건이 사춘기 아이로 하여금 사춘기의 의미를 유쾌하게 받아들이고, 가정에서 새로운 위치를 갖게 만들어 주는 경우가 종종 있다. 예를 들어 아버지는 딸과 조금 거리를 두고, 어머니는 딸이 경쟁심을 덜 느끼게 행동하며, 딸은 이 삼각 관계 사이에 작용하는 긴장감을 제삼자에게 표현하는 것으로 충분하다.

양자에게도 안 된다고 말해 줄 수 있기

자녀에게 안 된다고 말하는 것이 사랑의 한 형태임을 보여 주는 증거는 입양한 아이를 통해 구체적으로 나타난다. 사실 제법 자란 아이를 입양한 경우에, 일반적으로 부모는 아이를 진심으로 친자녀로 여기는 그 순간부터 비로소 무언가를 금지시킬 수 있게 된다.

어머니의 혼외 관계를 통해 태어난 16세의 **올리비에**는, 어머니가 재혼한 후 의붓아버지의 아들로 호적에 올려져서 세 명의 사내아이 중 맏이가 되었다. 소년은 친아버지가 알제리인이라는 것은 알지만, 만나고 싶은 생각은 추호도 없었다. 친아버지가 어떤 사람인지 만나 보겠다는 말을 가끔 한번씩 하는 것은, 말하자면 일종의 협박 같은 것이라는 표현이 정확할 듯하다. 사실 올리비에는 그러고 싶은 생각이 전혀 없지만, 그래도 누군가가 자기의 출생을 상기시켜 주면 곧잘 눈물을 흘리곤 한다. 그러면서 아이는 자기의 법적 아버지에게 입맞추기를 거부한다. 그는 외국에서 보내는 방학 기간을 이용하여 대마초를 피우고, 발코니에 대마초를 심는 등 도발적인 행동을 일삼았다. 그를 아들로 인정하고 키웠던 아버지는 자신을 경멸하는 덩치 큰 소년 앞에서 주눅이 들어, 그에게는 감히 뺨을 때리는 일 같은 것은 생각도 하지 못했다. 오직 자신의 피를 이어받은 친자식들에게만 뺨을 때릴 수 있었다. 한편 올리비에는 아버지가 자기에게만 엄하게 대하지 않는다는 것을 알고 있었다. 그가 계속해서 말썽을 부리는 것은 자기에겐 영원히

오지 않을 처벌을 기다리는 것이라 할 수 있다.

　디에고는 친구와 함께 5세 때 입양되었는데, 이는 중앙아메리카의 한 고아원에서 같이 자란 친구가 반드시 디에고와 함께 입양되겠다고 고집을 부렸기 때문이다. 디에고는 이렇게 고백한다(그는 지금 15세이다). "나는 속이고 훔치고 사기를 쳐요." 하지만 그의 형제가 된 친구는 완전히 다르다. 양부모는 디에고를 어떻게 하면 좋을지 몰라 전전긍긍이다. 그는 번번이 범죄를 저지르고 난 후, 후회하고 울면서 다시는 그런 짓을 하지 않겠노라고 맹세하는 것이 습관이 되다시피 했다. 그에게는 벌도 아무런 소용이 없다. 오히려 어이없을 정도로 벌을 쉽게 견딘다. 디에고는 친구이기도 한 형을 질투하여 싸움을 걸고, 아버지와도 싸운다. 그의 질투는 개별심리극 덕분에 겉으로 드러나게 되었다. 가정 생활을 재구성했을 때, 디에고가 아버지와는 성공적인 관계를 이루었지만(아버지는 "그 아이는 1백 퍼센트 내 자식입니다"라고 말했다), 어머니와의 관계는 그렇지 못하다는 것을 알게 되었다. 디에고는 어머니를 신뢰하지 않았다. 그래서 어머니의 모든 태도를 부정적으로 해석했다. 디에고가 부모를 진정으로 받아들이면서, 훗날 버려진 아이들을 위한 고아원을 세우겠다는 소망을 갖게 된 것은 심리극 덕분이었다. 친어머니로부터 버려졌던 사건을 인위적으로 재구성해 보았던 것이다. 범죄를 일삼던 그의 태도는 그 치료의 순간부터 완전히 멈추었다. 이 경우에 사춘기 소년이 마침내 금지라는 것을 이해하게 도와 준 것은 이런 **치료**였다.

입양한 아이의 경우, 부모는 그에게 '안 돼'라고 말할 수 있을 때 비로소 부모로서의 권위를 행사할 수 있게 된다. 우리는 이런 아이들 덕분에 **부모가 된다는 것**, 아이를 진심으로 사랑하는 것은 곧 그들에게 **반대 표시를 할 수 있는 것**임을 깨닫게 된다.

스스로 안 된다고 말할 수 있기

부모들 중에는 자신이 분명 자녀들의 아버지요 어머니라고 느끼면서도, 이상하게 가족과 함께 있을 때면 부모로서의 권위를 잃어버린 듯한 느낌을 받는 부모들이 있다. 자기 부모가 더 강력한 힘을 가진 누군가에게 복종하여 마침내 권위를 내줬음을 어렴풋이 깨닫는 자녀들은 부모가 부모로서의 힘을 잃고 권리를 포기했다는 사실에 고통스러워한다. 이런 현상은 여름 휴가를 맞이해서 할아버지 집에 사촌들이 모인 경우처럼, 집안의 모임이나 행사 때에 관찰할 수 있는 것이다. 이때 부모들은 어렸을 때 형제들 사이에서 느꼈던 극복되지 못한 경쟁심이 자녀들을 통해 다시 작용하는 것을 보게 된다.

베르나르는 11.5세인데 학교에서나 집에서나 무척 까다롭고 성가신 아이이다. 아버지는 엔지니어이며, 어머니는 물리치료사이다. 베르나르와 두 동생은 여름 휴가를 어머니와 함께 보주 지방에 있는 외삼촌 댁에서 보내게 되었다. 베르나르는 주저하거나 머뭇거리는 아이가 아니었다. 그래서 최근 자신을 골치 아프게 만들기 시작한 훈련의 문제

를 쉽게 털어놓았다. 여기에 대해서는 아버지가 자신에게 알아듣도록 말을 하고 협박까지 해도 소용이 없었노라고 말했다. "바로 전날 벌을 받았는데도, 정해진 귀가 시간보다 계속해서 한 시간이나 늦게 들어오는 겁니다." 베르나르는 그때까지만 해도 아버지가 우울증으로 여러 차례 입원한 적이 있었다는 사실을 모르고 있었다. 그런데 자신의 나쁜 버릇을 고치기 어렵다는 베르나르의 고민을 듣고 난 외삼촌은 아이에게 그 사실을 말해 준 뒤, 이제 집으로 돌아가면 아버지 앞에서 절대 시끄럽게 굴지 말라고 주의를 주었다. 아버지는 책을 무척 좋아하는 덕분에 그나마 무기력감에서 벗어날 수는 있었지만, 아내가 보기에 아버지로서의 권력은 모두 잃어버린 것 같았다. 그녀는 이번 휴가 때도 집에 서재를 마련하고서, 남편이 집에서 책을 읽으며 여름 휴가를 지내도록 배려해 주었다. 대신 베르나르와 형제들의 버릇을 단단히 잡기 위해 오빠(베르나르의 외삼촌)에게 모든 권한을 일임했다. 베르나르는 그것이 견딜 수 없었다. 그래서 아버지를 만나러 집으로 간다며 혼자 외삼촌 집을 나와 버렸고, 그 때문에 온 가족은 걱정과 불안의 시간을 보내야 했다.

부모의 권한이 큰아버지나 삼촌 혹은 고모나 이모·숙모에게 주어지는 것은 자녀에게 매우 해로운 일이다. 자녀가 부모의 가치를 무시하게 되기 때문이다. 그러나 부모의 가치절하는 **할아버지나 할머니**에게 권한이 넘어간 경우에 더욱 뚜렷이 드러난다.

실비(6장에 등장)는 이혼한 어머니와 함께 살고 있다. 어느 주말, 실

비는 동생과 함께 아버지를 따라 시골에 사는 할아버지 집에 갔고, 그 곳에서 아버지가 할아버지와 할머니를 상대로 다투는 장면을 목격했다. 아버지는 여자 친구로부터 전화 한 통을 받은 후, 온 친지가 모여서 함께하는 저녁 식사를 마다하고 외출을 하겠다고 선포했다. 친지들의 모임이라는 것을 믿고 자녀들을 부모(실비의 할아버지·할머니)에게 맡기고 나가려는 것이었다. 할아버지와 할머니는 오랜만에 찾아와 식사도 않고 가겠다는 아들에게 분노했고, 이에 대해 아버지는 실비의 할머니를 향해 어린 자기를 키우지 않고 늘 밖으로 나돌지 않았느냐며 냉담하게 응수했다. 말하자면 자녀들 앞에서 노부모에게 앙갚음을 한 것이다. 실비는 그 장면을 **목격한 뒤**, 아버지 **역시** 할아버지 할머니의 '자녀'라는 것을 확인함과 동시에, 아버지가 부모로서의 권한을 할아버지와 할머니에게 넘겨 주었다는 것을 깨달았다. 오랜만에 만난 자녀들을 돌봐야 할 순간에, 그들을 자기 부모에게 맡기고 나갔기 때문이다.

할아버지 할머니가 손자들의 교육에 도를 넘게 간섭하는 경우를 종종 보게 된다. 일반적으로 아이들은 이런 상황을 매우 힘들어한다. 특히 부모 자신이 사춘기를 겪지 않았거나 아직 끝내지 못했을 경우에 그러한데, 이는 그들이 진정으로 부모(아이들에게는 조부모)와의 관계를 끊지 못했기 때문이다. 그들은 아직 부모로부터 분리되지 못했으며, 어떻게 분리해야 하는지도 모른다. 그럴 필요성을 느끼지 못한 탓이다. 이럴 때는 배우자가 제삼자로 개입하여 상황을 판단한 다음, 관련 부모인 시아버지 혹은 시어머니에게 분리시킬 기회를 줘야한다. 이런 배우자의 역할은 남편이나 아내가 상황을 인식하고서, 배

우자의 도움을 받아들일 준비가 되어 있지 않으면 아주 어렵다.

거절할 수 있는 것, 그것은 곧 '말할' 수 있는 것이다

설령 부모 중 한 명이 자기 부모로부터 떨어져 나오기 위해서(그리고 그들에게 거절할 수 있기 위해서) 배우자의 도움을 받아들이기로 했어도, 그 작업이 결코 쉽지만은 않다. 그러나 그렇게 하지 않으면, 자녀에게 '안 된다'고 말하는 것이 무척 힘들다. 자신이 부모라는 자신감을 가지려면 사춘기라는 '혼란기'를 지나왔다는 것만으로는 되지 않고, 성인으로 성장케 해주는 그 시기를 '제대로' 극복했어야 한다.

부모가 헤어졌을 때, **위베르**의 나이는 9.5세였다. 그때는 그들이 살기 위한 빌라를 완공한 직후였다. 위베르는 지금까지도 야뇨 증세를 보인다. 그래서 부모는 그가 아직도 반항기를 벗어나지 않았다고 불평한다. 그는 부모의 이혼에 타격을 받았다기보다는 오히려 그 조건을 이용하고 있는 것처럼 보인다. "아빠는 내가 아직도 부모님의 이혼을 모르고 있는 줄 알아요"라고 그는 말한다. 그는 공개적으로 어머니의 편을 든다. "아빠는 더 이상 우릴 안 돌봐요. 아주 자주 떠나요. 나쁜 여자가 있어요. 그 여자가 우리 아빨 데리고 갔어요." 아버지는 어쨌든 아버지의 역할을 다하려고 하지만 이렇게 고백한다. "제삼자가 필요합니다." 위베르의 아버지는 다섯 형제 중 막내이다. 그의 가족은 그가 12세 되던 해부터 아버지 없이 어머니하고만 살았다. 아버지가

술을 너무 많이 마셨기 때문이다. 그에게 아버지 역할을 해준 사람은 형이었다. 이제 결혼하여 아버지가 된 그는, 아들이 자기 말을 듣지 않아 큰 애를 먹고 있다. 그런데 위베르의 어머니가 수술을 해서 어쩔 수 없이 아버지가 아들을 돌보게 되었을 때, 신기하게도 아이의 야뇨 증세가 멈췄다. 그가 위베르에게 안 된다고 거절하는 것을 잘 못하는 이유는 아마 아이에게 죄책감을 느끼고 있는데다가, 이혼으로 인해 자기 어머니와의 분리가 어렵다는 것을 느끼기 때문일 것이다. 그래서 아버지는 마치 청소년처럼 도움을 구했고, 우리의 지지를 필요로 했다. 위베르가 어린아이로서 할 수 있는 온갖 못된 행동을 하면서 아버지에게 죄책감을 느끼게 만드는 데 이골이 난 아이이기에 더욱 그렇다.

위베르의 아버지가 요구하는 도움과 지지를, 오직 정신분석을 통해서 얻을 수 있는 부모들도 있다. 정신분석만이 과거를 재구성함으로써, 그리고 환자가 정신분석가를 통해 자신의 자원을 발견하게 함으로써 자신이 갖고 있지 않다고 믿거나 혹은 잃어버렸다고 믿는 권위를 되찾게 해주기 때문이다. **안 된다고 거부하는 것**은 결국 한마디로 표현하자면 '말하는 것'이다. 분석중에 있는 많은 환자들이 상담 회기중에 마침내 이렇게 선언하는 때가 있다. "됐어요! 드디어 그건 안 된다고 딱 잘라 거절할 수 있었어요. 우리 사장에게, 아내에게, 아이들에게…… 또……" 그들이 거절하고픈 대상들의 목록은 끝이 없다. 그들은 자신이 거절할 수 있었다는 사실을 마치 하나의 정복 사건처럼 느낀다. 아니, 실제로 그것은 정복이라고 할 수 있다. 그래서 그때까지 거절하고 싶었던 그들의 생각을 입 밖에 내지 못하게 막은 것이

무엇이었는지를 생각해 볼 수 있다. 왜냐하면 안 된다고 거부하는 것은 단순히 자기가 생각하는 것, 즉 무엇에 동의하고 무엇에 동의하지 않는지를 말하는 것이기 때문이다. 그리고 환자는 그것이 그렇게 어려운 일이 아니라는 사실에 매우 놀란다. 그것이 과거에 어려웠던 까닭은 너무 엄격한 부모 밑에서 자신의 생각을 분명하게 표시했을 때 겪게 될 위험이 두려웠기 때문이다. 그런데 우리의 생각과는 달리 "네가 정말 원하는 것은 무엇인지 말해 봐"라고 끊임없이 묻는 부모들 앞에서 자신을 드러내기는 더욱 어렵다. 부모가 안 된다고 **말할** 줄 알아야 하는 이유가 바로 여기 있다. 이는 아이의 요구에 항상 반대해야 한다는 뜻이 아니다. 오히려 아이에게 한계선을 그어 줄 수 있도록 조용하게 대화를 해야 한다. 하지만 간혹 이유를 설명하지 않고 선을 그어도 좋을 때가 있다. 안 된다고 말하는 것은 궁극적으로 아이에게 부모의 말이 가치가 있음을 보여 주는 것이다. 이런 의미에서 아이에게 거절을 하는 것은, 역으로 일단 부모가 '해도 된다'고 말했을 때는 정말 해도 좋다는 뜻임을 분명하게 전달해 주는 것이기도 하다.

결 론

　가정이 우리 사회의 기초 단위라고 할 때, 우리 사회는 가정에다 기꺼이 가정의 의무를 상기시켜 주지만 실생활에서는 가정의 권리를 부인할 때가 종종 있다. 가정에서 그 권리들을 빼앗는 이들은 가정에다 의무를 상기시켜 주는 자들인 경우가 흔하다. 이 책은 그 누구도 교육만큼은 다른 사람들의 도움 없이는 안 된다는 것을 보여 주고자 했다. 교육은 무엇보다도 권위를, 흔히는 금지를, 그리고 때로는 처벌을 필요로 하며, 행동에 앞서 먼저 말로 가르쳐 주어야 한다. 그런데 일반적으로 가정의 권위, 특히 아버지의 권위는 우리의 가정 안에 침투해 들어온 현대의 생활 방식 때문에 수많은 방법으로 맹렬한 공격을 받았다. 이는 물론 텔레비전 탓이 크다. 그러나 실은 이 옹색한 변명 뒤에서 철학이 권위에 이의를 제기하도록 크게 부추겼다는 것을 부인할 수 없다. 잘못 이해된 페미니즘, 성적이 나쁜 아이들에 대한 비지시적 교육 방식이 갖는 매력, 정신분석의 편협한 시각에서 나온 성숙에 관한 개념, 끝으로 대서양 건너편에서 온 심리적 외상에 대한 공포 등이 일부 부모들을 경직시켰던 것이다. 그래서 필자는 수많은 사례들을 들어가며 그것들을 증명하고자 했다. 징벌이 반드시 가학적인 행동은 아니다. 그것은 금지한 사항을 위반했을 때 내리는

징계인데, 이는 부모의 말에 무게를 실어 주기 위한 것이다. 불안에서 나오는 아이의 부산스러운 태도는 유전적 질병이 아니라, 금지를 모르고 키웠을 때 간접적으로 나타나는 결과이다. 끝으로 어떤 문제들은 아버지를 배제시키지만 않는다면 얼마든지 피할 수 있는 것들임을 상기시키고 싶다. 우리는 아버지가 아버지의 역할을 해주길 기대한다고 주장하면서도, 사실상은 아버지가 그 역할을 하지 못하도록 방해하고 있다. 이것은 흔히 우리가 믿고 있는 것같이 아버지가 부재하기 때문이 아니다. 실직과 같은 아버지의 삶의 실패 때문은 더욱 아니다. 그것은 아버지의 권위와 무게가 떨어졌기 때문이다. 하지만 어머니가 아이의 필요를 충족시켜 주는 차원에서 다음 차원으로 넘어가는 데 꼭 필요한 존재는 바로 아버지이다. 그렇기 때문에 아버지는 교육의 목표인 가치관 전달에서 그렇게도 중요한 역할을 하고 있는 것이다.

감사의 말

이 책은 만남에서부터 탄생했다. 임상을 수행할 수 있도록 부모·아동·청소년들이 들려 준 이야기들과 우리가 몸담고 있는 사회적 변화에 관해 마오 마틸드 노베쿠르가 들려 준 이야기들 사이의 만남이다. 후자가 폭로자의 역할을 하지 못했던들 전자는 말해질 수 없었을 것이다.

나는 클라라 쿤드에게도 감사의 말을 전하고 싶다. 그리고 통찰력 있게 내 책을 다시 한번 읽어 주는 우정을 보여 준 자크 세다에게도 감사드린다.

김주경
이화여자대학교 불어불문과 졸업
연세대학교 불어불문과 대학원 졸업
이화여대 · 경기대 강사 역임
역서:《경제적 공포》《세계의 비참》《흙과 재》
《느리게 산다는 것의 의미1 · 2》
《작은 사건들》《상처받은 아이들》

문예신서
2005

부모들이여, '안 돼' 라고 말하라!

초판발행 : 2004년 5월 25일

지은이 : 파트릭 들라로슈
옮긴이 : 김주경
총편집 : 韓仁淑
펴낸곳 : 東文選
제10-64호, 78. 12. 16 등록
110-300 서울 종로구 관훈동 74
전화 : 737-2795

편집설계 : 朴 月 · 李惠允

ISBN 89-8038-933-7 94370
ISBN 89-8038-000-3 (세트/문예신서)

東文選 文藝新書 243

행복해지기 위해 무엇을 배워야 하는가

알랭 우지오 [외]

김교신 옮김

아니, 행복해지는 법을 배울 수 있기라도 한 것일까? 행복하지 않다면 그 인생은 실패한 인생이란 말인가? 그리고 실패한 인생은 불행한 인생이고, 이는 아니 삶만 못한 것일까? ……현대인들은 과거의 그 어떤 조상들이 누렸던 것보다도 더한 풍족함 속에서도 끊임없이 '행복에 대한 강박증'에 시달린다. 행복은 이제 의무이자 종교이다. "행복하라, 그렇지 않으면……"

프랑스 개혁교회 목사인 알랭 우지오의 기획아래 오늘날 프랑스에서 가장 영향력 있는 22명의 각계의 유명인사들이 모여 "행복해지는 법'에 대한 지혜를 짜 모았다.

■ 실패로부터 이익을 끌어낼 수 있을까?
■ 고통은 의미가 있을까?
■ 행복해지는 법을 배울 수 있을까?
■ 신앙은 삶에 도움을 줄 수 있을까?
■ 자신의 감정을 두려워해야 할까?
■ 더 이상 희망이 없을 땐 어떻게 살아야 할까?
■ 타인을 받아들이는 법을 배울 수 있을까?
■ 자기 자신을 사랑하는 법을 배울 수 있을까?

마지막으로 알랭 우지오는 행복해지기 위한 세 가지 기술을 제시한다. 먼저 신뢰 속에 살아 있다는 느낌, 그 다음엔 태평함과 거침없음, 그리고 마지막으로 삶에 대한 단순한 사랑으로 '거저' 사는 기쁨. 하지만 이 세가지 중에서 가장 중요한 것은 변명도 이유도 없는 것에 대한 사랑, 삶에 대한 사랑이다.

東文選 現代新書 108

딸에게 들려 주는 작은 철학

롤란트 시몬 셰퍼
안상원 옮김

★독일 청소년 저작상 수상(97)
★청소년을 위한 좋은 책(99, 한국간행물윤리위원회)

작은 철학이 큰사람을 만든다. 아이들과 철학을 이야기하는 것이 요즘 유행처럼 되었다. 아이들에게 철학을 감추지 않는 것, 그것은 분명히 옳은 일이다. 세계에 대한 어른들의 질문이나 아이들의 질문들은 종종 큰 차이가 없으며, 철학은 여기에 답을 줄 수 있다. 이 작은 책은 신중하고 재미있게, 그러면서도 주도면밀하게 철학의 질문들에 대답해 준다.

이 책의 저자 시몬 셰퍼 교수는 독일의 원로 철학자이다. 그가 원숙한 나이에 철학에 대한 깊은 이해를 가지고 자신의 딸이거나 손녀로 가정되고 있는 베레니케에게 대화하듯 철학 이야기를 들려 주고 있다. 만약 그 어려운 수수께끼를 설명한다면 어떻게 할 것인가를 모형적으로 제시하고 있다.

철학은 우리의 구체적인 삶과 멀리 떨어져 있는 삶이 아니다. 우리가 사용하고 있는 말이란 무엇이며, 안다는 것은 무엇인가. 세계와 자연, 사회와 도덕적 질서, 신과 인간의 의미는 무엇인가 등 철학적 사유의 본질적 테마들로 모두 아홉 개의 장으로 나누어 이야기하고 있다. 쉽게 서술되었지만 내용은 무게를 가지고 있어서 중·고등학생뿐만 아니라 대학생과 성인들에게 철학에 대한 평이한 길라잡이가 될 것이다.

나비가 되어 날아간 한 남자의 치열하고도 아름
다운 생의 마지막 노래. 세상에서 가장 아름답고도
애절한 이야기가 비틀스의 노래와 함께 펼쳐진다.

잠수복과 나비

장 도미니크 보비 / 양영란 옮김

장 도미니크 보비. 프랑스 《엘르》지 편집장. 저명한 저널리스트이며
두 아이를 둔 자상한 아버지. 멋진 말을 골라 쓰는 유머러스한 남자.
앞서가는 정신의 소유자로서 누구보다도 자유를 구가하던 그는 1995
년 12월 8일 금요일 오후 갑작스런 뇌졸중으로 쓰러졌다. 3주 후 의식
을 회복했으나, 그가 움직일 수 있는 것은 오직 왼쪽 눈꺼풀뿐. 그로
부터 그의 또 다른 인생, 비록 15개월 남짓에 불과한 '새로운' 인생이
시작되었다.

유일한 의사 소통 수단인 왼쪽 눈꺼풀을 20만 번 이상 깜박거려 15
개월 만에 완성한 책 《잠수복과 나비》. 마지막 생명력을 쏟아부어 쓴
이 책은, 길지 않은 그의 삶에서 일어났던 일화들을 진솔하게 묘사하
고 있다.

그러나 그의 이야기는 유머와 풍자로 가득 차 있다. 슬프지만 측은
하지 않으며, 억지로 눈물과 동정을 유도할 만큼 감상적이지도 않다.
오히려 멋진 문장들로 읽는 이를 즐겁게 해준다. 그리하여 살아남은
자들에게 희망과 용기를 주며, 삶의 그 모든 것들이 얼마나 소중한가
를 새삼 일깨워 준다. 아무튼 독자들은 이제껏 경험해 보지 못한 진한
감동과 형언할 수 없는 경건함을 맛보게 될 것이다.

《잠수복과 나비》는 출간되자마자 프랑스 출판사상 그 유례가 없는
엄청난 베스트셀러가 되었으며, 보비는 자기만의 필법으로 쓴 자신의
책을 그의 소중한 한쪽 눈으로 확인한 사흘 후 옥죄던 잠수복을 벗어
던지고 나비가 되어 날아갔다. 자유로운 그만의 세계로……

국영 프랑스 TV는 그의 치열하고도 아름다운 마지막 삶을 다큐멘터
리로 2회에 걸쳐 방영하였으며, 프랑스 전국민들은 이 젊은 지식인의
죽음 앞에 최대한의 존경과 애도를 보냈다.

소설로 읽는 세계의 종교와 문명

테오의 여행 (전5권)

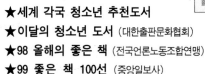

카트린 클레망 / 양영란 옮김

★**세계 각국 청소년 추천도서**
★**이달의 청소년 도서** (대한출판문화협회)
★**98 올해의 좋은 책** (전국언론노동조합연맹)
★**99 좋은 책 100선** (중앙일보사)

마음을 열고 영혼을 진정시켜 주는 책!
세상 끝까지 따라가는 엄청난 즐거움!
세계의 문명에 눈뜨게 해주는 책!
큰사람으로 만들어 주는 신의 선물!

열네 살짜리 소년을 동행한 신화와 제식의 세계 여행. 불치의 병
에 걸린 주인공 테오는 '지상의 수많은 사람들이 어떻게 신을 믿고
있는가?'에 대해 이해하려고 끊임없이 놀라워하면서 질문한다. 또
한 독자들을 '신비의 세계, 보편주의의 세계와 종교의식의 세계'로
안내하면서 '순진한 아이'의 역할을 충실히 해낸다. '하늘과 땅을
연결시키기 위해' 인간들이 구축해 놓은 세계 곳곳의 성소들을 찾
아 나서, 온갖 종교의 성자들과 친구들을 만난다. 그리고 그들이
'무엇을, 왜 믿는가'를 우리에게 들려 준다. 마침내 여행이 끝나면
우리는 '종교의 역사는 관용의 역사이기도 하다'라는 말을 이해하
게 되고, 세계의 문명에 대한 균형된 시각을 가지게 될 것이다. 또
한 짚더미에서 보석을 찾는 것처럼 세상의 모든 것들 속에 존재하
는 '진실의 알곡'을 찾을 수 있다는 것도 배우게 될 것이다. 다시
말해 "야유하지 말고, 한탄하지 말며, 악담하지 말라. 하지만 이해
하려고 노력하라"고 한 스피노자의 말이 우리의 것이 될 터이다.

《르몽드》

東文選 現代新書 18

청소년을 위한 철학교실

알베르 자카르

장혜영 옮김

"무엇을 질문하고 어떻게 대답할 것인가?"

철학은 끊임없는 질문과 답변 가운데에 있다. 질문은 진리에 대한 탐색이요, 답변은 존재와 세계에 대한 해석이다. 우리는 철학을 통해 존재의 근원에 이른다. 이 책은 프랑스 알비의 라스콜 고등학교 철학교사인 위게트 플라네스와 철학자 알베르 자카르 사이의 철학 대담으로 철학적 질문과 답변의 과정을 명쾌히 보여 준다.

이 책에는 타인·우애·정의 등 30개의 항목에 대한 철학자의 통찰이 간결하게 살아 있다. 철학교사가 사르트르의 유명한 구절, 즉 "지옥, 그것은 바로 타인이다"에 대해 반박을 요청하자, 저자는 그 인물이 천국에 들어갔다면 그는 틀림없이 "천국, 그것은 바로 타인이다"라고 이야기했을 것이라고 답한다. 결국 타인들은 우리의 지옥이 아니며, 그들이 우리와의 관계를 받아들이려 하지 않을 때 지옥을 만들어 낸다고 말한다.

그렇다면 행복에 대해 이 철학자는 어떻게 답할까? "나에게 행복이란 타인들의 시선 안에서 스스로를 아름답다고 느끼는 것입니다"는 것이 그의 답변이다. 이 책은 막연한 것들에 대해 명징한 질문과 성찰로 우리가 새로운 질문을 던지고, 스스로 그 답을 찾을 수 있는 실마리를 제공한다.

東文選 現代新書 100

철학적 기본 개념

라파엘 페르버

조국현 옮김

우리는 모두 철학을 가지고 있다. 철학의 싹이 우리 속에 있기 때문에 우리는 철학을 할 수 있다. 물론 보편 정신의 철학은 발전되지 못했을 뿐만 아니라 때때로 잘못되어 있다. 이러한 사실을 놓고 볼 때 철학 외적인 입장이 아닌 철학적 입장에서 철학을 교정할 수 있다는 점이 중요하다. 우리는 철학을 밖에서 바라보기 위해 철학 밖으로 나갈 수 없다. 마찬가지로 우리 일상철학의 옳고 그름을 판단할 수 있는 척도를 제시할 특정한 관점을 얻으려고 철학 밖으로 나갈 수도 없다. 보편 정신은 오히려 스스로 이러한 척도를 세워야 하며, 자가 교정을 위한 요소들을 자신으로부터 찾아내야 한다. 여기에 딱 들어맞는 말이 있다. 언어에 대해서 말하기 위한 언어 밖의 관점이 존재하지 않는 것처럼 철학에 대해서 철학하기 위한 철학 밖의 관점이 존재하지 않는다. 철학 밖에 철학적 입장이 존재하지 않는다는 점에서 철학하기의 필연성이 도출된다. 아리스토텔레스는 다음과 같은 딜레마를 통해 철학하기의 필연성을 역설한다. 철학을 할 필요가 없다는 것을 증명하려면 철학을 해야 한다. 따라서 인간은 어떤 경우에도 철학을 해야 한다.

이 책은 철학을 공부하는 학생과 철학에 흥미를 느끼는 일반인을 위한 작은 사고력 훈련 학교이다. 저자는 철학적 기본 개념인 '철학' '언어' '인식' '진리' '존재' 그리고 '선'의 세계로 독자를 안내한다. 저자는 철학의 내용·방법 그리고 철학적 요구의 문제에 대해서 알기 쉬우면서도 수준 높게 접근한다. 이 책은 철학 입문서이며, 동시에 새로운 관점에서 플라톤 철학과 분석 철학을 결합시키려고 시도하는 저자의 체계적인 사고 과정을 보여 준다.

東文選 文藝新書 2002

상처받은 아이들

니콜 파브르

김주경 옮김

　우리가 유년기를 아무리 구름 한 점 없는 행복한 시기로 꿈꾼다고 해도, 그 시기가 우리의 바람처럼 언제나 낙원인 것은 아니다. 유년기 속에는 여러 가지 함정, 크고 작은 시련들이 숨겨져 있다. 아이는 이러한 것들 덕분에 자신을 튼튼히 세워 가기도 하고, 또한 이러한 것들 때문에 상처를 입을 위험도 있다.

　가정과 학교에서 어른들은 때때로 아이들에게 아픔을 주기도 하고, 그들의 고통스러운 외침에 귀를 닫기도 한다. 또 곁에 없는 부모로 인해 상처를 입은 아이가 생기는 것은, 아이에게 그 부모의 빈자리를 제대로 설명하지 못했기 때문이다. 뿐만 아니라 어떤 사실에 대해 아이에게 전혀 말을 하지 않고 비밀을 만드는 것은 아이를 무력하게 만들며, 삶의 의욕마저 앗아 갈 수 있다. 아이의 허약한 육체나 질병도 삶에서 심리학적인 문제를 가져올 수 있다. 유년기에는 이처럼 찔리고 터지고 깨지고 찢어진 온갖 상처들이 존재할 수 있다. 그런데도 흔히 우리는 아이가 표현할 수 없는, 혹은 표현할 줄 모르는 고통 같은 것은 옆으로 제쳐 놓기 십상이다.

　담임 선생님을 싫어하는 파비앙, 어머니의 비극적인 죽음을 가슴에 묻어두었던 상드라, 침묵에 짓눌린 프랑크, 뱃속에서부터 이미 손상되었던 세브랭의 경우 등을 통해서 정신분석가 니콜 파브르는 상처가 밖으로 표현됨으로써 아물어 가는 것을 보여 주고 있다. 그녀는 치료 과정에서 심리요법이 하는 역할과 아이가 정신분석가에게서 구할 수 있는 도움을 놀랍도록 섬세하게 설명해 주고 있다. 시련이란 일단 극복되고 나면 균형잡히게 자라도록 받쳐 주는 개성을 이루는 하나의 흔적이 될 수 있기 때문이다.

東文選 文藝新書 2001

우리 아이들에게
어떤 지표를 주어야 할까?

장 뤽 오베르 / 이창실 옮김

가족이 해체되고, 종교와 신앙·가치들이 의문에 부쳐지고, 권위와 교육적 기준들이 흔들리고 있다. 오늘날 전통적 지표들이 동요하고 있는 것이다. 그런데 아이가 밝고 건강하게 자라기 위해서는 반드시 지표들이 주어져야 한다. 그렇지 못할 경우에 극단적인 태도로 기울어질 위험이 있기 때문이다.

교육심리학자이자 여러 저서의 저자이기도 한 장 뤽 오베르는, 아이들과 부모들에 대한 일상의 관찰에 힘입어 다음의 질문들에 대답하고 있다.

- 갓난아이, 어린아이, 청소년에게는 어떤 지표들이 반드시 필요한가?
- 아이를 과잉보호하지 않고 어떻게 안심시킬 수 있을까?
- 왜 다른 교육이 필요한가?
- 청소년기의 위기 앞에서 어떻게 반응해야 할까?
- 건전한 지표들과 불건전한 지표들을 어떻게 구별할 수 있을까?
- 무엇이 아이에게 강한 정체성을 부여하는 것일까?
- 쾌락과 관련된 지표들이 어떤 점에서 중요한가?
- 아이들은 신앙을 필요로 하는가?

본서는 부모들의 필독서로서, 그들에게 반성의 실마리 및 조언을 주어 자녀들이 절대적으로 필요로 하는 지표들을 제공할 수 있도록 한다. 그리하여 아동이 속박이나 염려스러운 불분명함 속에 방치되는 일 없이 교육을 통해 적절한 균형을 찾을 수 있도록 도와 준다. 또한 현재와 미래의 행복한 삶을 위한 성공의 조건들을 하나하나 제시해 나간다.